ANDRÉ BELLESSORT

VIRGILE

SON ŒUVRE ET SON TEMPS

QUATORZIÈME ÉDITION

Librairie académique PERRIN et C

VIRGILE

SON ŒUVRE ET SON TEMPS

DU MÊME AUTEUR

VOYAGES

La Jeune Amérique (Chili et Bolivie). 5° édition. 1 vol. in-16.

De Ceylan aux Philippines. 5° édition. 1 vol. in-16.

La Société Japonaise. 10° édition. 1 vol. in-16.

Les Journées et les Nuits Japonaises. 4° édition. 1 vol. in-16.

Le Nouveau Japon. 6° édition. 1 vol. in-16.

Un Français en Extrême-Orient au début de la guerre. 2° édition. 1 vol. in-16.

La Roumanie Contemporaine. 2° édition. 1 vol. in-16.

La Suède. 8° édition. 1 vol. in-16.

Reflets de la Vieille Amérique. 3° édition. 1 vol. in-16.

Le Crépuscule d'Elseneur. 4° édition. 1 vol. in-16.

HISTOIRE ET CRITIQUE

Saint François-Xavier. 10° édition. 1 vol. in-16.

Sur les grands chemins de la Poésie classique. 2° édition. 1 vol. in-16.

Virgile, son œuvre et son temps. 14° édition. 1 vol. in-16.

Études et Figures. 1 vol. in-8°.

Nouvelles Études et Autres Figures. 1 vol. in-8°.

Heures de Parole. 5° édition. 1 vol. in-16.

Balzac et son œuvre. 9° édition. 1 vol. in-8° écu.

Essai sur Voltaire. 11° édition. 1 vol. in-8° écu.

Sainte-Beuve et le XIX° Siècle. 4° édition. 1 vol. in-8° écu.

Victor Hugo. Essai sur son œuvre. 4° édition. 1 vol. in-8° écu.

Reine-Cœur, roman. 1 vol. in-16.

Énéide, traduction (Collection Guillaume Budé). 1 vol. in-8° écu.

Mythes et Poèmes (Lemerre, édit.). 1 vol. in-16 (épuisé).

La Chanson du Sud (Lemerre, édit.). 1 vol. in-16.

L'Hôtellerie (poème couronné par l'Académie Française), (épuisé).

REPRODUCTION D'UNE MOSAÏQUE TROUVÉE A SOUSSE
L'HADRUMÈTE DE L'AFRIQUE ROMAINE

Virgile est assis entre deux Muses. L'une lit un rouleau ; l'autre, vêtue d'une robe de comédienne, tient dans sa main un masque de théâtre. Le poète a sur les genoux un manuscrit où l'on peut déchiffrer un vers de l'*Enéide : Musa mihi causas memora quo numine læso* (livre I, v. 8).

ANDRÉ BELLESSORT

VIRGILE

SON ŒUVRE ET SON TEMPS

PARIS

LIBRAIRIE ACADÉMIQUE

PERRIN ET Cie, LIBRAIRES-ÉDITEURS

35, QUAI DES GRANDS-AUGUSTINS, 35

1930

A

MONSIEUR FERNAND LAUDET,

Membre de l'Institut,

Directeur de la Revue Hebdomadaire,

reconnaissant hommage.

AVANT-PROPOS

Je n'apprendrai rien aux latinistes, qui ont vécu dans l'intimité de Virgile, en leur disant que je n'apporte aucune interprétation nouvelle, et s'ils veulent bien me pardonner de ne pas même avoir tout dit, j'en serai fort heureux. J'ai fait ce livre en songeant à ceux qui se proposent d'étudier Virgile et à ceux qui aiment qu'on leur parle de lui. Et je songeais aussi à tous ceux qui ne le connaissent que par leurs souvenirs de collège ou qui ne l'ont lu qu'en traduction ou qui ne savent que sa gloire et les noms de Tityre, d'Amaryllis, d'Énée et de Didon. Pour eux Virgile est un très grand nom, et le mot *virgilien* répond à des idées d'harmonie, de douceur idyllique, de tendresse qui s'appuient sur des citations souvent mal com-

prises. C'est parfois le sort des poètes et des
écrivains les plus illustres que leur nom occupe
plus de place dans les esprits que le souvenir de leur œuvre. On ne peut pas dire que
le nombre des lecteurs et des admirateurs de
Virgile ait diminué; mais le nombre de ceux
qui lisent et qui ne demandent qu'à admirer en
connaissance de cause augmente tous les jours.
Je pense qu'on peut leur rendre service en leur
racontant l'histoire et en leur analysant les
beautés de ces grandes œuvres, que les études
savantes rajeunissent continuellement et dont
elles nous font sentir, sous la patine de vénération des siècles, la vie toujours active et l'éternelle actualité. C'est ce que j'ai essayé de faire.

J'aurais atteint mon but, si ce livre contribuait
à répandre et à préciser les raisons que nous
avons d'admirer et d'aimer Virgile et de voir en
lui non seulement un des plus beaux génies,
mais le plus noble inspirateur de notre art,
le père de notre poésie moderne, celui dont
l'œuvre réfléchit déjà, comme le bouclier d'Énée,
toute la gloire et l'humanité de la civilisation
latine. Lorsque j'ai commencé d'y travailler,
nous sortions à peine du plus rude péril qui
ait jamais menacé la France, héritière de Rome
et tout ce que représentent dans le passé et

dans le présent Rome et la France. Le Germain lâchait pied et allait être bientôt acculé à une juste et honteuse capitulation. Une fois de plus les dieux d'Actium triomphaient du barbare. Comme les vers de Virgile, qui ont des larmes pour toutes les douleurs, savent aussi sonner la joie de la victoire et de la délivrance! J'éprouvais une immense gratitude envers ce poète, le premier que nous avons rencontré sur notre chemin jadis, quand les humanités s'ouvraient devant nous, le premier dont les vers nous remontent aux lèvres dans les grandes crises de la vie. Il y a dix-neuf cents ans, il annonçait aux hommes « un nouvel ordre des siècles ». Au lendemain de la guerre, je relisais avec ravissement cet annonciateur des temps nouveaux.

A. B.

J'ai eu la chance de pouvoir profiter de l'excellente édition de *Virgile*, par MM. Plessis et Lejay, qui paraissait lorsque j'étais à la moitié de mon travail, et je lui dois beaucoup.

VIRGILE

SON ŒUVRE ET SON TEMPS

CHAPITRE PREMIER

VIRGILE ET L'ITALIE DE SON TEMPS

I

Nous ne connaissons pas sa vie comme nous voudrions la connaître. Nous ne savons presque rien de ces détails intimes qui, chez un homme comme lui, satisfont encore moins notre curiosité que notre tendresse. Je me console d'ignorer tout d'Homère : je ne le cherche jamais à travers ses poèmes ; et j'admire la légende qui, le représentant vieux et aveugle, les attribue à un poète déjà hors du temps. Je me console d'ignorer à peu près tout d'un Lucrèce : le drame de sa pensée me suffit. Mais Virgile ! Il est si près de nous, si mêlé à l'éveil de la pensée moderne ! C'est dans les plis de sa toge que le monde a respiré les premières fleurs cueillies d'un nouveau printemps.

Magnus ab integro sæclorum nascitur ordo. Une longue suite de siècles renaît avec lui. Cependant il faut nous résigner à n'avoir sur lui que des renseignements parcimonieux. Ils nous permettent encore de distinguer sa figure à une des époques les plus graves et les plus tumultueuses de l'histoire du monde.

Il était né au mois d'octobre de l'année 70 avant Jésus-Christ, sous le consulat de Crassus et de Pompée. Ses parents habitaient près de Mantoue un village, peut-être celui d'Andes, aujourd'hui Pietola. C'était un paysage de rochers, de ruisseaux, de fontaines sacrées, de pâturages où croissaient des joncs, un paysage bucolique par excellence. Dans ses *Géorgiques*, le poëte le recommande à ceux qui veulent élever des troupeaux. Il évoque mélancoliquement :

> Les champs délicieux que Mantoue a perdus,
> Et leurs grands cygnes blancs sur les ruisseaux herbus.
> Ni la source aux flots clairs ni l'herbe douce à paître,
> Rien ne manque au berger qui peut y voir renaître
> Ce que les grands troupeaux ont de longs jours brouté
> A l'humide douceur des courtes nuits d'été [1].

La ferme était située sur la pente d'une colline qui descendait vers le fleuve, le Mincio. Une haie de saules bordait le champ. De vieux hêtres et des châtaigniers l'ombrageaient. La vigne s'y suspendait à l'ormeau ; et des ruches bourdonnaient. Le père de Virgile élevait des abeilles. On dit qu'il avait été potier ; on dit aussi que l'appariteur d'un magistrat de Mantoue, nommé Magius, qui lui avait confié ce

---

[1] Et qualem infelix amisit Mantua campum,
Pascentem niveos herboso flumine cycnos :
Non liquidi gregibus fontes, non gramina deerunt,
Et, quantum longis carpent armenta diebus,
Exigua tantum gelidus ros nocte reponet.

Géorgiques, II, 198-202.

domaine, fut si content de ses services qu'il lui donna sa fille, Magia. Virgile fut leur premier fils.

Magia arrivait au terme de sa grossesse quand elle rêva qu'elle accouchait d'un rameau de laurier qui, ayant à peine touché terre, grandissait comme un arbre et se chargeait de fruits et de fleurs. Peut-être se trouvait-elle alors chez son père à Mantoue, car, le lendemain, les douleurs de l'enfantement la prirent au moment où elle regagnait la campagne avec son mari, et l'enfant vint au monde dans un fossé. Selon l'usage du pays, une branche de peuplier fut plantée à cet endroit même; et un peuplier poussa, qui atteignit très vite la taille des autres peupliers plantés bien avant lui et qui devint plus tard un objet de vénération pour les femmes enceintes et pour les mères. On pensera ce que l'on voudra de cette légende que nous ont racontée Suétone et des grammairiens du quatrième siècle, comme Œlius Donatus. Nos contemporains n'admettent pas le rêve de Magia et préfèrent penser que Virgile est né dans un lit. Ils n'ont peut être pas tort. Mais on a vu des choses plus extraordinaires; et l'idée que Virgile a touché dès sa naissance la terre italienne, cette mère féconde des moissons, est un aussi gracieux symbole que la tradition qui nous représente la nourrice de Ronsard le laissant tomber par mégarde, le jour de son baptême, sur l'herbe et sur les fleurs du terroir vendômois.

Il est probable que ses parents étaient originaires de Mantoue ou des environs de Mantoue, vieille ville étrusque, occupée ensuite par les Gaulois, « riche en aïeux, mais d'origine diverse, et qui tirait sa force du sang de l'Étrurie[1] ». Nous pourrions

____
1. *Énéide*, X, 201-203.

assurément revendiquer ce Gaulois cisalpin. Nous pourrions faire remarquer que la Gaule cisalpine a envoyé plus d'un poète à Rome. Catulle, Helvius Cinna, que Virgile admira et que, si nous en croyons Martial, on osait quelquefois préférer à Virgile; Bibaculus, auteur d'un poème sur *la Guerre des Gaules;* Valerius Caton, critique et poète, surnommé *la Sirène latine;* Varron d'Atax, poète épique, didactique et satirique; l'élégiaque Gallus; Æmilius Macer, que Quintilien place à côté de Lucrèce : tous ces beaux esprits étaient nés dans la Gaule cisalpine ou dans la Gaule narbonnaise entre les années 80 et 60 d'avant notre ère. Mais, d'origine gauloise ou non, ce fut uniquement à la culture latine qu'ils durent les qualités dont ils l'embellirent.

L'enfant, d'une douceur remarquable, fut donc élevé avec ses deux frères Silon et Flaccus, dans une ferme modeste que le père exploitait intelligemment. On avait peut-être deux ou trois esclaves. Petite famille laborieuse dont le souvenir inspirera sa peinture de la vie du laboureur. Le soir, quand il rentre, ses enfants se pressent autour de lui et se suspendent à son cou. La pudeur habite à son foyer et l'on y accomplit tous les devoirs envers les dieux. Ni les parents ni les enfants n'étaient de forte santé. Les deux frères de Virgile moururent, l'un en bas âge, l'autre adolescent. Le père les suivit. La mère se remaria, puisque Virgile eut un demi-frère qu'il inscrivit parmi ses héritiers. Cependant on nous dit qu'elle ne s'était point consolée d'avoir perdu son Flaccus et que le chagrin hâta sa mort. Virgile fut plus résistant, mais toujours obligé de se surveiller. Il avait l'estomac faible, la poitrine délicate, des crachements de sang, ce qui nous explique ses longs séjours à Naples et en Sicile, le goût qu'il manifesta pour la médecine, et un peu de sa mélancolie voluptueuse.

Vers douze ans, son père l'envoya faire ses études à Crémone. Pourquoi pas à Mantoue? Le choix de Crémone, plus grande ville, un des premiers municipes de la Cisalpine, indique chez ce paysan la même ambition que celle du père d'Horace, qui, n'ayant d'autre bien qu'un maigre champ, voulut que son fils reçût l'instruction des fils de chevaliers et de sénateurs. Le cas n'était point exceptionnel. Les écoles se multipliaient. De la vieille aristocratie romaine, l'amour des lettres et de la science se répandait dans la classe des petits propriétaires et des affranchis. Du reste, c'était parmi les affranchis que se recrutaient la plupart des professeurs. A Crémone, Virgile étudia, sous la direction du *Grammaticus*, la langue grecque, — l'enseignement se donnait quelquefois même en grec, — la métrique, la poésie, l'histoire; et je verrais volontiers la preuve de sa maturité précoce dans ce fait que son père le jugea, dès sa quinzième année, digne de prendre la toge virile. On attendait d'ordinaire que le jeune homme eût seize ou dix-sept ans. Le matin du 17 mars 55, jour des *Liberalia* ou fête de Bacchus, il quitta cette robe prétexte, dont la bande de pourpre pareille à celle de la toge consulaire commandait le même respect pour les enfants que pour les consuls. Sa mère lui détacha du cou la petite bulle de métal ou de cuir qui protégeait l'enfance contre les maléfices. Il la suspendit au Lare familial et revêtit la toge blanche du citoyen.

De Crémone il s'en fut à Milan. Comme la seule profession qui s'ouvrait devant les jeunes gens bien nés ou bien doués était celle du barreau, il y fit, près d'un avocat en renom ou près d'un rhéteur, un

apprentissage dont sa poésie nous prouve qu'il retira
des leçons d'éloquence. Cependant sa timidité, sa
gaucherie, sa parole embarrassée, sa voix d'une sua-
vité divine lorsqu'il récitait des vers, mais vite fatiguée, tout en lui, son physique et son âme, l'éloignait des combats oratoires du forum. On dit que
plus tard il ne plaida qu'une fois. Ce n'est pas la seule
ressemblance qu'il ait avec notre Corneille, car il ne
se défit jamais de son air provincial ou plutôt paysan.
Horace songe à lui quand il nous parle de ce beau
génie caché sous une enveloppe inculte, de cet
homme, le meilleur des hommes, si mal rasé, si rustique avec sa toge tombante et ses chaussures trop
larges. Un grand jeune homme qui semble avoir
poussé aussi vite que le peuplier planté à sa naissance, des traits et un teint brun qui accusent fortement son origine campagnarde, mais des yeux con-
templatifs et candides, et des rougeurs pour un rien;
une rusticité de manières d'où se dégage une impression de douceur charmante: c'est ainsi que nous
nous le représentons, lorsqu'après un séjour de deux
années à Milan, il vint à Rome.

II

L'effet que lui fit Rome et qu'elle devait faire à ces
jeunes provinciaux, il l'a rendu plus tard sous la
forme ingénue qu'il prête à son Tityre. Les autres
villes ne pouvaient pas plus en donner l'idée que d'un
cyprès les petits arbrisseaux pliés jusqu'à terre. Cette
comparaison avec un arbre haut et sombre conve-

nait, dans la bouche d'un pâtre, à l'*Alta Roma*, la Rome bâtie sur des hauteurs au milieu d'une immense plaine. La vieille ville des maisons basses et des frugalités austères disparaissait un peu chaque jour. On la reconnaissait à des ruelles rampantes et sordides, à d'anciennes constructions de bois, à d'anciens sanctuaires vermoulus, et aux derniers vestiges dégradés de ce qui autrefois était considéré comme un luxe. La brique remplaçait le bois, et le marbre avait commencé à remplacer la brique. Les collines maintenant se couronnaient de portiques et de palais. Partout se dressaient des maisons de rapport de quatre ou cinq étages qui donnaient aux rues toujours étroites une obscurité et une fraîcheur de tunnels. Des cités ouvrières remplissaient les espaces restés si longtemps vides de la vieille enceinte de Servius que les dieux n'avaient pas permis d'élargir; elles la débordaient même, et Sylla avait reculé le *pomerium*, c'est-à-dire, autour et à l'extérieur des remparts, le terrain consacré, selon la coutume étrusque, où l'on ne devait ni cultiver ni construire. Le Champ de Mars allait se couvrir d'édifices. Virgile, à son arrivée, put y voir le fameux théâtre que Pompée, l'année précédente, avait dédié à Vénus Victorieuse. C'était le premier qu'un citoyen osait élever en pierre malgré les interdictions du Sénat qui ne voulait point de théâtre permanent. Mais Pompée avait eu l'idée ingénieuse d'édifier tout en haut des gradins, en face de la scène et au centre de la colonnade qui dominait l'hémicycle, un sanctuaire à Vénus, si bien que le théâtre fut présenté comme un temple au-dessous duquel on avait disposé quelques gradins pour les spectacles. Ces quelques gradins pouvaient contenir près de vingt-huit mille spectateurs. Derrière la scène s'étendait un portique

aux colonnes de granit rose ombragé de platanes, et
à gauche une Curie où le Sénat se rassemblait les
jours de représentations et où, le matin des Ides de
Mars, César devait être assassiné. Le cœur de la
ville, le Forum, se transformait. Depuis longtemps
les étaux des bouchers et les échoppes des maîtres
d'école avaient cédé la place à des boutiques plus
reluisantes. Les changeurs et les bijoutiers s'étaient
installés le long de la Voie Sacrée. De nouveaux
temples et de vastes basiliques, où se rendait la
justice et où se traitaient les affaires, chassaient les
demeures des particuliers de ce point du monde si
petit dans l'espace et si grand dans l'histoire.

Mais ces transformations matérielles étaient encore
plus lentes que les transformations morales. La
République agonisait, et le monde n'avait jamais
assisté à une agonie aussi luxuriante. Le Sénat ne
gouvernait plus. La moitié des sénateurs n'assistait
pas aux séances. Les affaires les plus graves les lais-
saient indifférents. Ils ne s'inquiétaient que de leurs
intérêts privés, de leurs tripotages, des bruits et des
querelles de couloirs. De temps en temps l'attraction
d'un beau discours secouait leur insouciance et les
ramenait en plus grand nombre; mais, quand ils
l'avaient entendu, ils croyaient avoir agi. La corruption politique, que développe forcément le régime
des magistratures électives, avait rejeté toute pudeur.
Les candidats dressaient au milieu du Forum des
tables de banque où ils achetaient les voix des
citoyens qui descendaient au Champ de Mars, et les
armaient de couteaux et de gourdins. Les proscriptions de Sylla, les comptoirs ouverts dont les cais-
siers impassibles payaient les têtes sanglantes aux
assassins qui les y portaient en foule, avaient déchaîné
l'instinct meurtrier de la populace et des ambitieux.

A chaque instant la tribune était souillée de sang.

Jamais on n'avait eu tant d'or. Les femmes en portaient jusque sur leurs chaussures. Les lambris d'or, qu'on avait vus pour la première fois au Capitole après la chute de Carthage, décoraient maintenant des maisons particulières, dont les voûtes et les murs étaient dorés comme des vases. Tout l'or que roulaient le Tage, l'Hèbre, le Pactole et le Gange semblait se déverser aux bords du Tibre. Jamais aussi le scandale des fortunes excessives et des énormes dettes n'avait pareillement insulté à la misère. Les conquêtes avaient créé une classe insolente de capitalistes qui tenaient tout par les compagnies financières, les banques, le fermage des douanes, les entreprises de fournitures, et un prolétariat d'artisans et d'étrangers toujours prêts à l'émeute. Les anciennes corporations d'ouvriers formaient des comités ou, comme l'on disait, des collèges révolutionnaires. Les chevaliers, négociants et publicains, étaient devenus les usuriers du monde. L'avarice intègre des Romains d'autrefois, tout entière canalisée vers le trésor public, s'était enflée des dépouilles de Carthage et des rafles orientales ; elle débordait maintenant en cupidités personnelles.

L'aristocratie, fatiguée de ses longs jeûnes, achevait de déchoir dans l'abus des jouissances. Le culte des mœurs antiques n'était plus chez les patriciens, qui s'en souvenaient encore, qu'un divertissement dont ils trompaient leurs principes d'austérité. On rencontrait quelquefois Caton après son dîner, se promenant sans tunique et pieds nus pour protester contre le luxe de ses contemporains. Mais la contagion ne l'avait pas plus épargné que les autres. Il passait souvent ses nuits à boire ; et son invraisemblable divorce avec Marcia, qu'il maria lui-même à son ami

Hortensius et qu'il reprit une fois veuve et riche héritière, est un des plus étranges témoignages du déclin de la moralité publique. Son neveu, le pâle et maigre Brutus, le pur d'entre les purs, celui qui, dans ses lettres écrites des Champs de Philippes, s'indignera que les tribuns osent porter des agrafes d'or, violait la loi qui interdisait aux provinciaux de contracter des emprunts à Rome, et, sous le couvert de ses hommes de paille, prêtait à Salamine, ville de Chypre, ses fonds disponibles au taux usuraire de 48 pour 100. Le même vertueux jeune homme saignait à blanc un misérable roi de Cappadoce et, en moins de six mois, lui soutirait près de 600.000 francs d'intérêts. Cicéron, devant cette cupidité qu'il n'avait pas soupçonnée, sentait ses cheveux se dresser sur sa tête. Mais Cicéron, très honnête homme, qui exaltait dans ses œuvres philosophiques l'économie et la simplicité de la vie, n'avait jamais assez de tableaux, de statues, de villas et s'endettait furieusement pour acheter une maison sur le Palatin. Son ami Atticus en était effaré. Atticus s'entendait beaucoup mieux à gérer sa fortune. Il ne se contentait pas de faire le commerce des manuscrits et de prêter aux villes de la Grèce et de l'Asie : il élevait et louait des gladiateurs. Et déjà des affranchis, qu'on se rappelait avoir vus débarquer à Rome, les pieds frottés de craie comme tous les esclaves d'outre-mer, les Chrysogone de Sylla, les Démétrius de Pompée, les Hipparque d'Antoine, engraissés du sang des Romains et des proscriptions, s'imposaient par leurs richesses et leur influence à cette société qui avait perdu son équilibre moral.

La vie de Lucullus dans Plutarque — Ferrero l'a remarqué — est peut-être le document le plus significatif de cette époque, bien plus saisissant que les considérations abstraites de Salluste, un des héros du jour, le plus élégant des concussionnaires, dont l'impeccable burin gravait des maximes de vertu sur de l'or volé. « La vie de Lucullus, dit Plutarque, ressemble à une pièce de l'ancienne comédie : les premiers actes sont remplis de grandes actions politiques et militaires ; les derniers, de festins, de mascarades et de courses aux flambeaux. » Jusqu'à cinquante ans, ce capitaine, un des plus grands de son siècle, sait allier à un sentiment d'humanité assez rare chez les vieux Romains, la sobriété, l'endurance, la prudence et le courage qu'ils ont portés si haut. Personne, depuis les guerres puniques, n'avait tant et si bien travaillé pour la grandeur romaine. Mais peu à peu le vertige de tous les trésors qui s'écroulent autour de lui le saisit. Sa fortune s'accroît ; et la Fortune le quitte. Son orgueil lui aliène ses dernières troupes. Il rentre ; il triomphe ; il traîne au Capitole une statue d'or de Mithridate plus haute qu'un homme, des monceaux de vaisselle d'or, de lits d'or, de lingots d'or et de pièces d'or. Et le lendemain de son triomphe, retiré de la vie publique, il s'adonne, avec une folle ostentation, à toutes les délices et à toutes les prodigalités. Ses magnificences sont d'un parvenu enivré. Il faut à ce Xerxès en toge des lits couverts de pourpre, une vaisselle plate enrichie de pierreries, des mets rares, des chœurs de danse et de musique. Il traite ses richesses, selon l'admirable expression de l'historien grec, comme un triomphateur ses esclaves et ses barbares. Il meurt fou. Et Rome, aussi affligée de sa perte que s'il était tombé au sein de ses victoires, lui fait de splendides funérailles et enterre dans le champ de Mars cette effrayante image d'elle-même.

Plus tard, Octave, dînant chez un vétéran de

Bologne qui avait fait sous Antoine la campagne contre les Parthes, lui demanda s'il était vrai que le premier qui eût porté la main sur la statue en or de Diane Anaïtide, divinité arménienne, fût mort aveugle et paralytique. Le vieux soldat lui répondit : « C'est moi qui l'ai touchée le premier, et tu as soupé ce soir d'une jambe de la déesse. Toute ma fortune vient de cette rapine. » Rome pouvait en dire autant. Les dieux, les déesses, les sanctuaires, les trésors dont elle dépeuplait l'Asie payaient ses spectacles et ses jeux, les trois cent soixante colonnes de marbre dont son édile Scaurus faisait décorer un théâtre qui devait durer à peine un mois, et les soupers flamboyants de ses maîtres, et les bacchanales de ses jeunes patriciens et chevaliers dont les échos se mêlaient la nuit aux cris, aux fuites éperdues des gens que des rôdeurs, issus de toutes les lies du monde, dévalisaient ou assassinaient dans ses rues noires.

La religion diminuait. Elle n'était plus un frein. « Les Égyptiens, les Syriens, la plupart des Barbares, disait Cicéron, ont plus de crédulité et plus de respect pour de certains animaux que nous n'en avons, nous, pour les temples et les images des dieux. » On pillait les temples ou on les laissait se dégrader. Le peuple gardait bien ses vagues effrois et le sentiment qu'on devait s'acquitter des rites envers les divinités ; mais ces divinités lui semblaient un peu fatiguées, comme ces remèdes qui, à force de servir, ont perdu de leur efficacité ; et il se tournait vers les nouveaux cultes qui intéressaient les intellectuels et dont les Orientaux lui apportaient les mystérieux emblèmes et les odeurs. Les hommes soucieux de la chose publique restaient officiellement attachés à ce que les cérémonies religieuses représentaient de tradition et de contrainte sociale. Mais ils ne s'étonnaient pas d'avoir des augures ignorants de la science augurale ; et ils trouvaient naturel qu'un sceptique aussi débauché que le jeune César fût nommé Grand Pontife.

Pour les autres, la religion pouvait se définir un athéisme superstitieux. Ils croient aux présages, aux revenants, aux prédictions, aux sorcelleries. Plutarque, qui les connaît bien, intercale, sans le vouloir, une excellente scène de comédie dans le dénouement tragique de l'histoire de Brutus et de Cassius. A la veille de quitter l'Asie, une nuit que Brutus, selon son habitude, travaillait au lieu de dormir, un spectre horrible lui apparut et lui dit : « Je suis ton mauvais génie : tu me verras dans les plaines de Philippes. » Le jour venu, il se rend chez Cassius et lui raconte sa vision. Cassius, qui faisait profession d'épicurisme, lui prouve doctement qu'il n'y a d'autres spectres que ceux qui sont forgés par nos sens et notre imagination. A quelque temps de là, dans une cérémonie, celui qui portait une Victoire d'or de Cassius butte contre une pierre, et la Victoire tombe. Cassius en pâlit. Un peu plus tard, le licteur chargé des faisceaux lui présente la couronne à l'envers. Puis des oiseaux carnassiers planent sur son camp. Puis des essaims s'y rassemblent. Ces abeilles, ces oiseaux, cette couronne renversée, et la statue par terre, mettent en déroute les doctrines d'Épicure. Cassius se sent perdu. On ne nous dit pas s'il demanda à Brutus de lui remonter le moral. J'ignore comment l'athéisme ou le mépris des dieux s'accommode d'un tel héritage de superstitions. Mais il s'en accommodait aussi facilement à Rome qu'aujourd'hui chez nous. D'ailleurs ces croyances au surnaturel n'ont aucune vertu sur les âmes. Elles ne dressent pas plus d'obstacles entre l'homme et

ses passions que les ombres fantastiques des arbres
ne l'empêchent de suivre sa route. Religion et patriotisme, tout était en baisse.

Cependant cette société qui se désorganisait n'était
point moribonde. Elle se décomposait moins qu'elle
ne fermentait. Ses désordres préparaient une ère
nouvelle pour l'humanité et une nouvelle civilisation.
Parmi toutes les lois du monde, la plus inexplicable,
la plus mystérieuse est celle qui exige pour chaque
progrès de l'homme des ruines et plus d'hécatombes
qu'on n'en a jamais sacrifié aux divinités cruelles.
C'était au moment où d'atroces guerres civiles allaient
déchirer l'Italie que les esprits commençaient de s'y
ouvrir à des conceptions plus nobles et plus désinté-
ressées. Chaque cortège triomphal qui défilait sur la
Voie sacrée propageait, en même temps que l'enivrement des richesses, l'étude des arts et des sciences.
Les victoires de Scipion l'Asiatique avaient répandu
le goût des statues de bronze ; celles de Memmius,
des vases corinthiens et des tableaux ; celles de
Pompée, des pierreries et des perles ; et toutes, de la
philosophie grecque, de la poésie, de la peinture, de
la sculpture. Les intelligences travaillaient autant à
édifier qu'à détruire. La Grèce renaissait à Rome.
Les lettrés parlaient couramment sa langue ; quelques-uns même l'écrivaient. L'éloquence latine avait
atteint ce point de maturité où il est difficile que l'art
se maintienne ; et le mont Palatin s'honorait d'être
habité par Cicéron. Le même patriotisme, qui devait
jeter nos Ronsard et nos Du Bellay à l'assaut du
temple delphique et qui inspirait à nos Racine et à
nos Boileau le désir de naturaliser en France la tragédie grecque et la satire romaine, dictait à l'orateur
des *Catilinaires* ses Dialogues philosophiques, car,
disait-il, « il y va de notre gloire que de si belles et

si grandes matières soient traitées en notre langue
et que les Grecs ne l'emportent plus sur nous, même
pour l'abondance des expressions ». Il n'y avait point
d'éducation de jeune homme riche qui ne se terminât
par un séjour à Rhodes, à Apollonie et surtout à
Athènes. Il n'y avait point de riche demeure qui
n'eût son philosophe attitré. Jamais on n'avait fait
tant de philosophie qu'à cette époque de convoitises
effrénées et de violences. Les doctrines grecques
pénétraient dans les âmes les plus rudes et les plus
romaines et s'y installaient tant bien que mal au
milieu de leurs vieilles rusticités, comme les statues
des Olympiens dans les vieux temples délabrés.
Caton à Utique s'interrompt de la lecture du *Phédon*
pour réclamer son épée. Il est vrai que, l'esclave ne
la lui apportant pas assez vite, il lui assène un si
furieux coup de poing que sa main en est ensan-
glantée. La philosophie n'empêche pas ces réveils
du rustre romain même à l'heure où elle lui facilite
le passage de la mort.

Pourtant l'idée d'humanité élargit déjà l'horizon
des âmes. L'esclave est en général mieux traité. On
le considère de plus en plus comme un homme. On
l'aime souvent comme un ami. Sa culture fait de lui
non seulement un confident, mais un collaborateur,
presque un égal. L'instruction supprime les dis-
tances. La curiosité intellectuelle est très vive, curiosité du passé, curiosité des religions. Varron écrit
ses *Antiquités romaines*. Octave, au lendemain d'Actium, s'initiera aux Mystères d'Éleusis. Un nouveau
pouvoir grandit : celui de l'esprit. Les images des
orateurs, des poètes, des philosophes grecs ornent
les vestibules et les maisons. Les hommes d'État
ambitionnent la gloire de l'écrivain. Ils rédigent leurs
mémoires. César ne dédaigne pas de se mettre au

premier rang des hommes de lettres, et, vainqueur
de Caton, d'attacher à sa mémoire le plus mordant
des pamphlets. Une société mondaine se forme où
l'on cause politique et littérature. Les rapports entre
les hommes respirent cette urbanité un peu solennelle et oratoire des dialogues de Cicéron. L'enjouement même y est grave. La femme s'émancipe et
fait l'essai de son empire. Assurément la façon dont
l'homme étale ses conquêtes et ses infortunes conjugales ne prouve pas qu'elle tienne encore une place
considérable dans sa vie. Pompée, que sa femme
trahit avec César, se contente en petit comité d'appeler celui-ci : « Mon Égisthe ! » et, se remariant, n'hésite pas à devenir son gendre. Au Sénat, pendant la
séance orageuse où se jouait la vie des complices de
Catilina, le même César, dont les aventures dé-
frayaient la chronique scandaleuse, reçoit une lettre
que son ennemi Caton le somme de lire à haute voix.
César sans vergogne la lui met sous les yeux. C'était
une lettre d'amour de sa maîtresse Servilie, la mère
de Brutus, la propre sœur de Caton. Le vieux Romain la lui jeta au nez en lui disant : « Tiens,
ivrogne ! » Cependant, sous ce relâchement des
mœurs, un besoin de tendresse plus délicate s'éveillait çà et là dans les cœurs jeunes. L'amour ne se
cache plus. On le cherche et quelquefois on le trouve
dans le mariage. La poésie funéraire des épitaphes
en porte le témoignage. Ce n'est plus seulement
l'éternelle fileuse de laine attachée à son devoir austère que les maris regrettent, c'est le charme, la
grâce, la beauté disparus[1].

Enfin on a la passion de la gloire. Rome est littéralement encombrée de statues, et aussi les villes de

1. *Étude sur la poésie funéraire à Rome*, de H. Focillon, dans
le livre *Épitaphes* de Frédéric Plessis (*Fontemoing, 1903*).

province. Les particuliers, les femmes elles-mêmes, s'en font ériger. Et l'on vit dans les perpétuels remous de la faveur populaire. Vie enivrante pour les jeunes gens qui voient tour à tour les hommes publics assaillis à coups de pierre ou couverts de fleurs comme les athlètes victorieux. Ils ont conspiré avec Catilina. Ces jeunes intellectuels sont irrésistiblement attirés par les grands rhéteurs et les grands agitateurs. Tous les espoirs leur sont permis, et, à défaut des plus nobles, celui d'être au moins le héros d'un jour. *Qui de nous, qui de nous va devenir un Dieu ?* Les gens qui demeurent à l'écart ou qui réfléchissent sentent qu'ils assistent à la fin d'un monde. « La république est inguérissable, se disent-ils : le seul remède est dans la monarchie. Mais à quel médecin la demander ? A César ? A Pompée ? Pompée serait peut-être plus doux. » C'était la question qu'on se posait à Rome, lorsque Virgile y arriva.

III

Il y passa sept ou huit ans coupés sans doute par de nombreux retours au pays natal. Ses modestes ressources, son humble origine, ses goûts le tenaient éloigné des compagnies de viveurs où un cisalpin comme lui, Catulle, qui venait de mourir à trente-quatre ans, avait rapidement épuisé sa jeunesse. On les rencontrait au Champ de Mars, au Cirque, dans le temple de Jupiter, sous le portique du théâtre de Pompée, dans les boutiques des joailliers ou à Subure. Il ne se mêla pas davantage aux avocats, aux plaideurs, aux gens d'affaires qui hantaient le Forum autour de la statue de Marsyas. Ses premières curiosités satisfaites, les endroits tumultueux ne l'attiraient guère. Il félicitera dans les *Géorgiques* le paysan de ne connaître « ni les lois de fer des tribunaux, ni les démences du Forum, ni les bureaux où sont enfermées les archives du peuple romain ». Nous l'imaginerions volontiers fréquentant de préférence les coins les plus déserts de la vieille ville, ou longuement attardé, aux heures où la foule ne les assiégeait pas, devant de belles statues comme celles des Muses Thespiades, près du temple de la Félicité, dont l'une était si belle, paraît-il, qu'un chevalier s'en énamoura. Mais si réservé qu'il fût, si ami de la solitude, il ne pouvait rester indifférent aux événements formidables qui se précipitèrent à Rome entre sa dix-septième et sa vingt-sixième année, où nous sommes à peu près sûrs qu'il était retourné habiter Mantoue.

Il n'entendit d'abord parler que de César dont la marche en Gaule surexcitait les imaginations. Son passage du Rhin, son débarquement en Bretagne, dans cette île de l'or et des perles, les détournaient de l'Orient et leur ouvraient vers le nord des perspectives fabuleuses. Le prestige du conquérant s'augmentait du mystère de ses découvertes. Ses ennemis n'en étaient que plus acharnés à sa ruine. Les cercles aristocratiques, qui prônaient son gendre Pompée, affectaient de le mépriser et faisaient courir des épigrammes sur ses mœurs. Caton, dans son intransigeance, demandait au Sénat qu'on le livrât aux Germains, pour avoir rompu la paix et pour avoir exterminé les Teuctères et les Usupiens. Le rigide Caton, du haut de son puritanisme, prenait en main la cause de la Germanie. La mort de Julie, fille de César et femme de Pompée, qui rompait le seul lien entre ces deux hommes, consterna le peuple romain ; et, pendant qu'il accompagnait le magnifique convoi funèbre jusqu'au Champ de Mars, où le sépulcre de cette jeune femme était dressé parmi ceux des grands personnages de l'État, le cri des pleureuses retentissait à ses oreilles comme l'annonce de la guerre civile prochaine.

Mais la guerre civile était déjà dans Rome. Un jour, c'était Pompée pâle de colère sous le doigt tendu du démagogue Clodius qui le désignait aux huées de la populace. Le lendemain, c'était Antoine qui, l'épée à la main, poursuivait ce même Clodius à travers le Forum et le forçait de se cacher dans une boutique de libraire. Les candidats à l'édilité, à la préture, au consulat, armaient des bandes de gladiateurs et d'esclaves, et, comme les barons féodaux du Moyen Age, ne sortaient qu'avec leur escorte de spadassins. Puis ce fut le meurtre de Clodius par Milon sur la voie Appienne, son cadavre sanglant et boueux exposé devant les rostres, brûlé dans la Curie, et la Curie embrasée de ce bûcher funèbre, et l'incendie se communiquant à la basilique Porcia, et les émeutes, et les pillages, et le plaidoyer dramatique de Cicéron enflant la voix pour que Pompée, assis au pied du Capitole, pût l'entendre. Enfin ce fut, après un peu de calme provisoire où Rome répara ses ruines et reprit sa croissance de beauté, le coup de tonnerre du Rubicon, la panique à la nouvelle que l'armée des Césariens était entrée à Rimini, Pompée en fuite, les sénateurs affolés se bousculant derrière lui et emportant ce qui leur tombait sous la main, comme ces pauvres gens qui, à l'approche de l'ennemi, sauvent de tous leurs biens une casserole ou une cage d'oiseau, et les consuls quittant la ville

sans même faire aux dieux les sacrifices obligatoires.
Il s'agissait bien des dieux ! Et pendant qu'on se bat
en Espagne, en Grèce, en Épire, sur terre et sur mer,
la disette entre à Rome que les provinces ne ravi-
taillent plus ; les esprits s'aigrissent ; César devient
un scélérat. Le bruit se répand qu'il a été battu à
Dyrrachium ; mais la petite bataille de Pharsale, un
succès militaire de dixième ordre, change la face du
monde. Les dieux sont pour celui que Catulle appelait
ironiquement l'*Unicus Imperator*. De misérables
Égyptiens lui rendent le service de le débarrasser à
jamais de Pompée ; la philosophie stoïcienne, de
Caton ; et ses armes, des derniers Pompéiens. Quels
stimulants de réflexion pour un jeune homme comme
Virgile ! S'il ne tint aucun rôle dans ces événements,
s'il n'en fut même pas toujours le spectateur, on ne
peut douter que son âme en fut ébranlée, son intelligence vivifiée.

Il alla certainement écouter Cicéron. Il lui arriva
quelquefois de suivre des yeux le grand Pompée
lorsqu'il promenait à travers le Forum, au milieu de
sa clientèle, sa belle tête fastueuse, toujours aussi
fier qu'en cet après-midi triomphal où l'on portait
derrière lui son image faite en perles fines. Peut-
être entrevit-il Vercingétorix à la lueur des flambeaux que brandissaient les cornacs de quarante
éléphants rangés des deux côtés de la montée au
Capitole. Il vit Rome, au lendemain de Pharsale,
abattre les statues de Pompée et celles de Sylla ; et
il la vit les relever sous le commandement de César.
Qui sait ? Il aperçut peut-être dans les jardins qui
bordaient le Tibre, Cléopâtre, toute jeune encore,
étrangement belle et fine, et telle qu'il représentera
plus tard sa Didon, les cheveux retenus par une
agrafe d'or et d'une boucle d'or relevant son man-

teau de pourpre. Il assista à quelques-uns des spectacles dont le dictateur ne se fatiguait point d'entretenir l'enthousiasme populaire, et nul sans doute, dans le Cirque agrandi, ne l'intéressa plus que les jeux Troyens, les trois escadrons d'adolescents et d'enfants, la lance en main, la tête ceinte de feuillage, dont il nous a décrit les évolutions au cinquième livre de l'*Énéide*. On peut croire qu'il se trouvait à la fête des Lupercales, la dernière qui fut célébrée avant que César mourût et qu'Auguste la rétablît. Ce jour-là, les Luperques ou Flamines de Pan, les jeunes gens des meilleures familles, les plus hauts magistrats eux-mêmes, couraient par toute la ville, nus, avec une ceinture de peau de chèvre autour des reins et armés de lanières dont ils frappaient en riant la foule pressée à leur passage. Antoine, qui figurait en sa qualité de consul dans cette course sacrée, s'approcha de César assis triomphalement sur un siège d'or et lui tendit un diadème enlacé d'une branche d'olivier. De maigres applaudissements, des applaudissements payés, accueillirent ce signe de royauté. César le repoussa, et tout le Forum battit des mains. Le peuple, déjà mûr pour la tyrannie, n'en acceptait pas encore le symbole. Des bruits circulaient que César voulait être roi. On parlait de présages funestes. Mais le plus funeste de tous était la présence du pâle Brutus revenu de son gouvernement de la Cisalpine, où d'ailleurs il n'avait laissé que de bons souvenirs. Virgile était-il à Rome le jour des Ides de Mars ? Vit-il monter au Capitole les conjurés qui agitaient fièrement leur épée rouge, et, le lendemain, la foule, après avoir brûlé le corps de César, se disputer les tisons enflammés et courir aux maisons des assassins ? Vit-il la comète qui apparut pendant sept jours

lorsque le jeune Octave célébra les Jeux funèbres ?
Elle se levait au septentrion vers la onzième heure ;
sa lumière était visible par toute la terre ; et le peuple
pensa que c'était l'âme de César reçue parmi les
dieux immortels. Le vers de la neuvième Bucolique
où il fait allusion à ce phénomène céleste ne prouve
pas qu'il en fut témoin. Mais il prouve que Virgile
s'était rangé du côté de César, comme il se rangea
aux côtés d'Octave.

La jeunesse était très divisée. Le fils de l'affranchi
Horatius, qui achevait en ce moment ses études à
Athènes et qui devait se lier d'une si tendre amitié
avec Virgile, avait pris parti pour Brutus. Mais Virgile était de ces esprits qui aiment avant tout l'ordre
et qui comprirent de bonne heure qu'on ne pouvait
l'attendre que d'un pouvoir fort. D'Horace et de lui,
le plus sceptique, le moins porté à l'enthousiasme,
celui qui croit connaître le mieux la vie et les
hommes, c'est Horace ; mais c'est Virgile qui a le
sentiment le plus clair de l'intérêt romain et qui se
laisse le moins abuser par les mots et par les simulacres d'une fausse liberté. Nourri des solides vertus
paysannes qui avaient fait la grandeur romaine,
pratique comme le sont les grands, les vrais idéa-
listes, il eut horreur de tous les tumultes où som-
brait l'ancienne république ; et il n'hésita pas à
saluer, avant même qu'il fût définitif, l'avènement
du libérateur. Il ne semble pas qu'il y ait eu la
moindre oscillation dans sa pensée. Toute son
œuvre ne sera qu'une longue réaction contre les
mœurs, le luxe, la politique, l'individualisme de
cette Rome où s'était mûrie sa jeunesse et qui,
malgré ses vices, ne restait pas moins à ses yeux
« la plus belle des choses ». Rien ne le tenta de ce
qui séduisait autour de lui ces jeunes gens sentimen-

taux et aventureux à qui la désorganisation de l'État fournit des moyens plus rapides de satisfaire leurs passions ou leur ambition. Et pourtant il était ambitieux. Il avait conçu très tôt le magnifique désir d'être utile à son pays. Et dans l'étude et le silence il s'y préparait.

IV

Il avait d'abord suivi l'enseignement du rhéteur Épidius qui compta parmi ses élèves Antoine et Octave. Ce dernier élevé dans la maison de son oncle César, avait sept ans de moins que Virgile; mais, dès l'âge de douze ans, il était déjà assez façonné à l'éloquence pour prononcer du haut de la tribune l'éloge funèbre de sa grand'mère Julie; et il se peut que Virgile ait rencontré chez Épidius cet enfant prodige, sinon à son arrivée, du moins plus tard quand les différences d'âge s'atténuent entre l'adolescence et la jeunesse. Mais le maître qu'il écouta surtout fut le philosophe épicurien Siron, un des nombreux amis de Cicéron qui le jugeait un homme excellent et de vaste savoir. L'épicurisme était alors à la mode. On trouvait partout des portraits d'Épicure. Selon l'habitude, chacun prenait dans sa doctrine ce qui justifiait son tempérament ou excusait sa conduite. Les systèmes de philosophie sont admirables pour nous mettre à l'aise avec nous-mêmes. Le matérialisme d'Épicure convenait à une société aussi peu sûre du lendemain qu'avide des jouissances du jour et qu'il essayait de délivrer des terreurs de la mort. L'appareil scientifique en plaisait à la jeunesse intellectuelle : il flattait le désir qu'elle a toujours de remplacer l'expérience qui lui manque par des connaissances qui en tiennent lieu et qui même la surpassent. Il favorisait son audace naturelle et lui proposait en même temps un idéal de sagesse d'accord, chez quelques-uns, avec le dégoût de la politique que leur avaient inspiré les ignobles compétitions du Forum.

Il faisait plus encore. L'irréligion qui s'en dégageait l'affranchissait de tout un ensemble de traditions dont les âmes impatientes de vivre sentent le poids et non l'utilité. Ce n'étaient pas seulement les croyances ancestrales et les dieux qu'on répudiait . c'était dans la vie le respect des vieux usages, dans l'art l'admiration des anciens. Les Ennius, les Plaute, les Lucilius, les Accius ne pouvaient pas plus contenter les contemporains d'Horace que nos Chansons de geste et nos Mystères les poètes fringants de la Pléiade. Là, comme en tout, Virgile sut garder la modération des forts. Il ne fut jamais épicurien, averti par son sens social des dangers du système et retenu par ce qu'il y avait en lui d'aspirations religieuses, de vénération à l'égard des anciens cultes et d'inquiétude métaphysique. Mais il prit de l'épicurisme l'enthousiasme pour la science. D'autre part, il ne méprisa point les vieux auteurs, il les lut de très près, convaincu que toute violente rupture avec le passé était mauvaise et que l'étude d'Homère ne dispensait pas un Romain de connaître Ennius. Et, tout en les dépouillant, il se mettait à l'école des Grecs du même cœur que les novateurs de sa génération.

Une nouvelle école s'était déjà formée, dont les deux représentants étaient l'orateur Calvus et Catulle, tous deux morts jeunes, à peu près au même âge.

De Calvus il ne nous est parvenu qu'une vingtaine de vers détachés, parmi lesquels deux ou trois d'une assez large mélancolie tirés d'un poème sur les courses errantes d'Io :

> Triste vierge qui te repais d'herbes amères !

Nous savons qu'il avait aimé une jeune femme, probablement la sienne, Quintilie, et qu'il ne se consola pas de sa mort. L'opinion des contemporains sur ses élégies, le jugement de Sénèque le Rhéteur et de Quintilien, nous font regretter la disparition de son œuvre. On est effrayé du peu qui nous reste des littératures anciennes. Si nous n'avions pas le petit livre de Catulle, nous ignorerions presque tout du mouvement littéraire qui, à l'époque de César, introduisit à Rome la poésie savante des Alexandrins et qui produisit une poésie personnelle parfaitement originale. Les Ennius, les Plaute, les Térence, les Lucilius, avaient bien imité les Grecs avec une indépendance toute romaine; mais les genres qu'ils traitaient et l'esprit qui animait alors la société ne se prêtaient guère aux confessions intimes, et, sauf Térence, ils n'étaient que de médiocres artistes. L'œuvre de Catulle intronise le sentiment artistique et la sensibilité.

Elle étincelle de génie et la passion y brûle encore. Même dans ses poèmes, dont le sujet et la manière sont empruntés aux Alexandrins et dont l'érudition mythologique peut nous paraître aujourd'hui fastidieuse et laborieuse, on sent à chaque instant le frémissement d'une âme. Sous ses préciosités, ses mièvreries, ses élégances apprêtées, quelle sincérité douloureuse ! Le jeune Virgile, feuilletant ce petit livre, est entouré d'images de feu. Il voit Attis entraîné à se mutiler lui-même dans les furieuses orgies du culte de Cybèle et qui se réveille, le corps sanglant, ni homme ni femme, voué pour jamais aux rites de la déesse barbare; et ce poème lui traduit à la fois l'attrait et l'horreur de ces religions orientales dont rêvaient parfois les voluptueux de Rome. Il entend Ariane abandonnée, courant sur le rivage, les jambes éclaboussées par les vagues, pleurant, gémissant, lançant des imprécations à la voile qui se sauve, Ariane, la première, dans la poésie latine, des grandes naufragées de l'amour. Il aperçoit, la nuit des noces, l'époux qui, du fond de la chambre, couché sur une pourpre de Tyr, se penche tout entier vers la vierge que lui conduit l'Hymen; et il se laisse enivrer du chant nuptial que les jeunes gens et les jeunes filles chantent à l'Étoile du soir.

Et voici Lesbie, la plus vivante, je dirais même la seule vivante des femmes que les poètes de l'antiquité ont célébrées ou maudites. Les autres se ressemblent toutes : celle-là ne ressemble qu'à elle-même. Nous savons d'où elle est sortie, qui elle était : la sœur, la digne sœur du Clodius dont le bûcher funèbre mit le feu à la Curie. Mais il importe peu que nous puissions soulever le masque du nom grec dont Catulle a si peu caché son visage. Nous ignorerions son état civil et ses effronteries, et qu'elle fut accusée d'avoir empoisonné son mari et que Cicéron l'accusa d'avoir commis un inceste avec son frère; nous ignorerions tout cela que nous la connaîtrions encore, tant elle vit, respire, marche, sourit, lance des œillades, dans les petits vers de Catulle, depuis le jour où, blanche déesse, elle arriva chez lui de son pas souple, et, appuyant son pied charmant contre le seuil usé par d'autres pieds moins charmants, se dressa immobile sur ses brodequins sonores, jusqu'au jour où l'amant irrité, qui a tant de fois pardonné et qui est repu de douleur, l'insulte le long de la voie publique, pendant qu'elle s'y dandine en jouant des hanches, avec le rire fendu d'un chien gaulois. Il y a de tout dans ce petit livre : de la tendresse, de la délicatesse et de l'impudeur, des ivresses d'amour, de la jalousie, une écume de colère sensuelle, du désespoir. Et, à côté de cette misérable et dramatique aventure, d'où s'exhalent des odeurs de nid et des relents de bouge, on est surpris de découvrir un jeune homme qui, malgré ses débauches, a conservé des sentiments de famille exquis. Il ira jusqu'en Troade déposer sur la pierre sépulcrale d'un frère tendrement chéri « des dons funèbres arrosés de larmes ». Il aimera ses amis impétueusement. Il soupirera après les douces visions du bonheur domestique. Il se plaira à peindre le petit enfant qui, du sein de sa mère, tend à son père ses petites mains et lui sourit de ses petites lèvres entr'ouvertes. Quel étrange livre où voisinent ces fraîches évocations et les pires crudités ! Mais, Virgile y trouvait un modèle d'imitation originale. Catulle n'imitait pas seulement les Alexandrins : il imitait Archiloque, Sapho, même Homère, et avec un bonheur tout à fait nouveau, dans une langue nouvelle, nette, concise, brillante et dans un vers encore un peu rude, mais déjà très habile.

Cependant ce n'était point Catulle qui devait s'emparer le plus de son esprit. L'année qui précéda son arrivée à Rome, Cicéron avait édité l'œuvre d'un poète nommé Lucrèce, dont on dit qu'il s'était suicidé dans un accès de démence le jour même où Virgile prenait la toge virile. Ses amis avaient voulu que le grand orateur se fît comme son patron près du public. L'œuvre était étonnante. Elle ne relevait point de l'école des Calvus et des Catulle. Lucrèce n'avait rien de commun avec les Alexandrins, **si ce** n'est son goût pour le genre didactique. Sa langue chargée d'archaïsmes, son admiration d'Ennius, ses maladresses prosodiques, le poids de ses vers, qui l'empêchèrent, au moins tout d'abord, d'être jugé à sa vraie valeur, augmentaient encore l'impression qu'il donnait d'une solitude farouche où l'écrivain, uniquement préoccupé de ce qu'il veut dire, ne se soucie point du goût et des modes de son siècle. Mais dès les premières pages on était saisi par une bien autre nouveauté que celle de l'art. Un attrait poignant vous serrait le cœur. L'homme qui vous parlait se présentait comme un sauveur. Il venait à vous sous l'invocation de la Vénus féconde, au milieu des troupeaux bondissants et de l'immense palpitation des oiseaux et du ruissellement de la vie, et il vous apportait l'explication de tous les phénomènes de la nature. Les mystères qui troublent l'âme des mortels, les angoisses, les terreurs, les superstitions fuyaient devant lui comme aux approches de la mère d'Énée fuient les vents et les orages. *Mère d'Énée et de sa race, volupté des hommes!* Virgile n'oubliera jamais le coup qu'il reçut de ce premier vers. Et cet homme éprouvait une profonde pitié pour les malheureux hommes. Il ne chantait pas égoïstement sa douleur d'amant trompé comme Catulle, mais toutes les douleurs de l'être humain depuis qu'il avait été jeté nu sur une terre peuplée de bêtes féroces. Il revivait dans son imagination et dans ses nerfs les nuits d'épouvante qu'il avait traversées, ses silences anxieux au milieu des ténèbres, sa longue ignorance. Il déchirait avec une sorte de rage magnifique les voiles dont s'enveloppait la nature. Il saccageait les royaumes de simulacres qui portent l'effroi dans les cœurs. Ce fanatique d'Épicure travaillait à libérer la raison humaine. Lourdement, mais puissamment et clairement, il exposait un système philosophique qu'il ne semblait pas que la poésie latine pût rendre. Il possédait ainsi le double prestige de la science et de la poésie. La poésie coupait ses dissertations d'éclats fulgurants. La science promettait aux hommes par sa voix la sécurité et le bonheur. Mais, alors même que son poème était le plus didactique, on y sentait courir une émotion toute personnelle. Il n'était arrivé à sa conception du monde qu'après avoir souffert de l'amour, de la volupté, de l'ambition, de l'effroyable arbitraire des dieux. Il proclamait sa délivrance, mais avec des retours furieux sur ses tortures passées qui lui étaient toujours présentes. C'est ce qui donnait à son œuvre un intérêt si pathétique, une beauté quelquefois analogue à celle des *Pensées* de Pascal. « Il s'agissait de nous-mêmes et de notre tout. »

L'effet produit sur Virgile fut très grand. Il ne partageait point les idées de Lucrèce ; mais la tristesse de ce poète amer fortifia sa mélancolie. Il fraternisa avec lui dans sa pitié pour les pauvres êtres que nous sommes. Il en aima davantage l'humanité ; mais il lui rêva un autre bonheur que d'avoir au-dessus de sa tête un ciel vide. Son sentiment de la nature s'élargit et s'approfondit devant cette imagination cosmique et les trouées de lumière dont elle perçait la nuit des âges. Il respira dans ce poème des souffles qui partaient de l'origine du monde, et que nous respirerons à notre tour dans les *Géorgiques*, mais moins âpres et comme amollis par les beaux vergers et les moissons où ils se sont attardés. Enfin l'exemple de Lucrèce lui prouvait qu'il n'y avait point de sujet que la poésie latine ne fût désormais en état d'aborder.

Sa vocation poétique s'était éveillée très tôt. Parmi les petits poèmes et les courtes poésies qui, réunis probablement sous le règne de Tibère, furent présentés comme ses œuvres de jeunesse, et dont aucun vers peut-être ne lui appartient, on cite une pièce délicate où il dit adieu à la rhétorique, à la grammaire et aux Muses, cependant si douces, pour se consacrer à de plus hautes spéculations. On peut y voir l'influence de son maître Siron et aussi celle de Lucrèce. En tout cas il revint vite sur son adieu. Je croirais volontiers qu'après les essais ambitieux par où l'on commence toujours, il apprit son métier en s'exerçant à de petites compositions réalistes dont le tableau campagnard du *Moretum*, qu'on lui attribue, nous donne l'idée. Ce genre était à la mode. Le peintre Pyréïcus peignait alors des boutiques de barbiers et de cordonniers, des ânes, des provisions de cuisine, qui, nous dit Pline, se vendaient plus cher que de grands tableaux. Mais soyons certains que ses vers étaient déjà connus et appréciés dans le groupe de jeunes gens parmi lesquels il vivait, tous ou presque tous poètes, et que fréquentait, s'il n'en faisait pas partie, un jeune homme descendant d'une famille royale d'Étrurie, Mécène. Les autres se nommaient Bibaculus, Quintilius Varus, Æmilius Macer, Varius qui devait écrire un poème sur *la Mort de César* et une tragédie, *Thyeste*, considérée comme un des chefs-d'œuvre du Théâtre Latin, et Cornélius Gallus, le plus intime ami de Virgile.

Ce Gallus, d'une origine aussi humble que la sienne, avait étudié, comme lui, la philosophie à l'école de Siron ; comme lui, les Grecs et les Alexandrins. Il traduisait alors le poème *Hésiode* de l'alexandrin Euphorion, en attendant que l'amour le rendît plus original ; car il eut, lui aussi, à l'exemple de

Catulle, sa Lesbie. Il l'appela Lycoris ; et elle s'appelait Volumnia, étant l'affranchie de Volumnius, lui-même affranchi d'Antoine, et de son nom de théâtre Cythéris. Les noms ne lui manquèrent pas plus que les amants. Elle avait été la maîtresse d'Antoine qui l'avait promenée à travers Rome dans un char traîné par des lions. Des bras d'Antoine elle passa, dit-on, dans ceux de l'austère Brutus, et le jeune Gallus s'éprit d'elle. Cet amour malheureux et tourmenté lui inspira quatre livres d'élégies, *Amours*, qui le mirent au premier rang des élégiaques romains. Mais cet élégiaque était aussi un homme d'action. Ami d'Octave, chargé par lui d'importantes missions, dont la plus sensationnelle fut la capture de Cléopâtre, et nommé gouverneur de l'Égypte, les faveurs de la fortune et la vie égyptienne lui tournèrent la tête. Il parla très librement d'Octave, se fit ériger des statues, trancha du potentat, couvrit la Thébaïde, qu'il avait réduite par les armes, d'insolentes inscriptions (on en a retrouvé une à Philæ), bref, fut accusé, injustement d'ailleurs, de concussion et de complot, et se suicida.

La plupart des jeunes gens avec qui Virgile s'était lié étaient donc appelés à faire figure dans le monde et dans les lettres. Lorsqu'il quitta Rome et retourna dans son village, sans doute pour y travailler en paix et pour s'occuper de son bien, il laissait derrière lui de solides amitiés et déjà de grandes espérances.

V

En 43, comme il était à Andes, Asinius Pollion reçut le gouvernement de la Cisalpine. Il venait de quitter celui de l'Espagne. Il avait six ans de plus que Virgile et il était un grand personnage. On est frappé de la jeunesse de tous ces maîtres du monde ! Ancien ami de César, ami d'Antoine, ami de Cicéron, ami de Gallus, Pollion ajoutait à ses qualités d'administrateur et de capitaine le talent d'un poète tragique, si nous en croyons Horace qui vante ses « sévères » tragédies et Virgile qui les juge dignes de Sophocle. Il mit à accueillir le jeune Mantouan, dont il avait entendu parler, l'empressement et la bienveillance d'un haut fonctionnaire trop heureux de rencontrer dans sa province un homme avec qui s'entretenir de poésie. Virgile lui montra ses premières *Bucoliques*, et non seulement Pollion les admira, mais il l'encouragea à persévérer dans ce genre qui était si nouveau.

Pendant qu'il travaillait ainsi aux premières lueurs de la gloire, des tragédies autrement sévères que celles de Pollion se jouaient à Rome et dans l'empire. Brutus et Cassius étaient en fuite. Une nouvelle guerre civile se préparait. Dans le déchaînement et l'horrible confusion des partis, Antoine, Octave et Lépide fondaient leur triumvirat et n'endormaient provisoirement leurs défiances mutuelles qu'en se liant par le crime. Les proscriptions ensanglantaient la ville et les campagnes romaines. La tête de Cicéron était exposée sur les Rostres. Puis l'Italie frémissante avait reçu des Champs de Philippes la nouvelle que le meurtre de César était expié. Et, pendant qu'Antoine allait pacifier l'Orient, Rome voyait rentrer dans ses murs Octave, ce sanguinaire et mystérieux jeune homme, aussi énigmatique que le Sphinx gravé sur son sceau et dont il se servit jusqu'au jour où, devenu Auguste, il le remplaça par une tête d'Alexandre. Il revenait pour distribuer des terres aux vétérans de son père adoptif.

Tous ces événements n'avaient probablement pas altéré la paix des citoyens de Mantoue. Mais la répartition des terres entre les vétérans les bouleversa. Il y avait environ huit mille soldats à fournir. On avait décidé de leur partager des champs dans le territoire des dix-huit plus riches villes de l'Italie, dont était Crémone. Chaque vétéran recevrait une cinquantaine d'hectares, sans compter les troupeaux, les esclaves, les instruments agricoles. C'était la ruine pour beaucoup de petits propriétaires qui ne se fiaient point à la vague promesse d'une indemnité. Pollion fut relevé de son gouvernement au moment où il allait diriger les commissions qui devaient opérer en Cisalpine. Et Octave lui désigna comme successeur un homme à lui, Alfénus Varus. Ce Varus, qui possédait des propriétés à Mantoue, avait eu maille à partir avec les notables de la ville. L'autorité que lui déléguait Octave lui permettait de se venger. Les terres de Crémone ne suffisant pas, il fit saisir celles de Mantoue; et Virgile, qui avait eu confiance en lui et qui lui avait même adressé des vers, n'en fut pas moins expulsé de sa maison paternelle.

Il quitta Andes, l'an 39, dans la saison où les fruits mûrs pendent encore aux arbres, c'est-à-dire vers la fin d'août, et il prit le chemin de Rome. Les routes étaient encombrées de pauvres gens qui fuyaient leur chaumière et leur patrie. Ils accusaient les discordes civiles; ils se demandaient en pleurant où ils iraient, « en Afrique, en Crète ou chez les Bretons séparés de l'univers. » Le poète cheminait, l'âme pleine de pitié, au milieu de ce désordre et de ces campagnes épouvantées. Rome retentissait de leurs doléances. La colère grandissait contre le jeune triumvir que les proscriptions avaient entouré d'horreur. Il aurait bien voulu sauver les petits propriétaires; mais les concessions qu'il leur faisait ameutaient les farouches vétérans. Mécène et Gallus lui présentèrent Virgile. Octave était très beau, toujours très calme, avec des yeux d'un éclat extraordinaire; et il savait être aimable. Que se passa-t-il entre ces deux jeunes hommes de génie? Les paroles ne signifient rien. Elles durent être banales. Mais le regard d'Octave perçut sans doute quelque chose de l'âme de Virgile. Et Virgile sortit de cette entrevue à jamais conquis. Il regagna Mantoue, persuadé que sa propriété lui serait rendue. Le centurion, nommé Arrius, qui s'était établi sur son bien, refusa de déloger; et comme le poète, fort de la promesse d'Octave, insistait, il tira son épée et le poursuivit. On dit que, pour éviter la mort, Virgile se jeta dans le Mincio et le traversa à la nage. Varus aurait pu lui rendre justice : il ne s'en soucia point. Son malheur importait peu dans l'immense désarroi. Alors Virgile dit un adieu définitif à sa petite maison et retourna à Rome.

Il y apportait ses *Bucoliques* presque terminées. Ses amis le reçurent avec joie; et il devint bientôt un des familiers de Mécène. Mécène est une des figures les plus singulières de l'époque. Absolument dévoué à Octave, autant par sympathie personnelle que par patriotisme, il ne rechercha jamais le pouvoir apparent, bien qu'il aimât à briller. Il est de ceux qui pensent qu'une demi-obscurité officielle les met plus en valeur. Il a tous les dehors d'un efféminé. Il porte une robe traînante comme s'il sortait d'une orgie. Il ose paraître en public la tête couverte d'un capuchon féminin, escorté de deux eunuques qui semblent plus hommes que lui. Cependant il adore sa femme, sa jolie femme fantasque dont la danse est divine et dont les caprices lui font perdre le sommeil. Il est poète, mais d'une préciosité folle, d'une mièvrerie que Sénèque qualifie de monstrueuse. Et pourtant il admire Virgile ; il protège les génies les plus robustes et plus sains. Il excelle à grouper autour de lui et autour d'Octave les hommes de lettres. Homme d'État, il conçoit, comme Richelieu, la nécessité, pour un gouvernement restaurateur de l'ordre, de s'appuyer sur l'énergie nationale qu'est la littérature. Il prépare à son ami Octave un encens durable. Il s'entendrait, au besoin, à suborner la postérité. Virgile, qui entrait dans ses vues, lui amena un jour un jeune homme dont les vétérans s'étaient aussi partagé les champs et qui, soucieux de son indépendance, avait accepté un poste de scribe près d'un questeur. C'était Horace : un bon vivant, déjà bedonnant et vite essoufflé, très spirituel, très fin, extrêmement artiste et qui n'avait ni l'admiration ni la poignée de main faciles. Quelques mois après, Mécène en faisait son ami et, avec Virgile, son compagnon de route jusqu'à Brindes, dans un voyage diplomatique.

Ainsi les poètes de cette nouvelle équipe prédestinée à la gloire se poussaient tous les uns les autres. Et la gloire vint à Virgile brusquement, en coup de foudre. Il avait retrouvé à Rome son cher Gallus toujours possédé de sa comédienne, qui allait bientôt le lâcher. Il leur lisait ses *Bucoliques*, et Cythéris, enthousiasmée, voulut les porter à la scène. Le jour où sur le théâtre, peut-être sur le théâtre de Pompée, elle déclama la sixième Bucolique, *Silène*, le public romain, dont se plaignaient si fort les anciens poètes, fut transporté par ces vers, les plus harmonieux, les plus beaux qu'il eût jamais entendus. Il se leva tout entier, et, quelqu'un ayant crié

que le poète était là et l'ayant montré du doigt, il lui
rendit les mêmes honneurs, dit Tacite, qu'il devait
rendre un peu plus tard au Maître de l'Empire. Dans
un passage des *Géorgiques*, qui oppose la vanité des
ambitions du citadin aux tranquilles et utiles travaux
du laboureur, le poète s'est certainement souvenu
de cette minute glorieuse. Mais ses vers, qui semblent impersonnels, nous prouvent sa modestie fon-
cière ; et il ne peut s'empêcher de sourire lui-même
de la figure qu'il fit à cette explosion d'applaudissements : il en resta bouche bée (*hiantem*) :

> ... *Hunc plausus hiantem*
> *Per cuneos, geminatus enim, plebisque patrumque*
> *Corripuit...* [1].

(Il fut surpris et resta bouche bée devant ces
applaudissements redoublés qui montaient du peuple
et du Sénat, à travers les gradins du théâtre). Le
campagnard de la Cisalpine devenait un des grands
favoris de l'opinion romaine. En ce temps où la
publication de leurs ouvrages rapportait fort peu aux
auteurs, les hommes politiques, les banquiers, les
riches citoyens, se faisaient un honneur et un devoir
de leur assurer l'indépendance. Octave avait déjà
indemnisé Virgile en lui donnant une terre en Campanie. Mécène lui offrit une maison au mont Esquilin, sur l'ancien champ de sépulture où il se bâtissait une somptueuse demeure et se plantait de magnifiques jardins. Désormais, dans quelque retraite
où le poète se retirât, la faveur du prince, comme
dit encore Tacite, et les regards du peuple romain
viendraient l'y chercher.

1. *Géorgiques*, II, 509-511.

CHAPITRE II

LES BUCOLIQUES

I. Les Idylles de Théocrite. — La Pastorale virgilienne ; son originalité ; son caractère romain ; son caractère intime. — L'art dans les Bucoliques. — II. Les petits drames : la Première et la Neuvième Bucoliques. — III. La Quatrième Bucolique et l'Enfant mystérieux.

I

Pline l'Ancien nous raconte que, parmi les tableaux exposés jadis au Forum, il y en avait un qui représentait un vieux berger appuyé sur sa houlette. Comme on demandait à un député des Teutons à quel prix il l'estimait, le Barbare répondit : « Vous me le donneriez en chair et en os que je n'en voudrais pas ! » Si le tableau existait encore du temps de Virgile, nul doute que le jeune poète n'ait souvent regardé cet objet du mépris d'un sauvage Germain et de l'admiration d'une société déjà assez raffinée pour éprouver la nostalgie de la vie champêtre ou, du moins, pour en aimer l'image.

Nous avons vu que Pollion l'avait encouragé à continuer les *Bucoliques*. Mais la légende, d'après laquelle Pollion eût inspiré ce livre et conduit Virgile à Théocrite, me semble peu vraisemblable et presque injurieuse. L'idée des *Bucoliques*, comme plus tard celle des *Géorgiques* et celle de *l'Énéide*, lui vint de lui-même, du sens profond qu'ont les grands poètes des besoins de leur temps. C'est ce qui les distingue des écrivains de second ordre et même des beaux talents qui sont souvent des retardataires, quelquefois des précurseurs, ou qui ne prennent de l'actualité que ce qu'elle a de transitoire. Les grands poètes seuls trouvent le moyen de concilier les aspirations de leur époque avec l'éternelle jeunesse de l'art et de la poésie. Virgile n'attendait point qu'on l'orientât vers la poésie bucolique et vers Théocrite. Et nous n'avons pas plus à nous demander qui lui révéla Théocrite que nous n'avons à rechercher l'origine de la poésie bucolique. Elle a existé du jour où des bergers ont soufflé dans leurs roseaux; et Théocrite avait pénétré à Rome avec tous les poètes alexandrins.

Il en est le plus parfait. Il nous a donné un chef-d'œuvre de poésie réaliste. Savant et subtil, atteignant presque toujours le naturel à force d'art, ses idylles rustiques ont la grâce et la fermeté des bas-reliefs de marbre. Ses personnages sont ou semblent être de vrais bergers, de vrais bouviers, de vrais gardeurs de chèvres. Fils du midi et d'une terre heureuse, ils ont conservé la souple élégance des beaux corps qui grandirent nus. Le poète sent en délicat la valeur esthétique de leurs gestes et de leurs attitudes. Il est sensible au pittoresque de leurs dictons. Il a écouté leurs querelles; il a noté leurs injures, avec le même dilettantisme amusé qu'un Marivaux dans une rue de Paris retiendra la dispute entre une lingère et un cocher. Il est même descendu plus avant dans leurs âmes et y a caressé les instincts amoureux et jaloux. Il ne hait pas l'odeur du bouc. Mais le bouc chez lui prend souvent la figure d'un dieu. Simplicité de la vie, plaisirs d'une race pauvre, petits détails relevés par la justesse de l'expression, paysages habilement suggérés, des sons de flûte qui s'échappent d'un bois sombre, de brusques ardeurs, des superstitions parfois farouches dans les yeux d'une amante : tout cela, baigné de lumière, compose une harmonie un peu sèche, mais exquise, et se suffit à soi-même. Il n'y a point de sens caché. Théocrite nous dit précisément ce qu'il avait à nous dire. Il n'est pas seulement réaliste dans son sujet; il l'est aussi dans la façon dont il le traite et parce qu'il ne nous laisse rien à deviner au delà des réalités qu'il nous met sous les yeux. Quant à l'homme, nous ne le connaissons pas. Sa poésie est une belle fleur détachée de sa tige, que le fleuve de la vie nous apporte et qui a gardé son parfum. Elle a éclos après la floraison des grands poèmes. C'est l'extrême fleur du goût classique de la Grèce. Les Romains étaient arrivés à un moment où ils devaient la respirer avec délices.

Virgile en était tout imprégné. D'un bout à l'autre de ses *Bucoliques*, le souvenir de Théocrite est manifeste. Les commentateurs n'ont pas manqué de signaler ses emprunts, comme ils ont signalé ceux qu'il fit à Homère dans son *Énéide*. Théocrite, Homère, Hésiode, Apollonius de Rhodes, et d'autres poètes grecs, sans compter les poètes romains, d'Ennius à Lucrèce, qui n'a-t-il pas mis à contribution? Ses imitations sont si nombreuses que la plupart ne sont sans doute que des réminiscences. Je partage l'opinion d'un de ses derniers critiques[1]

1. ROIRON, *Étude sur l'imagination auditive de Virgile* (Ernest Leroux, 1908).

« qu'il lui eût fallu, pour en avoir conscience, une incroyable tension d'esprit ». Et certes on ne peut blâmer ceux qui les ont relevées et en ont même rempli de gros livres. Il n'était pas inutile de voir avec quelle liberté il imite, ce qu'il ajoute à ce qu'il prend, comment sa mémoire, chargée de beaux fruits, se fait la ménagère docile de son inspiration. Mais ces études, qui sont attrayantes, ont le défaut de nous altérer la poésie virgilienne, de nous en confisquer, au profit de l'érudition, l'originalité. Elles instituent sur chaque point un petit débat où tantôt Virgile est reconnu supérieur à son devancier, tantôt inférieur. Elles transforment son œuvre en une série de réussites ingénieuses ou de demi-réussites. « On le voit travailler, disait Sainte-Beuve, comme à travers la ruche transparente Huber voyait travailler ses abeilles. » L'image est ingénieuse et charmante. Mais trop souvent aussi il nous apparaît entouré de ses livres soigneusement annotés, allant de l'un à l'autre, piquant un hémistiche par-ci, un mot par-là, ajustant le tout, pendant que la vie, qu'il ignore ou dont il ne se soucie guère, passe sous ses fenêtres riche, variée, jamais la même. On ne saurait rien imaginer de plus faux. L'impression vivante de son œuvre, — la seule chose qui compte en littérature, — est absolument différente de celle que nous donnent ses prédécesseurs. Aucun de ceux qu'il imite ne le remplace. Pas plus que *les Travaux et les Jours* d'Hésiode ne tiennent lieu des *Géorgiques*, ni l'*Iliade* ou l'*Odyssée* de l'*Énéide*, les *Idylles* de Théocrite ne nous produisent le même effet et les mêmes émotions que les *Bucoliques*. Les génies nous appartiennent à tous, comme la nature. Ils sont notre bien. Nous pouvons en tirer ce que nous voulons, à nos risques et périls. Un ancien disait qu'il était aussi malaisé de dérober un vers à Homère que sa massue à Hercule. L'important est de ne pas rendre le même son qu'eux, et de les égaler ou de les surpasser. Admettons que Virgile leur ait tout emprunté : il ne leur doit rien. Si la formule paraît excessive, disons qu'il ne leur doit pas plus qu'aux paysages de sa terre natale, au bourdonnement de ses abeilles, à la lumière de l'Italie, aux grands chemins qui descendaient vers Rome, à Rome elle-même et à tous les spectacles de sa jeunesse.

Les *Bucoliques* étaient un début de maître. Elles créaient la Pastorale. Virgile en faisait un genre particulier, symbolique et précieux, dangereux aussi, et qui deviendra dans les mains de ses lointains héritiers un des genres les plus artificiels de la littérature, mais qui répond à un désir, au moins intermittent, des sociétés humaines. La Pastorale est un des aveux les plus mélancoliques de l'impuissance des hommes à trouver le bonheur dans les progrès et les raffinements de la civilisation. Elle oppose la nature à la cité, la vie du berger à celle du citadin. Mais elle ne les oppose pas telles qu'elles sont en réalité : la nature souvent dure marâtre; la vie du berger, rude, grossière, laborieuse et végétative. La nature qu'elle peint est une nature idéale qui nous ramène à l'âge d'or; et les bergers qu'elle met en scène ne sont que des transfuges de la ville, de beaux esprits et des âmes sensibles en villégiature. Si elle prend ses personnages parmi les vrais habitants de la campagne, elle commence par les dépouiller de la plupart des défauts qu'ils ont en commun avec les gens des villes et de ceux qui les caractérisent le plus, comme l'avarice, la défiance, le culte de la force brutale, la rudesse du sentiment. Elle ne leur laisse guère de leur patrimoine moral que la frugalité et un certain tour naïf. Les plaisirs qu'elle leur accorde paraissent simples; mais ils ne le sont pas, car ils supposent une culture très délicate, des loisirs où l'âme s'étudie et s'affine. Pourtant tout n'est pas faux dans cette conception. La vie de l'homme des champs y prête : elle est moins compliquée que la nôtre, plus à l'abri des imprévus ; par sa monotonie, elle l'incline au songe et aux longues méditations ; grâce à la solitude relative où elle le maintient, il a peut-être moins de vices que nous. L'innocence est une des formes de l'ignorance. Et justement il arrive toujours une heure où l'homme, plus malheureux de savoir qu'il ne peut être heureux, soupire après son ignorance perdue, et, dans l'impossibilité de la retrouver, aime du moins qu'on lui en représente l'image. C'est l'heure de la Pastorale.

Il n'y a rien de semblable dans Théocrite. Le poète grec ne se propose aucunement d'exalter la vie champêtre aux dépens de celle des villes. On ne rencontre point parmi ses pâtres de désenchantés au cœur meurtri qui regrettent amèrement de n'avoir pas vécu dans une chaumière. Mais Virgile, lui, a comparé l'existence troublée, incertaine, passionnée, luxueuse et violente des hommes de la ville à celle qu'il avait menée naguère dans la petite ferme paternelle. Il a éprouvé la nostalgie des bois et de la paix, du bêlement des chèvres et du mugissement des bœufs ; et la nostalgie embellit ou idéalise. Il a senti que cette société souffrait de l'excès même des jouissances et qu'on pourrait lui faire du bien en lui offrant des tableaux rustiques et des chants de pâtres. « C'est toi, la sagesse ! » devait-il dire au vieux berger du Forum, peint les mains croisées sur son bâton d'olivier, *incumbens tereti olivæ*. Et que de fois il a dû répéter à ses amis : « Si vous saviez comme aux

champs on vit plus heureux et plus sainement qu'à
Rome! Nous ne connaissons point dans nos campagnes les folies qui vous ravagent. » Les *Bucoliques*,
ce sont déjà les *Géorgiques*, ou, si vous préférez, le
sentiment qui les inspire et qui en fait la première
originalité est le même que celui qui animera les
Géorgiques; mais avec cette différence que Virgile
n'est pas encore pleinement lui; qu'il n'a pas encore
la maturité de génie qui permet d'étreindre le grand
sujet; que sa jeunesse, à la fois prudente et impressionnée par le milieu très élégant de ses protecteurs,
s'adresse d'abord à la société mondaine avant de
s'adresser à toute la société romaine.

Le chemin qui le mène à la vraie peinture de la
vie du laboureur passe d'abord par l'Arcadie. L'Arcadie n'était chez Théocrite qu'une région, comme la
Sicile, fréquentée du dieu Pan. Virgile en fait la
patrie des joueurs de syrinx[1]. Il imagine ce royaume
de pasteurs que nous verrons ressusciter au soleil de
la Renaissance avec Sannazar, le Tasse, Guarini,
l'Espagnol Montemayor, l'Anglais Sidney, le Français Honoré d'Urfé, ce royaume où l'on ne conçoit
d'autre ambition que d'aimer et d'être aimé, d'autre
devoir que de chanter harmonieusement. Le berger
grave sur l'écorce encore tendre le nom de son
amour : l'arbre croît, l'amour aussi. On y vit sous la
protection d'un prince invisible et sage, en compagnie des dieux ou des demi-dieux. Personne n'y a
de souci d'argent. Personne n'y fait de politique. Ce
n'est pourtant pas un royaume fermé. On s'y tient
au courant des belles œuvres qui se publient dans
la société des vivants intéressés et cupides. L'accès
en est facile. Il suffit, pour y être accueilli et choyé,

---

1. A. Cartault, *Étude sur les Bucoliques* (Colin, 1902).

d'avoir une houlette, une flûte, le cœur sensible et des chagrirs amoureux. Un jour viendra où les grands seigneurs s'y feront naturaliser sous des noms d'emprunt.

Virgile a simplement entrevu ce nouveau monde chimérique et en a tracé les contours. Mais la découverte lui en appartient. C'est de lui, de lui d'abord, que relèveront les poètes futurs. Le Damon de la huitième Bucolique, qui a perdu sa maîtresse et qui parle d'aller se précipiter dans les flots, montre déjà au digne Céladon la route du devoir. Pourquoi Thyrsis qui conduit ses brebis et Corydon qui conduit ses chèvres, tous deux à la fleur de l'âge, sont-ils si bons chanteurs? C'est qu'ils sont Arcadiens tous deux. Il s'est trouvé de modernes scoliastes assez déshérités du sens de la poésie pour se demander comment des Arcadiens pouvaient vivre aux environs de Mantoue. Et avec leur ingéniosité ordinaire, qui est stupéfiante, ils ont émis l'hypothèse que c'étaient peut-être des descendants d'esclaves amenés en Italie après la ruine de Corinthe ou des bergers d'Arcadie appelés dans la Cisalpine à cause de leur expérience du bétail. Mais nous sommes loin de Mantoue! La contrée où nous mène le poète n'a de réel que ses noms géographiques. La montagne du Ménale qui la domine est une montagne toute vibrante de poésie et d'amour.

> Le Ménale a des bois qui rendent tous les sons ;
> Un chant harmonieux sort de ses forêts vertes.
> Il entend les bergers, leurs amours, leurs chansons,
> Et Pan qui mit de l'art dans les roseaux inertes [1].

1. Mænalus argutumque nemus pinosque loquentes
    Semper habet; semper pastorum ille audit amores,
    Panaque, qui primus calamos non passus inertes.
                                Bucoliques, VIII, 22-24.
    Je donnerai, chaque fois que je le pourrai pour les *Bucoliques* et les *Géorgiques*, des traductions en vers. Je ne me dissimule pas du

Trahi par sa comédienne qui s'est sauvée jusqu'en Germanie avec un beau guerrier, Gallus est venu chercher un refuge au Ménale. On y était déjà informé de son infortune ; et la nature s'y associait par les larmes de ses lauriers, de ses bruyères, de ses pins et même de ses rochers. Les pâtres se sont portés à sa rencontre, puis les bouviers plus lents, et Ménalque encore trempé d'avoir donné à ses bœufs la glandée d'hiver, et les dieux :

> Sylvain portant au front ses agrestes honneurs,
> De grands lis agités et des roseaux en fleurs,
> Et Pan, oui, le dieu Pan lui-même, la figure
> Teintée de vermillon et d'un jus d'hièble mûre [1].

Et Gallus lui dit :

> Vous chanterez ma peine aux échos d'alentour :
> Vous seuls savez chanter, Arcadiens ! Oh ! qu'un jour,

tout la difficulté de l'entreprise et qu'on risque souvent, plus qu'en prose, de trahir son modèle. « La traduction en prose n'est qu'un chiffre qui ne trompe pas ; la traduction en vers me fait l'effet d'un mensonge », écrivait Ernest Havet. Mais Sully Prudhomme disait « qu'un poème n'est vraiment traduit que s'il l'est en vers ». Et il s'appuyait sur de bonnes raisons qu'on trouvera dans l'excellente traduction de Lucrèce en vers par André Lefèvre (p. 300, *Société d'Éditions littéraires*, 1899). D'ailleurs, ce ne sont pas les raisons de Sully Prudhomme qui m'ont engagé à traduire en vers des morceaux de Virgile. C'est tout simplement à force de le traduire en prose que, mécontent du résultat, je me suis demandé si, en se relâchant des alexandrins à rimes plates et en adoptant, au besoin, les facilités de la métrique d'aujourd'hui, on ne pourrait obtenir une traduction en vers suffisamment exacte et qui donnât mieux l'idée de la poésie virgilienne. Comme je renvoie toujours au texte, le lecteur en jugera. Mon texte est celui de MM. F. Plessis et P. Lejay, (*Ed. Hachette*, 1919.) Quant aux traductions en prose, je n'en ai aucune à recommander spécialement, sauf celle des *Géorgiques*, par Henri Lantoine. (Hachette, 1910.)

1.   Venit et agresti capitis Silvanus honore,
   Florentes ferulas et grandia lilia quassans.
   Pan, deus Arcadiæ, venit, quem vidimus ipsi
   Sanguineis ebuli bacis minioque rubentem :
             Bucoliques, **X, 24-27.**

Si mes tristes *Amours* soupiraient sous vos lèvres,
Ma cendre goûterait un repos calme et doux !
Puissé-je avoir vécu parmi vous, l'un de vous,
Vigneron de vos ceps ou gardien de vos chèvres !
Sans doute, j'aurais eu plus d'une folle ardeur.
Amyntas m'aurait plu ; Phyllis m'eût pris le cœur.
Qu'importe qu'Amyntas ait le teint un peu sombre ?
Sombre est la violette et noirs les vaciets.
Saules et pampres verts m'eussent donné leur ombre,
Amyntas ses chansons et Phyllis ses bouquets.
Ici, le bois et l'herbe et la fraîche fontaine ;
Ici, toute une vie à vivre près de toi,
Ma Lycoris ! Hélas, dans les camps et l'effroi,
Sous les traits ennemis un fol amour t'enchaîne.
Cruelle, loin de ton pays, seule, sans moi,
(Je voudrais ne pas croire à ton affreuse audace !)
Tu vois l'Alpe neigeuse et le Rhin tout glacé.
Ah ! puisses-tu ne pas souffrir de cette glace,
Et ton pied délicat n'en être point blessé [1] !

Gallus prend ainsi la tête du cortège des tristes
amoureux qui défileront dans la pastorale moderne
et qui demanderont à la nature et aux bergers une

---

1.   Tristis at ille : « Tamen cantabitis, Arcades, inquit,
Montibus hæc vestris, soli cantare periti
Arcades ! O mihi tum quam molliter ossa quiescant,
Vestra meos olim si fistula dicat Amores !
Atque utinam ex vobis unus, vestrique fuissem
Aut custos gregis, aut maturæ vinitor uvæ !
Certe, sive mihi Phyllis, sive esset Amyntas,
Seu quicumque furor (quid tum, si fuscus Amyntas ?
Et nigræ violæ sunt, et vaccinia nigra),
Mecum inter salices, lenta sub vite jaceret ;
Serta mihi Phyllis legeret, cantaret Amyntas.

 « Hic gelidi fontes, hic mollia prata, Lycori,
Hic nemus ; hic ipso tecum consumerer ævo.
Nunc insanus amor duri *te* Martis in armis
Tela inter media atque adversos detinet hostes.
Tu procul a patria (nec sit mihi credere tantum)
Alpinas, a ! dura, nives et frigora Rheni
Me sine sola vides. A ! te ne frigora lædant !
A ! tibi ne teneras glacies secet aspera plantas ! »
         ***Bucoliques*, X, 31-48.**

hospitalité pour leur solitude douloureuse. Un jour, le Tasse, dans un accès de folie, s'enfuit sous un déguisement de pâtre. Il cherchait le Ménale. Toute sa folie, ce jour-là, consistait à vouloir vivre une aussi douce chimère. Et remarquons-le, ces victimes de l'amour ne le maudissent pas. Ils continuent d'aimer celle de qui vient leur misère et s'affligent, même trahis, de ne rien pouvoir pour son bonheur. Par un effort méritoire, ils écartent de leur pensée jusqu'à l'ombre du rival heureux. « *Seule, sans moi !* » s'écrie Gallus. Elle n'était pas seule, la misérable ! Mais Gallus veut tout ignorer, sauf son absence, et ne lui reproche que les périls qu'elle court. Un nouveau type littéraire apparaît ; une nouvelle façon de transposer dans l'art l'éternelle aventure du cœur humain.

On connaissait Gallus sur le Ménale ; on y connaît aussi Pollion. Deux bergers, Ménalque et Damœtas, se provoquent au chant alterné. Selon les règles de ce jeu, encore en honneur chez les paysans sardes, celui qui commence choisit un thème où l'autre est tenu de le suivre dans le même nombre de vers, ordinairement deux ou quatre. Ainsi Damœtas commence :

> Jupiter d'abord, Muse ! Il remplit l'univers,
> Il veille sur nos champs et sourit à mes vers.

Et Ménalque réplique :

> Moi, c'est Phébus qui m'aime ; et j'ai toujours chez moi,
> Hyacinthe et laurier, les présents qu'on lui doit.

Damœtas passe des dieux à son amour.

> J'ai des présents pour mon amour, car je sais bien
> Où les ramiers ont fait leur nid aérien.

Et Ménalque de reprendre :

> J'ai pour lui dans les bois cueilli dix pommes d'or,
> Et demain mon amour en aura dix encor.

Jusque-là, ce sont des thèmes habituels; mais, tout à coup, Damœtas, avec la brusquerie des bons joueurs qui veulent dérouter leur partenaire, s'écrie :

> Pollion aime et lit nos vers, Muse champêtre.
> Choisis une génisse et pour lui fais-la paître !

Ménalque, aussi habile que Damœtas, riposte :

> Pollion fait des vers neufs et beaux : qu'on amène
> Un taureau dont la corne éparpille l'arène !

Damœtas continue :

> Qui t'aime, ô Pollion, ait ton destin et cueille
> Des parfums sur la ronce et du miel sur les feuilles !

Et Ménalque :

> Qui ne hait Bavius, Mœvie, aime ton art !
> Qu'il aille traire un bouc et bâter des renards ! !

1.   DAMŒTAS.
    Ab Jove principium, Musæ; Jovis omnia plena :
    Ille colit terras; illi mea carmina curæ.
                            MENALCAS.
    Et me Phœbus amat; Phœbo sua semper apud me
    Munera sunt, lauri et suave rubens hyacinthus...
                            DAMŒTAS.
    Parta meæ Veneri sunt munera; namque notavi
    Ipse locum, aeriæ quo congessere palumbes.
                            MENALCAS.
    Quod potui, puero silvestri ex arbore lecta
    Aurea mala decem misi; cras altera mittam...
                            DAMŒTAS.
    Pollio amat nostram, quamvis est rustica, Musam :
    Pierides, vitulam lectori pascite vestro.

Nous ne sommes plus avec les bergers, et le poète n'essaie même plus de nous donner le change. Il ne se sert de leurs images rustiques que pour ajouter à l'imprévu de son éloge une grâce pittoresque. Aujourd'hui Pollion, demain Auguste; plus tard les d'Este de Ferrare, ou Henri IV. Les personnages de la pastorale deviennent de fins courtisans et des gens de goût qui savent décocher l'épigramme. Bavius et Mœvius étaient, nous dit-on, de mauvais poètes, partisans des anciens; et Horace, qui voulait mal de mort à Mœvius, suppliait dans une épode burlesque la tempête de l'engloutir. Comme Pollion était partisan des modernes et écrivait des vers selon la poétique nouvelle, *carmina nova*, c'est une association d'idées par contraste, et toute naturelle, qui fait venir leurs noms à la bouche de Ménalque.

La Pastorale, ouverte aux actualités littéraires, ne le sera guère moins à la curiosité philosophique et scientifique. Le dieu Silène, surpris par deux bergers, et obligé de chanter, prouve qu'il a lu le poème de Lucrèce et qu'il est bien un dieu de son époque. Il chante les principes de la terre, de l'air, de l'eau et du feu confondus dans le vide immense; l'origine des êtres nés de ces premiers éléments; la formation de la terre; le monde stupéfait sous la nouveauté du soleil; le miracle des nuages retombant en pluie; la

MENALCAS.

Pollio et ipse facit nova carmina : pascite taurum;
Jam cornu petat et pedibus qui spargat harenam.

DAMOETAS.

Qui te, Pollio, amat, veniat quo te quoque gaudet;
Mella fluant illi, ferat et rubus asper amomum.

MENALCAS.

Qui Bavium non odit, amet tua carmina, Mævi;
Atque idem jungat vulpes et mulgeat hircos.
Bucoliques, III, 60-63, 68-70, 84-91.

naissance des forêts et les premiers animaux errant sur les monts étonnés de les voir.

Mais, si avertis qu'ils soient de la philosophie du temps, les bergers restent tout de même attachés à leurs superstitions, en quoi ils ne diffèrent pas des gens de la ville. Les sorciers et les sorcières pullulent en Arcadie, comme à Rome. La Pastorale gardera précieusement ce côté sombre et coloré de l'âme ; et elle a raison, d'abord parce que c'est vrai, et aussi parce que la magie lui permettra de se développer dans le sens du romanesque. La bergère, dont le pâtre Alphésibée nous rapporte les incantations qu'elle a faites pour ramener l'infidèle Daphnis, n'avait pas besoin de prendre des leçons de la magicienne de Théocrite : il lui suffisait d'être Italienne. D'ailleurs, ses herbes, ses poisons, qui ont la vertu de transformer un homme en loup et d'évoquer les morts, ont été cueillis dans le pays d'où les recevaient les sinistres fournisseuses de l'Esquilin, dans cette Colchide patrie de Médée et de Mithridate. Sa cuisine sent l'invasion des Orientaux à Rome.

C'est que les *Bucoliques*, tout en créant un monde irréel, n'en restent pas moins vigoureusement racinées dans la terre natale. Un génie comme celui de Virgile ne la quitte jamais longtemps, même en ses plus libres fantaisies. Ses paysages sont ceux de son enfance : des champs séparés par des haies de saules, des prairies qui descendent en pente douce jusqu'au fleuve, des bois de hêtres, de coudriers, de châtaigniers, de chênes, des vignes sauvages qui fleurissent l'entrée des grottes, et toutes les fleurs dont il a aimé les parfums et les couleurs. Il nous introduit dans la petite ferme sans cheminée, dont les portes sont enduites d'un noir de fumée, près du foyer où brûle un grand feu sous la clarté des torches résineuses. Ses

personnages mangent des plats italiens. Thestylis
prépare aux moissonneurs le *moretum* : elle broie
l'ail, le serpolet, des herbes aux âcres odeurs, pendant que les taureaux reviennent des labours, le soc
de la charrue suspendu à leur joug. Le jour du mariage, le mari lance des noix aux enfants, ces noix
assez rude symbole de l'hymen dont s'emparaient les
plaisanteries fescennines. Virgile ne multiplie pas les
allusions aux coutumes romaines. Mais il en dit assez
pour que nous sachions où nous sommes.

Et nous le savons aussi avec quelques-uns de ses
personnages. Ils ne sont pas tous des bergers imaginaires. Mélibée est un petit fermier. Palémon, qui
assiste en arbitre à la joute poétique de Ménalque et
de Damœtas, vient avec ses esclaves arroser ses prairies. Ménalque est le fils d'un propriétaire. Tityre a
blanchi au service de son maître. Mœris, l'homme de
confiance de Ménalque, nous montre la bonne figure
dévouée d'un vieux serviteur. Mais ces campagnards
ont presque tous l'urbanité romaine. Il est rare qu'ils
se querellent âprement. Le jeune Mopsus, assez
avantageux et qui se flatte, non sans quelque pré-
somption, d'avoir gravé vingt-quatre vers sur
l'écorce d'un hêtre, rencontre Ménalque plus âgé, qui
lui offre de s'asseoir à l'ombre et de chanter ; et le
jeune homme lui répond : « Tu es mon aîné, il est
convenable que je t'obéisse, choisis donc ce sous-
bois qui tremble au souffle du zéphyr ou cette grotte
tapissée de grappes d'une vigne sauvage. » Et, comme
dans les Dialogues cicéroniens, leur urbanité prend
facilement le tour oratoire. Ils ne manquent pas de
naturel ; mais leur naturel manque un peu de simplicité. Le poète respire éloquemment ; et ses tableaux
sont empreints de la noblesse du peuple roi. Silène,
après avoir chanté l'origine du monde, passe au dé-

luge, puis dans un mouvement lyrique, énumère l'expédition des Argonautes, l'histoire de Pasiphaé, d'Atalante, des sœurs de Phaéton, et finit, d'une façon assez inattendue, sur l'apologie du poète Gallus, qui se trouve ainsi promu à la dignité d'un héros légendaire. Gallus errait au bord du Permesse quand une des neuf Sœurs le prit par la main et le conduisit sur les monts d'Aonie. Dès qu'il parut, la cour d'Apollon se leva pour lui faire honneur. C'est César, le front lauré, entrant au Sénat.

J'aime ce caractère romain des *Bucoliques*; mais je préfère encore leur caractère virgilien, car Virgile y a mis beaucoup de lui-même, de son esprit, de son âme, de sa vie. Il est très spirituel. Gauche dans le monde, d'une conversation embarrassée, pas du tout boute-en-train comme l'ami Horace, il avait l'esprit le plus agréable et un sens du comique qui l'eût fait, s'il avait écrit des comédies, ressembler à Térence. Voyez ce Ménalque qui n'ose pas engager une de ses bêtes comme enjeu dans sa lutte avec Damœtas : son père et sa belle-mère comptent deux fois par jour son troupeau. Ils n'ont pas tort. C'est un gaillard, et qui en fait de belles dans les petites grottes dédiées aux Nymphes. Les Nymphes sont bonnes filles et en rient; mais les boucs le regardent d'un œil jaloux. Damœtas, son rival, ne vaut guère mieux : un fainéant qui prend à peine soin du troupeau que son maître lui confie. Il est vrai que ce maître le lui confie pour courir après Néère. Thyrsis et Corydon s'échauffent dans leur défi pastoral. Ah! ces jeunes Méridionaux voient grand, et rien ne leur coûte! Corydon promet à Diane une statue de marbre dont les jambes seront lacées d'un cothurne de pourpre. Qu'à cela ne tienne : Thyrsis se figure qu'il a déjà consacré à Priape une statue de marbre : il lui en consacrera une toute en or. Virgile s'égaie de cette surenchère où s'exalte leur imagination. Le sourire de Virgile est charmant. Il ne luira que furtivement dans les *Géorgiques* et dans l'*Énéide;* mais les *Bucoliques* en sont illuminées. Il a su fixer d'un trait dans la mémoire des hommes le symbole le plus gracieux des coquetteries de la jeune fille : cette Galatée qui jette sa pomme et fuit derrière les saules, mais désire être vue. Voilà dix-neuf cents ans que cette pomme roule sous nos yeux et que les saules nous font signe que Galatée est là.

Il a certainement aimé les jeunes filles, et je crois que son cœur s'est éveillé de bonne heure à l'idylle. Pourquoi ne verrions-nous pas un souvenir de son adolescence dans ces vers qu'il prête à l'amant de la perfide Nisa et qui ont la fraîcheur des premières pages de *Daphnis et Chloé?*

> Tu vins avec ta mère, et si petite encore !
> Cueillir dans nos vergers des fruits perlés d'aurore,
> Je vous guidais ; j'avais douze ans ; j'étais agile
> Et d'un bond j'atteignais à la branche fragile.
> Je te vis et je fus perdu[1] !...

Nous ne connaissons presque rien de sa vie amoureuse. On cite le nom d'une femme qui l'aurait aimé, mais avec laquelle il n'a point voulu vivre. Les scoliastes anciens parlent de son goût très vif pour les Amyntas et les Alexis. L'antiquité trouvait ce goût naturel. *Nobis, qui concedentibus philosophis antiquis, adulescentulis delectamur,* dit Cicéron. Et

---

[1]   Sæpibus in nostris parvam te roscida mala
     (Dux ego vester eram) vidi cum matre legentem ;
     Alter ab undecimo tum me jam ceperat annus ;
     Jam fragiles poteram a terra contingere ramos.
     Ut vidi, ut perii !...
                                        Bucoliques, VIII, 38-42.

puisque les philosophes l'admettaient !... La seconde
Bucolique, la première peut-être qu'il ait composée,
la moins originale, nous peint le désespoir du berger Corydon, dédaigné par le jeune Alexis ; et cet
Alexis, à en croire les scoliastes, serait un certain
esclave, Alexandre, que Pollion eût donné à Virgile
ému de sa beauté. Je ne vois aucune raison d'en
douter. Mais ce qu'il faut admirer, c'est la chasteté
de sa poésie, si extraordinaire quand on le compare
aux autres poètes latins. Il est le seul qui nous fasse
accepter cette forme désobligeante de l'amour antique. Sa grâce et je ne sais quel coloris ingénu et
tendre recouvrent tout. A mesure qu'il avancera
dans la vie, son sentiment ou, du moins, son expression du sentiment s'épurera. Il y a loin de la passion
brûlante de Corydon à l'amitié passionnée de Nisus
et d'Euryale. On devine aussi en lui un fond romain
de défiance et presque d'hostilité à l'égard de l'amour,
comme si, averti par tant d'exemples, il eût senti le
besoin de se tenir sur ses gardes ou jugé inutile
d'ajouter aux tentations de la vie le stimulant de
l'art. Même dans la Bucolique consacrée à la douleur
de Gallus, il fait entendre sur les lèvres de Pan la
voix du bon sens. « Ne mettras-tu pas un terme à
tes plaintes ? L'amour n'en a cure. » Et Corydon se
gourmande : « Ne ferais-tu pas mieux de tresser
avec du jonc et de l'osier un de ces ouvrages qui
sont toujours utiles ? » Enfin, ce qui est rare chez un
jeune homme, il évite de dramatiser à l'excès les effets
de la passion. Ses peintures sont comme baignées
d'un souriant optimisme. Sa bergère aux sortilèges
ne médite pas le crime qui luit déjà dans les yeux de
la magicienne empoisonneuse de Théocrite. Bien lui
en prend, car son chien aboie sur le seuil, et Daphnis
revient avant qu'elle ait achevé ses incantations.

Tout cela ne veut pas dire que Virgile n'ait pas été enclin à la volupté. Il faut se méfier des artistes qui s'attardent aux images sensuelles. Leur ardeur n'est souvent que dans leurs pinceaux. Ceux pour qui la volupté est chose grave et intéresse toute l'âme sont moins prodigues de ses représentations. Ils en gardent vis-à-vis du public le secret et la pudeur. L'art de Virgile est souverainement pudique. Mais il s'enveloppe d'une telle mélancolie et parfois d'une telle langueur que toutes nos fibres en reçoivent l'impression d'une nature voluptueuse. Bernardin de Saint-Pierre et Michelet, l'un si sensuel, l'autre si passionné, s'enchantent également de sa tendresse pour le crépuscule. On remarque en effet que sur dix Bucoliques, il y en a six qui se terminent avec le jour. Les ombres s'allongent des montagnes; Vesper luit à l'horizon; on finit d'arroser les prés; on ramène les chèvres au bercail; on craint que la nuit n'amène la pluie. La pastorale s'enfonce et se perd dans les ombres du soir.

Et elle a des larmes pour d'autres infortunes que celles de l'amour. La mère de Daphnis, qui embrasse le cadavre de son fils et accuse la cruauté des astres et des dieux, nous annonce déjà les sanglots déchirants de la mère d'Euryale. La façon dont les bergers aiment leurs bêtes, la sincérité de leur émotion quand elles souffrent, nous préparent aux plus belles pages des *Géorgiques*. Noble poésie qui vient entourée d'abeilles, au cri des cigales, ou chastement éclairée de la première étoile du soir, les mains pleines de lis, de pâles violettes, de soucis dorés, de fenouil odorant, avec des notes profondes qui résonneront plus amplement dans les *Géorgiques* et l'*Énéide !* L'art en est déjà somptueux et sobre. S'il n'a pas encore atteint toute sa plénitude, la faute en est moins à la jeunesse du poète qu'au genre trop étroit pour son génie. A chaque instant il en élargit le cadre, presque aussi impatient d'y échapper que le Corneille des premières comédies était impatient d'entrer avec ses grands vers dans les orages tragiques. Mais entre les beaux vers des *Bucoliques* et ceux des autres poèmes, je ne vois aucune différence de timbre et de rythme. Sa fantaisie a une richesse de tons et de couleurs qui nous charme sans jamais nous éblouir, tant les effets en sont mesurés. Voyez ce tableau emprunté à l'histoire de Pasiphaé qu'une passion monstrueuse attache aux pas d'un taureau :

> Te voilà sur les monts errante, ô malheureuse !
> Mais lui, les flancs neigeux dans l'hyacinthe grasse,
> Rumine une herbe pâle au pied noir d'une yeuse,
> Ou cherche une génisse en un troupeau qui passe [1].

Et à côté de cette évocation puissante, quelle malice et quelle grâce dans l'idylle mythologique de Silène surpris par deux bergers !

> Mnasylos et Chromis, jeunes bergers, ont vu
> Le dieu Silène au fond d'une grotte étendu.
> Il dort. Comme toujours, ses veines sont gonflées
> Du mystique Iacchos que la veille il a bu.
> Mais sa couronne et ses guirlandes déroulées
> Gisent loin de sa tête, et sa main tient encor
> Le canthare aux flancs lourds qui pend d'une anse usée.
> Leur jeunesse, qu'il a si souvent abusée
> De l'espoir d'un beau chant, fond sur le dieu qui dort
> Et lui fait des liens de ses propres parures.
> Églé vient, plus hardie étant Nymphe et l'orgueil
> Des eaux, serre les nœuds, et, Silène ouvrant l'œil,

[1]. Ah ! virgo infelix, tu nunc in montibus erras;
   Ille, latus niveum molli fultus hyacintho,
   Ilice sub nigra pallentes ruminat herbas,
   Aut aliquam in magno sequitur grege...
                                   Bucoliques, VI, 52-55.

Elle lui teint le front du jus sanglant des mûres.
Le dieu rit de la ruse et leur dit : « A quoi bon
Ces chaînes? C'est assez de m'avoir vu, jeunesse!
Allons, déliez-moi : j'ai pour vous la chanson
Qu'il vous faut et pour elle un chant d'une autre espèce. »
Il chante, et, sous les bois, dès qu'il eut commencé,
Faune et bête sauvage en mesure ont dansé,
Et le sommet des durs chênes s'est balancé.
Phébus réjouit moins le rocher du Parnasse;
Orphée a moins charmé les montagnes de Thrace[1].

II

Toutes ces qualités sont réunies dans la première et la neuvième Bucolique, les plus personnelles, les plus dramatiques et où le poète se propose déjà d'exercer une action sociale. La première, nous la savons tous par cœur; nous en savons tous au

[1]
    Chromis et Mnasyllos in antro
Silenum pueri somno videre jacentem,
Inflatum hesterno venas, ut semper, Iaccho;
Serta procul tantum, capiti delapsa, jacebant,
Et gravis attrita pendebat cantharus ansa.
Adgressi (nam sæpe senex spe carminis ambo
Luserat) injiciunt ipsis ex vincula sertis.
Addit se sociam timidisque supervenit Ægle,
Ægle, Naïadum pulcherrima, jamque videnti
Sanguineis frontem moris et tempora pingit.
Ille, dolum ridens : « Quo vincula nectitis? inquit;
Solvite me, pueri; satis est potuisse videri.
Carmina quæ vultis cognoscite; carmina vobis,
Huic aliud mercedis erit. » Simul incipit ipse.
Tum vero in numerum Faunosque ferasque videres
Ludere, tum rigidas motare cacumina quercus;
Nec tantum Phœbo gaudet Parnasia rupes,
Nec tantum Rhodope miratur et Ismarus Orphea.
                              Bucoliques, VI, 13-30.

moins le premier vers : *Tityre tu patulæ recubans sub tegmine fagi*, et le cinquième : *Formosam resonare doces Amaryllida silvas*, beau comme une large fleur qui s'épanouirait en sonorité. Le décor est très simple : un pré marécageux, des champs, des ormeaux où roucoule la voix rauque des ramiers, un hêtre au pied duquel, nonchalamment étendu, un vieux berger souffle dans sa flûte, et sur la grand'route un chevrier qui chasse ses chèvres devant lui. Et le chevrier s'arrête. Il s'étonne de voir le berger Tityre si tranquillement couché à l'ombre, pendant que les petits propriétaires comme lui, Mélibée, possesseurs de quelques maigres prairies, sont obligés de les céder à des soldats et de fuir. Tityre lui répond : « O Mélibée, c'est à un dieu que je dois ces loisirs ! » Et, comme Mélibée l'interroge, il lui raconte qu'il est allé à Rome pour s'y faire affranchir. L'ambition lui en est venue depuis qu'il a quitté Galatée et qu'Amaryllis possède son cœur. A Rome, la liberté lui a souri ; et le dieu qu'il ne nomme pas, mais en qui l'on reconnaît Octave, lui a dit : « Faites paître vos génisses, braves gens, et menez-les au taureau ! » — « Heureux vieillard ! reprend Mélibée : tu conserveras donc tes champs. » Et il regarde d'un œil mouillé de larmes le paysage qu'il ne reverra plus. Tityre semble à peine l'écouter, tout entier à sa reconnaissance pour son bienfaiteur ; et Mélibée gémit à la pensée qu'un soldat barbare s'est emparé de ce petit bien qui lui fut un royaume. « Voilà où nos discordes civiles nous ont réduits! » Cependant le soir tombe ; déjà les toits des métairies fument au loin, et Tityre lui offre l'hospitalité pour la nuit.

Mélibée est exquis. Il n'a pas un mouvement d'envie devant l'égoïsme satisfait de Tityre. Il trouve même, au nom d'Amaryllis, des paroles qui doivent lui aller au cœur. « Ah ! je comprends maintenant pourquoi, en l'absence de Tityre, Amaryllis, tu priais les dieux et laissais les fruits pendre aux arbres ! » Sa douceur est plus pathétique que l'indignation. Nous entendons dans la voix de ce pauvre homme, qui vient d'abandonner deux chevreaux nouveau-nés sur la pierre nue, le gémissement de la campagne italienne. Mais Tityre est assez déconcertant. C'est un ancien esclave qui, bien que les esclaves n'eussent point le droit de posséder, avait pourtant un troupeau de bœufs. Il n'en était pas plus riche, car sa Galatée lui mangeait son argent. Ce n'est que depuis le règne d'Amaryllis qu'il a économisé de quoi payer sa liberté. Il ne représente point Virgile ; mais, comme Virgile, il a vu Octave, et, comme lui, il a pensé voir un jeune dieu. Nous serions tentés de croire, connaissant toute la finesse des éloges virgiliens, que le poète, dans son entretien avec Octave, l'avait entendu déplorer le sort de ces petits affranchis qui perdaient, en perdant leur bien, le fruit d'un long et patient labeur ; et que le personnage de Tityre ainsi conçu, mais adapté à la pastorale, devait plaire à Octave, comme une preuve vivante de sa sollicitude pour les humbles et de la facilité d'accès qu'ils avaient près de lui. N'empêche que ce Tityre barbon jouant de la flûte et, entre ses ritournelles, s'emplissant la bouche du nom d'Amaryllis, nous gêne un peu. A la réflexion seulement ! Nous ne sentons d'abord que l'harmonie du poème.

La neuvième Bucolique est supérieure. Nous sommes sur la route de Mantoue. Mœris, le vieux serviteur de Ménalque (Ménalque est ici Virgile) va porter des chevreaux au nouveau propriétaire. Il rencontre le berger Lycidas et lui apprend que l'espoir du poète a été trompé, qu'un Barbare l'a chassé de sa ferme, qu'il a même été en danger de mort. Lycidas qui est jeune, qui aime la poésie, qui est poète, lui aussi, bien que de son propre aveu il ne soit encore qu'un oison à côté de cygnes comme Varius et Cinna (amis de Virgile), Lycidas s'indigne qu'on ait osé maltraiter le chantre des Nymphes et des fleurs. Et naturellement, des vers de Ménalque leur reviennent en mémoire. Ils se les chantent en marchant. « En voici, dit Mœris, qu'il n'avait pas encore achevés :

> Si par toi nous gardons notre Mantoue, hélas
> Trop voisine de la malheureuse Crémone,
> Je veux que sur le chant des cygnes jamais las
> Ton nom jusques au ciel, Varus, monte et résonne[1]...

(les vers encore inachevés, *necdum perfecta*, le resteront, car Virgile, comme nous l'avons vu, n'a rien obtenu de Varus : le *necdum perfecta* est son innocente vengeance). Lycidas le supplie de continuer, de s'en rappeler d'autres. Mœris lui obéit. « Et ceux que je t'ai entendu chanter par une nuit sereine, t'en souvient-il? » Et Mœris chante :

> A quoi bon suivre au ciel le cours des anciens signes,
> Quand l'astre de César se lève à l'horizon?
> La terre l'attendait pour mûrir sa moisson,
> Les coteaux pour dorer les grappes de leurs vignes.
> Tu peux greffer en paix tes poiriers, ô Daphnis :
> Les fruits en tomberont dans les mains de tes fils[2].

1. Immo hæc quæ Varo, necdum perfecta, canebat :
« Vare, tuum nomen, superet modo Mantua nobis,
Mantua væ miseræ nimium vicina Cremonæ,
Cantantes sublime ferent ad sidera cycni. »
Bucoliques, IX, 27-29.

2. « Daphni, quid antiquos signorum suspicis ortus?
Ecce Dionæi processit Cæsaris astrum,
Astrum quo segetes gauderent frugibus, et quo
Duceret apricis in collibus uva colorem.
Insere, Daphni, piros; carpent tua poma nepotes. »
Bucoliques, IX, 46-49.

Et nous pensons : « Ce n'est plus vrai aujourd'hui, malheureux Daphnis ! » Mais Mœris s'arrête. Sa mémoire vieillit ; la voix lui manque. Peut-être son émotion est-elle trop forte. Le jeune homme insiste : « Nous voici à la moitié du chemin. Nous découvrons déjà le tombeau de Bianor (le fondateur de Mantoue). Asseyons-nous ici, ou, si tu le préfères, laisse-moi porter tes chevreaux. » « Non, dit Mœris : il faut presser le pas. La nuit vient. » Et avec la ténacité du vieux serviteur qui persiste à croire que justice sera rendue, il ajoute : « Nous chanterons plus à l'aise, quand Ménalque sera de retour. »

C'est tout. Jamais encore Virgile n'avait été aussi naturel. Et que de choses dans cette courte pièce : deux personnages si vrais et si sympathiques ; un souvenir flatteur pour des amis ; un reproche indirect à l'homme qui a trahi sa confiance ; l'espoir, malgré l'infortune présente, en celui de qui l'on attend le salut ; enfin le sentiment réel de sa propre valeur et des services que rend le poète interprète de la nature, consolateur des malheureux. « Si tu nous avais été ravi, Ménalque, s'écrie Lycidas, qui nous aurait consolés ? » Cette neuvième Bucolique est un pur chef-d'œuvre. Et je ne serais pas surpris qu'elle eût mis un peu plus de douceur dans les âmes.

III

Mais il y a la quatrième. Il y a celle de l'Enfant du Mystère. Il y a la quatrième Bucolique qui a tant fait travailler les imaginations et où les chrétiens ont cru distinguer les premières lueurs de l'Etoile que devaient suivre les Rois Mages. Il faut avouer qu'elle est étrange. Ici, le commentaire s'impose. Je le ferai le plus court possible, et ma traduclion essaiera de donner quelque idée du lyrisme de l'original. Le poème est dédié à Pollion.

> Haussons un peu la voix, ô Muses de Sicile !
> Laissons les tamaris et les taillis où nul
> N'est tenu de se plaire, et que, si notre idylle
> Chante les bois, les bois soient dignes d'un consul[1] !

Ce vers *Que les bois soient dignes d'un consul !* m'a toujours étonné. Les bois signifient ici la poésie pastorale. Mais quel rapport y a-t-il entre la poésie pastorale et un consul ou un ministre ou un président du conseil? Virgile nous avertit plutôt qu'il sort de la pastorale. Et en effet c'est un prophète qui commence :

> Le dernier âge est là, prédit par la Sibylle ;
> Saturne est de retour, la Vierge à ses côtés.
> L'immense enchaînement des siècles renaît comme
>   Si rien n'avait été ;
> Et des hauteurs du ciel descend un nouvel homme[2].

La prédiction de la Sibylle à laquelle Virgile fait allusion est probablement une de ces compositions judaïques et messianiques qui couraient l'Orient et qu'on apportait à Rome — à moins, ce qui est fort peu vraisemblable, qu'il ait pu consulter les *Libri Fatales* ou Chants Sibyllins. Fabriqués par des Juifs

---

1. Sicelides Musæ, paulo majora canamus !
  Non omnes arbusta juvant humilesque myricæ :
  Si canimus silvas, silvæ sint consule dignæ.

2. Ultima Cumaei venit jam carminis œtas;
  Magnus ab integro sæclorum nascitur ordo.
  Jam redit et Virgo, redeunt Saturnia regna,
  Jam nova progenies cœlo demittitur alto.

d'Alexandrie, ils avaient été vendus aux Délégués du Sénat romain, lorsqu'en 83 l'incendie du temple de Jupiter eut dévoré les vrais Livres de la Sibylle, rassemblés sous Tarquin ; et ils n'étaient lus que des Quindécemvirs sur l'ordre du Sénat. Mais Virgile combine ces prophéties avec les doctrines étrusques et les doctrines orphiques, qui divisaient la vie du monde en grandes périodes nommées *Années*, dont chacune, annoncée par Apollon, inaugurée par Saturne et la vierge Astrée, était comme un recommencement de tout. Donc, une nouvelle génération se prépare ; un enfant va naître ou est né, et avec lui renaîtra l'âge d'or.

> Ah ! sur le nouveau-né qui doit fermer d'abord
> L'âge de fer, puis rendre au monde l'âge d'or,
> Verse, ô chaste Lucine, une douce lumière.
> Déjà règne Apollon, ton frère.
>
> C'est sous ton consulat, Pollion, sous tes lois
> Que cet âge ouvrira la marche des Grands Mois.
> Ce qui nous reste encor de notre ancien crime
> Dissipe en s'enfuyant l'effroi qui nous opprime.
> L'Enfant verra mêlés les héros et les dieux,
> Ces dieux dont il reçut la vie.
> Ils le verront lui-même au milieu d'eux.
> L'univers qu'aujourd'hui son père pacifie
> A ses vertus obéira joyeux.
>
> Et d'abord, cher enfant, la terre inasservie
> Aura de jolis dons pour toi : le lierre épars
> Qui s'entrelace aux odorants baccars,
> Et la colocasie à l'acanthe mêlée.
> Les chèvres reviendront la mamelle gonflée.
> Les troupeaux parmi les lions iront sans peur.
> Les parfums s'épandront de ta couche fleurie.
> Le serpent sera mort ; l'herbe au venin trompeur
> Morte ; et partout naîtront les parfums d'Assyrie[1].

1.   Tu modo nascenti puero, quo ferrea primum
    Desinet, ac toto surget gens aurea mundo,

Il était impossible que ce passage n'éveillât pas chez les chrétiens le souvenir de la prophétie d'Isaïe : *Un rameau sortira du tronc de Jessé et une fleur croîtra de sa racine... Le loup habitera avec l'agneau, et la panthère reposera avec le chevreau. Le veau, le lion et le bœuf vivront ensemble et un petit enfant les conduira... Et l'enfant s'ébattra sur le trou de la vipère. Et l'enfant à peine sevré mettra sa main sur la prunelle du basilic...* Ces détails concernant les bêtes ne se retrouvent pas dans les descriptions de l'âge d'or des poètes païens. Virgile les tenait donc d'une version d'oracle messianique, si toutefois il ne les a pas trouvés dans sa tendresse pour les animaux qu'il faisait ainsi participer au bonheur du siècle enchanté.

> Mais quand tu connaîtras, à l'âge où l'enfant lit,
> Les héros, les hauts faits que ton père accomplit
> Et ce qu'est la vertu, nous verrons sur les plaines
> S'étendre peu à peu l'or souple des moissons ;
> Le raisin suspendra ses rubis aux buissons ;
> Le miel scintillera sur la feuille des chênes.
>
> Il restera pourtant du vieil homme pervers
> Qu'il creusera la glèbe et tentera les mers.

> Casta, fave, Lucina : tuus jam regnat Apollo.
>   Teque adeo decus hoc ævi, te consule, inibit,
> Pollio, et incipient Magni procedere Menses
> Te duce. Si qua manent sceleris vestigia nostri,
> Irrita perpetua solvent formidine terras.
> Ille deum vitam accipiet, divisque videbit
> Permixtos heroas, et ipse videbitur illis :
> Pacatumque reget patriis virtutibus orbem.
>   At tibi prima, puer, nullo munuscula cultu
> Errantes hederas passim cum baccare tellus
> Mixtaque ridenti colocasia fundet acantho.
> Ipsæ lacte domum referent distenta capellæ
> Ubera, nec magnos metuent armenta leones.
> Ipsa tibi blandos fundent cunabula flores.
> Occidet et serpens, et fallax herba veneni
> Occidet; Assyrium vulgo nascetur amomum.

Et de remparts ceindra sa ville.
Tiphys au gouvernail, ses beaux guerriers à bord,
L'Argo repartira pour d'autres toisons d'or.
On reverra la guerre et, devant Troie, Achille [1].

En effet, si nous nous reportons aux doctrines
étrusques, tout recommençant, les guerres recom-
menceront. Alors, qu'y gagnerons-nous? Cette fois
cependant il n'en sera pas ainsi. Fini, le travail!
Mort, le capital! Plus de négoce, plus de concurrence! J'aime à me dire que ces choses ont été écrites
en 39 avant Jésus-Christ.

Mais quand l'âge viril t'aura grandi, le pin
Ne fera plus sur mer l'échange et le commerce;
Et les flots seront même oubliés du marin.
La terre produira tout, partout. Plus de herse
Ni de serpe à la vigne et dans les champs herbeux,
Le rude laboureur détellera ses bœufs.
La laine n'aura plus de couleur fausse à prendre.
D'eux-mêmes, dans les prés, les béliers au poil blanc
Se teindront de safran ou d'une pourpre tendre;
L'agneau se vêtira d'écarlate en paissant [2].

[1]   At simul heroum laudes et facta parentis
     Jam legere, et quæ sit poteris cognoscere virtus,
     Molli paulatim flavescet campus arista,
     Incultisque rubens pendebit sentibus uva,
     Et duræ quercus sudabunt roscida mella.
     Pauca tamen suberunt priscæ vestigia fraudis,
     Quæ tentare Thetim ratibus, quæ cingere muris
     Oppida, quæ jubeant telluri infindere sulcos.
     Alter erit tum Tiphys, et altera quæ vehat Argo
     Delectos heroas; erunt etiam altera bella,
     Atque iterum ad Trojam magnus mittetur Achilles.
[2]   Hinc, ubi jam firmata virum te fecerit ætas,
     Cedet et ipse mari vector, nec nautica pinus
     Mutabit merces : omnis feret omnia tellus.
     Non rastros patietur humus, non vinea falcem;
     Robustus quoque jam tauris juga solvet arator,
     Nec varios discet mentiri lana colores,
     Ipse sed in pratis aries jam suave rubenti
     Murice, jam croceo mutabit vellera luto;
     Sponte sua sandyx pascentes vestiet agnos.

La joie que semble se promettre le poète de ces teintures fantastiques, ne nous touche guère ; mais les Livres étrusques assuraient le succès dans toutes ses entreprises au chef sous qui l'on verrait s'accomplir de pareils miracles. Et maintenant Virgile va célébrer le héros attendu qui présidera à cette palingénésie.

> Entends la voix des Parques étonnées :
> « Filez, filez ces siècles d'or ! »
> Ont-elles dit à leurs fuseaux d'accord
> Avec l'ordre des Destinées.

> Enfant des dieux, descendance de Jupiter,
> Les jours viendront de tes grandes magistratures.
> Vois la terre et la mer et le profond éther
> Et toute l'immense nature
> Ébranlés sur leur axe et d'espoir palpitants
> A l'approche des Temps !
> Ah ! puissent mes vieux ans, pour célébrer ton ère,
> Garder assez de souffle et des jours assez longs !
> Même Orphée ou Linus, je ne les craindrais guère,
> L'un eût-il près de lui Calliope, sa mère,
> Et l'autre son père Apollon.
> Si Pan me défiait devant son Arcadie,
> C'est ma voix, Arcadiens, qui serait applaudie ! !

Puis ce lyrisme s'apaise, et le poète revient au berceau du nouveau-né :

1.
> « Talia sæcla », suis dixerunt, « currite », fusis
> Concordes stabili fatorum numine Parcæ.
> Adgredere o magnos, (aderit jam tempus,) honores,
> Cara deum suboles, magnum Jovis incrementum !
> Aspice convexo nutantem pondere mundum,
> Terrasque, tractusque maris, cælumque profundum ;
> Aspice venturo lætantur ut omnia sæclo.
> O mihi tum longæ maneat pars ultima vitæ,
> Spiritus et quantum sat erit tua dicere facta !
> Non me carminibus vincet nec Thracius Orpheus,
> Nec Linus, huic mater quamvis atque huic pater adsit,
> Orphei Calliopea, Lino formosus Apollo.
> Pan etiam Arcadia mecum si judice certet,
> Pan etiam Arcadia dicat se judice victum.

Petit enfant, connais ta mère et lui souris.
Elle a porté dix mois une fatigue amère ;
Et les enfants qui ne sourient pas à leur mère,
  Le dieu ne les a jamais pris
A sa table, ni la déesse dans son lit[1].

Reste à savoir quel est cet enfant. L'opinion courante désigne le fils de Pollion. Et il paraît bien qu'on en était convaincu dans la famille des Pollion, puisque le savant Asconius Pedianus nous raconte qu'il l'avait demandé un jour au fils de Pollion lui-même, lequel lui avait répondu : « C'est moi ! » sans songer qu'il représentait alors une jolie faillite d'espérance. Mais, comme le fait observer judicieusement le critique anglais M. Fowler, si Asconius le demandait, c'est donc que les contemporains, ou ceux qui sont venus immédiatement après Virgile, n'en étaient pas sûrs. Au moment où Virgile écrivait son poème, Pollion, homme d'Antoine, avait fortement contribué à la paix de Brindes, qui donnait l'Afrique à Lépide, l'Italie et tout l'Occident barbare à Octave, à Antoine l'Égypte, la Cyrénaïque et les trésors de l'Orient. Les yeux se tournaient vers lui comme vers un des grands personnages de l'État. Mais il y en avait de plus grands. Et les esprits réfléchis ne s'abandonnaient pas à l'espoir d'un âge d'or sur la foi du traité de Brindes. Son expédition contre les Parthini, petit peuple illyrien que Brutus avait entraîné dans son parti, lui avait valu les honneurs du triomphe. Mais Rome avait assisté à des triomphes autrement considérables. Enfin, consul, il dut résigner sa charge avant l'expiration légale. Rien ne justifierait la fré-

---

1.   Incipe, parve puer, risu cognoscere matrem :
Matri longa decem tulerunt fastidia menses.
Incipe, parve puer ; qui non risere parentes,
Nec deus hunc mensa, dea nec dignata cubili est.
                                        Bucoliques, IV.

nésie d'enthousiasme qui, dans la quatrième Bucolique, ferait de lui le pacificateur du monde et de son
fils le descendant de Jupiter. Ajoutez qu'on n'y relève
pas la moindre allusion à sa qualité personnelle. On
a donc pensé que cet enfant pourrait bien être celui
qu'Octave attendait alors de Scribonia et qui, d'ailleurs, fut une fille. Mais il est inadmissible que Virgile ait dédié à Pollion, ami d'Antoine, un poème où
il portait aux nues la postérité d'Octave, et une postérité douteuse, puisqu'il ne savait pas encore si
ce serait un garçon. Alors, selon d'autres, l'enfant
serait un symbole, ou un enfant indéterminé, ou
l'enfant messianique, c'est-à-dire, dans la pensée
virgilienne, un nouveau Dyonisos né de Jupiter et
d'une mortelle.

Toutes ces explications, si intéressantes qu'elles
soient, ont le tort de ne compter pour rien la part
de fantaisie divine qui entre dans l'inspiration d'un
grand poète. Plus je lis cette quatrième Bucolique et
plus je me persuade, comme M. Fowler, qu'elle n'est
d'un bout à l'autre qu'une fantaisie[1]. L'enfant existe :
c'est sûr ; et je consens, pour faire plaisir aux mânes
d'Asinius, que ce soit lui, et que Virgile l'ait vu
dans son berceau et qu'il ait été un beau petit garçon. Il l'a vu. Un petit enfant, c'est l'humanité qui
recommence. Ah! que le monde ne peut-il recommencer comme lui, avec lui ! Justement, Virgile, qui
a le sens religieux et la curiosité des mystères, vient
de lire des prédictions orientales ; il possède quelques
notions de l'orphisme ; il connaît les vieux oracles
étrusques. Des images étranges et belles accourent.
Des vers s'ébauchent, se précisent, se groupent,
chantent. Si sa muse pastorale sortait des bois

1. *Virgil's Messianic Eglogue.* Trois études de J.-B. MAYOR,
W. Warde FOWLER, R. S. CONWAY. (London, John Murray, 1907.)

déguisée en sibylle pour paraître devant le consul? Ce divertissement l'amuse. Mais peu à peu il est pris lui-même à son jeu. L'artiste sait où il va, parce que l'artiste impose sa volonté à la matière, je veux dire l'ordre et la mesure. Le poète, l'inspiré, ira beaucoup plus loin qu'il n'en a l'idée. Voyez avec quel art le poème est varié et nuancé; comme aux éclats prophétiques succèdent harmonieusement des tableaux d'une fraîcheur puérile et brillante; comme l'enthousiasme et l'enjouement alternent; comme tour à tour le ton s'élève, s'abaisse et se relève encore; comme nous-mêmes nous sommes gagnés par l'attente de l'illuminé qui aperçoit dans l'avenir le splendide appareillage des jours meilleurs et par l'anxiété du poète qui voudrait reculer les limites de sa vie! Et tout à coup, sa voix descend, se fait très douce. La sibylle disparaît; nous n'avons plus en face de nous qu'une nourrice latine qui tend le petit enfant à sa jeune mère et, lui montrant dans l'atrium, selon l'antique usage, la table pour Hercule, le lit pour Junon, les deux divinités conjugales, lui chante l'ancienne berceuse : « L'enfant qui ne sourit pas à sa mère ne mangera pas avec le dieu, ne couchera pas avec la déesse. »

Le poème, compris de cette façon, n'en garde pas moins sa beauté mystérieuse. Ce n'est pas sans raison que des oracles venus d'Orient, et de plus loin peut-être et de plus haut, ont touché Virgile; ce n'est pas sans raison que l'idée d'une régénération, qui doit s'accompagner de souffrances, l'a hanté; ce n'est pas sans raison qu'il a cru que les tristesses et les misères où se débattait son pays préparaient une transformation morale du monde. Saint Augustin et Dante, pour ne citer qu'eux, qui respiraient dans cette Bucolique l'odeur céleste de la crèche, étaient

peut-être aussi forts que nos critiques d'aujourd'hui.
D'ailleurs, ceux-ci sont divisés. L'un écrit froidement : « Il n'y a pas à discuter l'opinion chrétienne :
le poème de Virgile est païen dans tous ses détails. »
Mais l'autre — et c'est M. Salomon Reinach — nous
dit : « Ce poème entièrement religieux est la première œuvre en date des œuvres chrétiennes. » Il
ne s'agit pas de savoir si Virgile a prévu qu'un
enfant naîtrait sous Auguste, qui révolutionnerait
le monde. Il ne l'a pas prévu du tout. Mais l'enfant
est né. C'est un fait. Et c'est un autre fait que Virgile, quarante ans auparavant, avait annoncé qu'un
enfant présiderait au renouvellement merveilleux du
monde. Il n'y a rien à dire contre ces deux faits.
Ceux qu'y n'y voient qu'une coïncidence fortuite
avoueront du moins que de pareilles coïncidences
sont extrèmement rares ; et je crains qu'ils ne mécon-
naissent ce qu'il y a de miraculeusement intuitif
dans le génie. Quand on aura dénombré, examiné
toutes les « sources » du poème virgilien, on n'aura
pas expliqué comment il se fait qu'en mêlant de
l'Hésiode, de l'orphisme, des prédictions étrusques,
du Catulle et des oracles juifs, Virgile soit arrivé,
dans une simple fantaisie, à donner une forme étin-
celante aux aspirations confuses et angoissées du
monde occidental.

Deus, deus ille, Menalca! Un Dieu, c'est un Dieu,
Ménalque !

CHAPITRE III

LES GÉORGIQUES : LES LABOURS.

I. La Politique d'Auguste. — Le Poème d'Hésiode. — Le *De re
Rustica* de Varron. — L'actualité des *Géorgiques*. — Les inten-
tions de Virgile et l'heureux choix de son sujet. — II. L'Invoca-
tion aux Dieux et à Octave. — Le plan du Premier Livre. —
Vérité et Poésie. — Le Jupiter des *Géorgiques*. — La variété. —
L'atmosphère religieuse. — Les Présages et les Prodiges.

I

Ce fut en l'année 37 que Virgile commença les
Géorgiques. Octave et Mécène l'avaient dédommagé
de la perte de son petit domaine et lui avaient donné
une campagne à Nola, près de Naples et de Capoue.
Mais il séjournait souvent à Naples ; et ce fut même
là, nous dit-il, qu'il composa son poème, « s'abandon-
nant en toute liberté aux goûts d'une vie obscure »,
studiis florentem ignobilis oti. Il descendait aussi
jusqu'à Tarente. La haute société romaine, qui commençait à déserter Baies, venait chercher dans cette
ville voluptueuse, et pourtant fondée par des Spar-
tiates, la douceur du climat, un port d'où partaient
chaque jour des navires pour la Sicile, la Grèce et

l'Asie, un théâtre magnifique d'où l'on découvrait le vaste horizon des mers, et un poisson succulent. Mais Virgile y était plutôt attiré par la beauté des jardins de myrtes et par la fertilité de la plaine, qui offrait aux troupeaux d'aussi bons pâturages que ceux de sa chère Mantoue. Les cultivateurs y étaient industrieux ; les petites propriétés y étaient nombreuses, toutes entourées de clôtures d'un genre assez particulier, nous dit Varron : en cailloux et en terre revêtus de bois.

Pendant les sept années qu'il travailla son poème, l'Italie s'achemina à la pacification comme une tragédie à son dénouement à travers des surprises orageuses et des coups de théâtre. En 37, le triumvirat d'Octave, d'Antoine et de Lépide avait été renouvelé. Mais Sextus Pompée continuait de tenir la mer et la Sicile. Il ne fallut pas moins de six ans pour le réduire. Encore échappa-t-il à Octave qui laissa du moins à Antoine la honte de le faire assassiner. Lépide, qui avait voulu profiter de cette guerre pour se relever des humiliations qu'Octave lui avait infligées, abandonné de ses troupes, obligé d'avoir recours à la clémence du vainqueur, fut trop heureux de redescendre à l'état de simple particulier et de pouvoir vivre en paix sur ses immenses richesses. Il ne restait en face l'un de l'autre qu'Octave et Antoine. Antoine se lance dans une expédition désastreuse contre les Parthes et en Arménie. Puis commence sa grande orgie orientale. Il répudie brutalement la sœur d'Octave, Octavie, qu'il avait épousée. Il affiche son mariage avec Cléopâtre. Il dispose de l'Orient et de ses trônes en souverain adoré comme un dieu, près d'une reine adorée comme la nouvelle Isis. Octave lui adresse des remontrances. Les deux maîtres du monde échangent à travers les mers des menaces et des injures de corps de garde. La rupture est imminente. Antoine a encore trop de partisans pour qu'on ose le déclarer ennemi public; mais la guerre éclate contre Cléopâtre, la sorcière égyptienne qui l'a envoûté. Et de nouveau le monde s'embrase. Dans les rues de Rome, les enfants, qui jouaient naguère aux proscriptions, se partagent en Césariens et en Antoniens et se livrent des combats où l'on remarqua que les Antoniens étaient toujours battus. Les vrais le furent sur les flots d'Actium.

Il n'y a pas dans l'histoire romaine d'épisode plus chargé de couleurs ni plus romanesque que le siège d'Alexandrie et la mort d'Antoine et de Cléopâtre. Plutarque nous raconte que, la dernière nuit, on crut entendre les musiques et les clameurs d'un cortège invisible de Bacchantes et de Satyres traversant la ville et sortant par la porte qui regardait le camp de César, comme si Bacchus s'éloignait à jamais de ses imitateurs. Le règne de la débauche et de la folie était passé. Le lendemain, Octave faisait son entrée en tenant par la main le philosophe Aréus. Antoine, qui s'était frappé de son épée, fut porté devant le tombeau où Cléopâtre s'était barricadée. Penchée à la fenêtre et roidissant ses bras, elle hissa jusqu'à elle, au moyen de cordes, le moribond sanglant qui eut le temps de recevoir ses derniers baisers et de se féliciter en Romain de n'avoir été vaincu que par un Romain. Puis ce fut notre vieil ami et celui de Virgile, le beau pasteur Gallus, envoyé pour parlementer avec la reine à travers la porte funèbre et pour endormir sa défiance, pendant que d'autres officiers, escaladant le sépulcre, sautaient sur elle, comme Aristée sur Protée, et la saisissaient vivante. Puis ce fut l'aspic moins bavard que Gallus.

L'Italie, fatiguée, énervée, hésitante d'abord devant

celui qu'elle appelait *l'Apollon bourreau*, était peu à peu revenue de ses hésitations, et, la victoire la décidant, s'était enfin complètement ralliée au vainqueur d'Actium. On avait vu, au cours de ces sept années, se dégager du jeune homme prudent, rusé, passionné et cruel, qui ne s'imposait ni par sa valeur militaire, comme César ou même comme Antoine, ni par son courage physique, — car il perdait vite la tête en présence de l'ennemi, — un politique habile, modéré dans le triomphe, tempérant, sobre, et dont les intérêts concordaient avec ceux du pays. Très beau, les cheveux légèrement bouclés, d'une taille plutôt au-dessous de la moyenne mais si bien pris qu'on ne le remarquait pas, ses yeux admirables dans sa figure toujours sereine créaient sa légende et justifiaient les présages divins dont il marchait escorté. Fort épris de poésie, poète lui-même, très versé dans la philosophie des néo-pythagoriciens, religieux par curiosité naturelle et parce qu'il sentait pour l'ordre de l'Empire la nécessité d'un retour aux anciens cultes, il avait assaini Rome, il relevait les temples, il commençait à donner l'exemple des vertus domestiques et mettait à la mode la simplicité des mœurs. Le maître de l'Empire vivait de pain de ménage, de fromage, de figues fraîches, de concombres et de laitues comme le vieillard de Tarente.

Revenu d'Alexandrie, probablement à la fin de l'année 30 ou au commencement de 29, avant d'entrer en triomphateur a Rome, il s'arrêta, pour soigner un mal de gorge, dans la petite ville de Campanie, Atella. Ce fut là qu'il écouta, pendant quatre jours, lus tour à tour par Virgile et par Mécène, les quatre livres des *Géorgiques*. De tous les accueils enthousiastes qu'il reçut à son débarquement, de tous les hommages qui accouraient au-devant de lui, aucun certainement ne lui fut plus agréable que cette moisson de beaux vers que le génie latin déposait à ses pieds. Jamais les Muses de Rome n'avaient eu de pareils accents ni tant d'aisance unie à tant de force. Et surtout comme ce poète répondait bien à ses désirs ! Comme il avait bien compris l'œuvre à faire ! Quel excellent collaborateur l'homme d'État trouvait en lui ! Plus encore que les louanges dont Virgile encensait sa jeune divinité, Octave y goûta l'inestimable douceur de l'harmonie qui s'établissait entre l'intelligence romaine et son gouvernement. Il a été donné à peu de rois ou de dictateurs de se sentir ainsi appuyés et portés par cette puissance, si intimement nationale, du génie littéraire. Ordinairement ils le craignent ; ils essaient de le domestiquer avec des faveurs qui le leur rendent méprisable ou de lui imposer des limites à l'intérieur desquelles ils le craignent encore. Ici, rien de semblable. La plus noble inspiration rejoignait les plus justes calculs de la politique. Et Mécène dut recevoir, lui aussi, de grands éloges, car le poète lui attribuait la première pensée de son poème. C'était Mécène, disait-il, qui lui avait ordonné d'aborder ces sujets nouveaux ; et son audace n'était que de l'obéissance. « Sans toi, Mécène, mon esprit ne peut rien entreprendre de grand. »

Assurément, Mécène l'avait encouragé, comme naguère Pollion. Mais les *Géorgiques* avaient d'autres raisons d'être que la fantaisie ou la volonté de Mécène. Et d'abord Virgile, à l'exemple de Lucrèce, avait eu l'ambition de tenter une voie qui ne fût point battue. Les sujets mythologiques ou légendaires lui semblaient fatigués à force d'avoir été traités par les Alexandrins. Il aurait pu, tout comme un autre, chanter les travaux d'Hercule, la naissance dans l'île

de Délos de Diane et d'Apollon, les aventures de
Pélops à l'épaule d'ivoire. Il aurait ainsi charmé les
esprits qui n'ont rien à faire qu'à se laisser charmer,
vacuas mentes. Mais alors aurait-il espéré triompher
de l'oubli et entendre son nom sur les lèvres des
hommes[1]? Lucrèce avait été mieux avisé. Virgile a
beau ne pas le citer : nous sentons qu'il est hanté
par lui, un peu comme Pascal par Montaigne ou
Lamartine par Byron. Lucrèce, qui s'était assigné la
mission d'instruire les hommes, avait conçu la fonc-
tion sociale du poète. C'était par ce côté qu'il convenait de l'imiter, et, en l'imitant, de neutraliser les
effets nuisibles de son poème. Nous verrons en effet
que, sur plusieurs points, les *Géorgiques* sont une
réfutation indirecte du *De Natura rerum*.

D'ailleurs, les Alexandrins, auxquels Virgile
demeurait attaché, avaient cultivé la poésie érudite
et didactique. Les sociétés raffinées retournent aux
formes d'art primitives dont elles font des formes
savantes. La poésie didactique est peut-être la
première forme de poésie que les hommes aient pra-
tiquée, le rythme servant à graver dans les mémoires
les rites religieux et les conseils de l'expérience.
Mais les Alexandrins n'avaient aucunement le désir
de vulgariser la science, de la répandre, d'influer sur
les esprits, d'améliorer l'état social. Leur poésie
didactique était avant tout une poésie de luxe. Ils
s'appliquaient à vaincre des difficultés qui paraissaient
insurmontables et à enfermer dans des vers brillants
une matière naturellement rebelle.

Bien avant eux, immédiatement après Homère, un
poète grec, le premier dont nous distinguions la
figure, Hésiode, — devenu le héros d'un poème

1. *Géorgiques*, III. 3-9.

alexandrin traduit par Gallus, — avait écrit, au pied
de l'Hélicon, dans son petit bourg d'Ascra, « rude
en hiver, pénible en été et jamais agréable », *les
Travaux et les Jours*, premier modèle des poèmes
didactiques et un des plus beaux. A dire vrai, cette
œuvre du seul grand poète paysan que nous connaissions, sortie tout entière de l'indignation d'un
plaideur déçu, était encore plus une œuvre de combat. Elle manquait, comme celle de Lucrèce, de la
sérénité que semble exiger le genre didactique.
Hésiode avait soutenu un procès d'héritage contre
son frère Persès, et les juges l'avaient condamné.
Il ne leur pardonna pas ; et, emporté par sa rancune,
conscient de son droit et de sa valeur, il avait composé un âpre poème traversé d'éclairs, dont la plus
grande partie n'est qu'une protestation au nom de la
morale lésée dans sa personne, et le reste une suite
de préceptes agricoles et religieux destinés à nous
asséner la preuve de sa sagesse et de sa supériorité.
Ce campagnard, dogmatique comme un théologien,
irrité comme un prophète, avait gagné sa cause près
de la postérité, car son génie poétique l'égale, dans
certains passages de son poème, aux plus grands
artistes.

Sa première éducation, ses souvenirs d'enfance,
disposaient Virgile, je ne dis pas à comprendre
Hésiode, — nous n'avons pas besoin d'être nés à la
campagne pour cela, — mais à marcher sur ses
traces, avec le légitime espoir de le dépasser. *Les
Travaux et les Jours* lui révélaient quelles ressources
poétiques la simple existence du paysan offre à celui
qui l'a partagée et quels thèmes féconds un poète
rencontre en suivant la charrue. Ces épisodes, dont
on nous dira qu'il a embelli la poésie didactique, il
en trouvait dans le poème grec les premières

esquisses. Hésiode n'avait-il pas été amené à nous raconter le mythe de Prométhée, la naissance de Pandore, l'histoire fabuleuse des différents âges du monde? Il avait su aussi mêler à ses prescriptions techniques des allégories et des tableaux de la nature, dont celui de l'hiver est si impressionnant avec le fracas des vents dans les bois, le hurlement des bêtes sauvages, les tombées de neige qui aveuglent les pauvres hommes et la vision délicate des jeunes filles « encore ignorantes des travaux d'Aphrodite aux cheveux d'or », que leurs mères gardent près d'elles, baignées et parfumées, au fond de leurs demeures. Enfin toute une philosophie de la vie ressortait de ce poème qui recommandait aux hommes la stricte observance de leurs devoirs envers les dieux et qui leur prêchait que la vie réglée par la vertu n'était pas seulement la meilleure, mais la plus agréable. L'œuvre didactique, telle que l'avait créée le génie d'Hésiode, portait en elle-même le germe de ses enrichissements. Et le sujet n'en avait jamais été plus actuel.

La curiosité des choses de la campagne faisait partie de cette renaissance de l'esprit national que ramène toujours la lassitude des nouveautés révolutionnaires. On redevenait traditionaliste. On se rappelait que le plus bel éloge que jadis on pût faire d'un homme était de le nommer un bon laboureur et que la première couronne à Rome avait été tressée avec des épis. Mais à ce sentiment nostalgique du passé, où entre souvent beaucoup de snobisme, s'ajoutait un intérêt plus sérieux. Le morcellement des terres et la translation des biens-fonds, résultats des guerres civiles, avaient fait naître toute une classe de possesseurs terriens obligés de se mettre au courant des procédés agricoles; et d'autre

part les anciens propriétaires, qui avaient pu con-
server leurs propriétés, mais qu'un siècle de bouleversements avait appauvris, cherchaient dans l'agriculture le moyen de réparer leur fortune. L'année
même où Virgile commençait les *Géorgiques*, un
affranchi de César, Julius Hyginus, composait un
livre *De Agricultura* et un traité d'apiculture, le premier qui ait paru en latin et où il avait recueilli
tous les préceptes des anciens auteurs épars dans
les livres les moins connus. Et un des plus remar-
quables polygraphes de Rome, l'auteur des *Satires
Ménippées*, de *la Langue Latine*, des *Antiquités
humaines*, des *Antiquités divines*, Terentius Varron, publiait, à l'âge de quatre-vingts ans, des
Dialogues sur l'Agriculture, intitulés *De re Rustica*,
le seul de ses ouvrages qui nous soit entièrement
parvenu.

C'était un Sabin de la Sabine, très fier d'être né
au centre de l'Italie et des belles moissons. Il avait
tenu de grands emplois, sinon de grands rôles, aux
camps et au forum. Il avait beaucoup voyagé ; il
avait assisté à des spectacles extraordinaires qu'il
racontait avec plaisir, quelquefois même jusqu'à en
fatiguer ses auditeurs. « Vous vous souvenez des
poissons de Lydie? se fait-il dire dans le *De re Rustica* par un de ses interlocuteurs. C'est là que vous
avez vu des îles danser en rond. » Il avait échappé
aux proscriptions ; et il avait énormément écrit, car
son érudition était prodigieuse, bien qu'elle ne
l'éloignât pas des affaires et de l'administration de
ses propriétés. Quand ses quatre-vingts ans l'averti-
rent qu'il était temps de plier bagage, il imita la
Sibylle qui ne se contentait pas de rendre des oracles
pour les contemporains, mais qui songeait aussi aux
générations à venir; et il voulut qu'elles pussent

profiter de l'expérience qu'il avait acquise en sur-
veillant ses domaines. Son ouvrage, plus complet
et infiniment plus animé et plus agréable que le
rugueux almanach de Caton l'Ancien, intitulé aussi
De re Rustica, fut très précieux à Virgile ; mais il
ne lui portait pas ombrage. L'illustre propriétaire ne
s'occupe que de la grande culture et ne s'adresse
qu'à de riches propriétaires comme lui, à des gens
dont les métairies ont des habitations de maîtres
aussi belles que des palais ou des musées. Leurs
fruits se vendent sur la Voie Sacrée au poids de l'or.
Ils entretiennent un peuple d'esclaves, bergers et
laboureurs, et des équipes nombreuses d'oiseleurs,
de pêcheurs et de chasseurs, car ils possèdent des
viviers de surmulets et de murènes, des parcs remplis de bêtes fauves, de chevreuils et de sangliers
que le son du cor rassemble à l'heure de la nourriture,
des volières d'où sortent environ cinq mille grives
par an, ce qui, à trois deniers pièce, leur rapporte
soixante mille sesterces (plus de douze mille francs).
Varron nous décrit complaisamment sa volière de
Casinum, et la salle à manger fort originale qu'il y
avait aménagée. Ses invités dînaient devant des bosquets entourés de filets, au chant des merles et des
rossignols. La table et les lits étaient dressés sur
une île, au milieu d'un bassin où s'ébattaient des
canards, et la table tournait de façon à présenter à
chaque convive les mets et les liqueurs dont elle était
chargée. Très Romain et, par certains côtés, très
vieux Romain, très patriote, Varron était tout de
même contaminé par le goût du luxe et du lucre des
hommes de son temps. Les personnages de ses dialogues déplorent la corruption des mœurs, l'abus et
la prodigalité des festins publics et des repas de
corps ; mais ils se consolent de ces folies qui font

monter le prix des vivres et qui augmentent les revenus de leurs viviers et de leurs garennes.

Virgile, lui, ne connaissait ces grandes exploitations que pour les avoir traversées ou aperçues de loin. Fils d'un petit paysan, il ne les voyait pas d'un bon œil; et patriote, il en comprenait les dangers. Un ancien proverbe carthaginois disait que la terre ne doit pas être plus forte que le laboureur. Faute de capitaux ou d'intelligence, la plupart de ces immenses propriétés étaient insuffisamment cultivées. Que de bonnes terres gâchées! « Les grands domaines ont perdu l'Italie », dira Pline. *Latifundia perdidere Italiam.* Et, à peine un demi-siècle après Virgile, Columelle se plaindra de ces gens démesurément riches qui ne pourraient pas même faire à cheval le tour de leurs biens et qui en abandonnent des régions entières aux foulées des troupeaux et aux saccages des bêtes féroces, quand ils ne les peuplent pas de leurs débiteurs et d'esclaves à la chaîne. « Nos ancêtres, s'écrie-t-il, tiraient plus de profit des sept arpents de terre qu'après l'expulsion des rois le tribun Licinius avait assignés à chaque citoyen que nous aujourd'hui de nos vastes jachères. » C'était bien la pensée de Virgile, lorsqu'il écrivait, non sans ironie : *Laudato excessiva rura. — Exiguum colito!* Vante, tant que tu voudras, les grandes propriétés; mais sache cultiver ton lopin de terre! Ce que notre Olivier de Serre, dans son savoureux *Théâtre d'Agriculture*, traduit :

> Au grand terroir louange donne;
> A semer le petit t'adonne.

Le poète n'a en vue que les petits fermiers comme l'était son père. Vous ne rencontrerez dans son poème ni *villicus* ou intendant, ni esclaves. A peine

nous parle-t-il en passant des gardiens de troupeaux
et d'un moissonneur que le maître fait entrer dans
son champ où la moisson jaunit. Ce maître con-
centre sur lui toute notre attention et toute la vie
de ce qui l'entoure. Mais est-ce à lui que Virgile
s'adresse réellement? Il ne pouvait penser que les
paysans l'étudieraient et le comprendraient. L'hellénisme de ses *Géorgiques* ne leur était guère acces-
sible. Seuls en jouiraient ceux qui avaient fait leurs
études. Mais ceux-là, en le lisant, aimeraient et res-
pecteraient davantage l'humble laboureur. Columelle, admirateur de Virgile au point de l'imiter et
de mettre en vers toute la partie de son traité qui
concerne les jardins, disait très justement qu' « il
avait prêté à l'agriculture la puissance de la poésie ».
Aucun éloge ne lui aurait plu davantage. Dans sa
pensée, les *Géorgiques* devaient ennoblir aux yeux de
tous la modeste tâche du campagnard. Elles feraient
rayonner une pure lumière sur les toits de chaume,
sur les instruments de labourage, et sur ce qu'un
poète contemporain appelait « les pauvres honneurs
des maisons paternelles ». Elles célébreraient la
gloire des campagnes divines, *divini gloria ruris.*
Elles rappelleraient, d'une façon détournée, aux pou-
voirs publics qu'on ne saurait avoir trop d'égards
envers ceux qui font pousser le blé, qui soignent les
vignes, qui élèvent les troupeaux, qui récoltent le
miel, et dont la vie est dure. Le mouvement de sympathie, qu'elles créeraient autour d'eux, déciderait
peut-être des citadins las de la ville congestionnée à
retourner aux champs et encouragerait les propriétaires à vivre sur leurs propriétés et à en assumer
les devoirs. Enfin, si Virgile atteignait son but, ses
vers seraient un jour appris dans les écoles ; et les
enfants de paysans, comme lui, en garderaient à

la fois un amour plus réfléchi de leur terre italienne et d'utiles préceptes.

Car il fallait que ce poème fût vraiment didactique, et qu'il eût l'air écrit pour ceux qu'il voulait honorer. C'est par là seulement qu'il prendrait l'esprit et qu'il captiverait les âmes. Nous ne sommes éternellement sensibles qu'au vrai. Et les *Géorgiques*, très incomplètes si on les juge comme un traité d'agriculture, sont d'une exactitude scrupuleuse dans toutes leurs parties techniques. On reprochait bien à Columelle de n'avoir pas tout dit! Virgile a choisi parmi les travaux et les occupations du paysan ; et ce qu'il en a retenu, il l'a exposé avec une précision scientifique. Les gens du métier n'ont jamais affecté à son égard le dédain qu'ils ont ordinairement pour les « littérateurs ». Je ne crois pas qu'il ait enrichi son sujet d'observations originales. Mais, bien qu'il ait étudié très sérieusement les ouvrages de ses devanciers, il ne nous donne jamais l'impression d'avoir puisé sa science dans les livres. Et cette science, plus encore peut-être que les épisodes de son poème, en fait le charme unique.

La nature même du poème didactique semble aujourd'hui s'opposer à la conception de la poésie telle que nous l'a imposée un siècle de romantisme. Si elle s'y opposait réellement, ce serait donc que le romantisme eût rétréci cette conception. L'infortune de la plupart des poèmes didactiques vient non pas du genre, mais de l'insuffisance des poètes qui les ont traités comme des sujets extérieurs à eux-mêmes, n'éprouvant aucune tendresse intime pour leur matière. Le jour où un homme laborieux et patient, admirable artisan de vers, a entrepris d'écrire un poème sur l'art qui lui tenait le plus au cœur et qui était toute sa vie, il a fait un chef-d'œuvre aussi

durable que la langue française : c'est *l'Art poétique.*
On a dit qu'il aurait pu l'écrire en prose. Mais la
belle et solide frappe de ses vers donne à ses préceptes et à ses théories une autorité que la meilleure
prose du monde ne leur eût jamais conférée. Et
ceux qui ne comprennent pas la beauté de son
œuvre, je les soupçonnerai toujours de n'aimer dans
les poètes que les sentiments ou les idées qu'ils
expriment et non la poésie des vers. Il n'y a pas
d'art, il n'y a pas de science, je dirais presque il n'y
a pas de métier qui ne puisse fournir à un poète la
matière d'un poème didactique, à condition que ce
poète, ce vrai poète, en ait fait son étude, son amour,
sa vie. Ce qui manque le plus à notre poésie moderne, c'est précisément d'être didactique. Nos poètes
ne savent qu'eux-mêmes, leurs rêves, leurs sensations, leurs petites histoires. Leur musique, dont
l'originalité consiste souvent à prolonger un son déjà
connu dans l'espace indéterminé, nous distrait un
instant; elle ne nous retient pas, parce qu'elle ne
nous apprend rien, parce qu'ils n'étendent pas le
domaine de la poésie, qu'ils n'essaient pas d'en
reculer les frontières. Je reprends le mot de Columelle sur les *Géorgiques :* ils ne prêtent à aucune
de nos connaissances nouvelles la puissance sentimentale et intellectuelle du vers. Ils ne savent pas
se soumettre à un sujet qui existe indépendamment
d'eux-mêmes, mais qu'il leur appartient de pénétrer
avec toute leur sensibilité et d'animer avec toute
leur imagination, et qui, par le seul fait de discipliner leur art, en décuple les ressources. Virgile a
été le plus personnel des poètes dans les *Géorgiques*
et aussi personnel, sinon plus, là où il obéit strictement aux exigences techniques de son sujet.

Je reconnais d'ailleurs que de toutes les matières

didactiques celle qu'il abordait est la plus favorable
au poète. La nature communique aux labeurs de la
campagne un peu de son mystère et de sa grandeur.
L'ouvrage de Varron n'a aucune valeur poétique ;
mais quand je lis par exemple ces quelques lignes :
« A défaut de clôtures, on peut assurer par des ran-
gées d'arbres les limites d'un champ cultivé. Les
uns plantent des pins, comme l'a fait ma femme dans
la Sabine ; d'autres, des cyprès comme je l'ai fait au
Vésuve ; beaucoup préfèrent les ormes, comme à
Crustuminum... » il est certain que mes sens sont
plus agréablement affectés que si l'on me parle des
atomes d'Epicure ou des règles d'une bonne comédie.
Les mots : champs, pins, cyprès, ormes, évoquent
des paysages et m'arrivent déjà chargés d'impres-
sions fortes : tranquillité, solitude, tristesse, ombrage.
J.-J. Rousseau a exprimé, dans un style malheureusement abstrait et onctueux, le plaisir que nous
éprouvons à considérer les travaux rustiques :
« L'objet de l'utilité publique et privée les rend intéressants ; et puis c'est la première vocation de
l'homme : ils rappellent à l'esprit une idée agréable
et au cœur tous les charmes de l'âge d'or. L'imagination ne reste point froide à l'aspect du labourage
et des moissons. Qu'on regarde les prés couverts de
gens qui fanent et chantent et des troupeaux épars
dans l'éloignement, insensiblement on se sent atten-
drir sans savoir pourquoi. » Qu'elle nous attendrisse
ou non, la vie des champs est d'un intérêt universel.
La terre, les plantes, les bêtes travaillent pour nous.
Le lit où je dors, le tapis que je foule, la table sur
laquelle j'écris, mes vêtements, ma nourriture, je
dois tout à la nature exploitée et réquisitionnée par
le paysan. Toute ma subsistance et une grande partie
de mon luxe viennent de lui, et, si les petites

lumières qui parsèment la campagne s'éteignaient,
ce serait pire pour moi que si le ciel me privait de
ses étoiles.

II

Avec la simplicité qu'il apporte toujours à ses
expositions, Virgile nous annonce dans ses quatre
premiers vers l'ordonnance de son poème en quatre
livres et la matière de chacun d'eux : la terre, les
arbres, les animaux, les abeilles.

> Ce qui fait les épis gras et drus, sous quels-signes
> Labourer, ô Mécène, et marier les vignes,
> Comment soigner les bœufs et tenir le bétail,
> Ce qu'exige un rucher d'intelligent travail,
> J'essaierai de le dire en mes vers [1]...

Et aussitôt il invoque les dieux. Cette invocation
était de règle. C'est même de cette façon que Varron
commence son traité d'économie rurale, car, dit-il, les
dieux ne protègent que ceux qui les invoquent. Mais
Varron, dont les *Antiquités divines* sont l'œuvre
d'un théologien, a bien soin d'invoquer les douze
divinités latines, patronnes du cultivateur, et parmi
elles ces dieux sans figure, ces dieux abstraits, ces
fonctions divinisées qui sentent encore la première
indigence de l'imagination romaine, comme le dieu

[1]   Quid faciat lætas segetes, quo sidere terram
    Vertere, Mæcenas, ulmisque adjungere vites
    Conveniat; quæ cura boum, qui cultus habendo
    Sit pecori; apibus quanta experientia parcis,
    Hinc canere incipiam

Géorgiques, I, 1-5.

Robigus, dont on ne sait s'il est une déesse et qui protège les arbres contre la rouille (*robigo*), la déesse Lympha qui habite les fontaines, puisque son nom signifie l'eau, le dieu *Bonus Eventus* ou de la Bonne Venue ou du Succès, sans lequel Varron remarque judicieusement que rien ne pousse à souhait. Virgile écarte ces divinités froidement et sèchement allégoriques, non pas qu'il soit, ainsi qu'on l'a prétendu, moins soucieux des souvenirs latins, car il invoque les Faunes qui comptent au nombre des plus anciens dieux italiques et le dieu Silvain, dieu des défrichements et des bornes frontières, qui était adoré dans toutes les fermes tenant à la main un jeune cyprès arraché avec sa racine. Mais il est trop nourri d'hellénisme pour se renfermer dans le panthéon rude et borné des vieux Quirites. Il choisit surtout les dieux que les poètes hardis ont identifiés aux dieux grecs. L'ancien génie Liber, dieu des plaisanteries désordonnées et des biens de la table, est devenu Bacchus; la Minerve des Étrusques, l'Athena qui planta l'olivier. Il fait aussi une large place dans son invocation aux dieux essentiellement helléniques ; le dieu Pan, Aristée qu'Hésiode nommait l'Apollon pastoral, et Triptolème qui enseigna l'usage de la charrue. L'artiste amoureux de la beauté grecque s'unit au Romain qui, d'ailleurs, n'a pas le sentiment de sortir du monde romain en appelant la faveur des dieux de la Grèce sur les moissons de l'Empire. Si traditionaliste qu'il soit, il ne se laissera jamais séduire au charme factice de l'archaïsme. C'est bon pour les poètes de second ordre d'affecter la naïveté des anciens temps et d'en adopter les formes. Ils n'ont aucune prise sur le grand public qui, lui, est toujours de son époque et ne comprend l'antiquité qu'à travers le rajeunissement de la pensée et de l'imagination modernes. Il me semble voir errer un sourire sur les lèvres de Varron, quand il incline sa tête chenue d'érudit devant les sanctuaires de Robigus et de Bonus Eventus; et je me rappelle l'étrange profession d'incrédulité par laquelle il commence son traité des *Antiquités divines*. Virgile est sincère : il croit du moins à la beauté des dieux qu'il invoque.

S'il ne tenait qu'à nous, son invocation n'irait pas plus loin, et il ne consacrerait pas autant de vers à la divinité d'Octave qu'à toutes les divinités champêtres réunies. On voudrait savoir de quel air le vainqueur d'Actium écouta le passage où le poète se demande si, introduit plus tard au Conseil des Immortels, il préférera être le dieu de la terre ou le dieu de l'Océan. Prendra-t-il place, constellation nouvelle, entre la Vierge et le Scorpion qui resserrera ses pinces brûlantes pour lui laisser plus d'espace? Les enfers ne peuvent espérer l'avoir comme roi, malgré l'admiration que ses Champs-Elysées inspirent à la Grèce et l'indifférence de Proserpine aux prières de sa mère qui voudrait l'en voir revenir. Il y a là quelque chose de boursouflé, d'emphatique et en même temps de spirituel à la façon qui sera celle d'Ovide. Mais l'expression est plus déplaisante que le sentiment; car le sentiment, il faut le comprendre. On a dit que Virgile imitait les Alexandrins qui avaient dans leurs vers divinisé les Ptolémées. Cependant Cicéron n'imite pas les Alexandrins quand il traite Pompée de jeune dieu. La vérité est que ces hommages divins, qui nous paraissent aujourd'hui de monstrueuses flatteries, tiraient leur origine d'une conception religieuse qui ne mettait point entre l'humanité et la divinité une séparation infranchissable et qui voyait dans le héros une manifestation vivante de la puissance divine. Nous retrouvons cette conception aussi forte, aussi vivace, chez les Asiatiques d'aujourd'hui et particulièrement chez les Japonais. Il est probable que Virgile n'eut pas été moins embarrassé, si un Juif l'avait interrogé sur sa croyance à la divinité de César, qu'un Japonais quand nous lui demandons s'il croit réellement à la divinité de son Empereur. Notre religion nous a rendu sacrilèges ces déifications; et le droit divin de nos rois ne leur a jamais constitué une divinité. Pour Virgile, il y avait du dieu dans Octave, et ce n'était point rabaisser l'idée de la divinité que de l'incarner dans l'homme qui portait en lui le salut du peuple romain.

Voilà ce qu'on ne doit pas oublier en lisant cette invocation de Virgile à Octave, dont l'avant-dernier vers, du reste, est très émouvant : *«Ignarosque viæ mecum miseratus agrestes.* Prends pitié comme moi des paysans ignorants de la route à suivre. » *Miseratus :* ce mot nous précise l'intention du poète et le caractère si humain de son œuvre. On pourrait s'étonner de l'ignorance des paysans dans un pays dont ils avaient fait la force et la vertu. Mais l'agriculture avait été négligée; l'heure était venue de la retirer des vieilles routines et de la renouveler par des méthodes scientifiques. Ce sentiment qui pénètre l'œuvre de Virgile pénétrera plus tard le *Théâtre d'Agriculture* d'Olivier de Serre, écrit en 1599 au lendemain de nos guerres religieuses. « Qui ne voit, dira-t-il, que l'expérience des laboureurs non lettrés est grandement aidée par la raison des doctes écrivains ? » Et il disait encore : « La science de l'agriculture est comme l'âme de l'expérience. » C'est cette âme que Virgile se propose de dégager.

Le plan de son premier livre est à peu près le

même que celui de Varron qui divise l'agriculture en quatre parties consistant à bien connaître : la première, le fonds à exploiter; la seconde, les instruments nécessaires; la troisième, les façons que le terrain exige; la quatrième, les époques favorables. Il prend le laboureur au moment où le printemps s'éveille, où la glace des montagnes commence à fondre et la glèbe amollie à se désagréger, où le frottement du sillon va donner au soc toute sa splendeur. Étude du climat et des vieux modes de culture; connaissance du terroir et de sa portée; conseils pour la jachère, le fumage, le brûlage des éteules, l'irrigation, où se mêlent aux adages romains les procédés nouveaux, comme le hersage de la terre et le recoupage des sillons : c'est sur le ton le plus uni, par les détails les plus précis et les plus techniques que débute le premier livre des *Géorgiques*. Et pourtant nous en recevons une très forte impression de poésie.

Elle vient, je crois, de la convenance parfaite du fond et de la forme. Jamais l'amour et l'intelligence de la nature ne se sont exprimés dans une forme aussi noblement exacte, aussi harmonieuse et dont les mouvements les plus vigoureux trahissent moins d'effort. Prenez les dix vers sur le brûlage des chaumes légers livrés aux flammes crépitantes[1]. Le poète expose les effets, d'ailleurs contestables, du feu

1.　　　Sæpe etiam steriles incendere profuit agros,
Atque levem stipulam crepitantibus urere flammis :
Sive inde occultas vires et pabula terræ
Pinguia concipiunt, sive illis omne per ignem
Excoquitur vitium, atque exsudat inutilis humor,
Seu plures calor ille vias et cæca relaxat
Spiramenta, novas veniat qua sucus in herbas,
Seu durat magis, et venas adstringit hiantes...
Géorgiques, I, 84-93.

dans les champs épuisés par la moisson. « Les terres maigres en acquièrent une vigueur secrète et des nourritures grasses ; les mauvais ferments des terres fortes s'y consument, et l'humidité qui ne leur est point utile s'en exhale. Peut-être la chaleur ouvre-t-elle des chemins et des filtres mystérieux par où le suc arrive aux herbes nouvelles ; peut-être durcit-elle le sol et en resserre-t-elle les veines trop largement ouvertes... » Tâchez par la pensée de prêter à ces simples phrases la beauté intraduisible des mots et la grâce du nombre, et vous comprendrez l'admiration des critiques romains pour ce passage. « Il n'y a que dans la poésie de Virgile, disaient-ils, qu'on rencontre cette concision qui n'a rien d'elliptique, cette abondance retenue, cette sobriété sans sécheresse, cette richesse sans redondance[1]. » Les beaux vers n'éclatent pas ; ils ne se détachent point de l'ensemble ; ils sont à peine plus beaux que ceux qui les entourent. Gonflés du même suc, ils en ont seulement retenu davantage. Quand les taureaux retournent la forte glèbe dès le premier mois de l'année, c'est afin, dit le poète, *que le poudreux été en cuise les mottes gisantes sous la maturité de son soleil.*

> *...Glebasque jacentes*
> *Pulverulenta coquat maturis solibus æstas.*

Ces vers — et tant d'autres — d'une beauté pleine et d'une chaude saveur, sont essentiellement virgiliens. Virgile ne recherche pas le pittoresque. Mais les détails qu'il choisit ont tous leur physionomie, leur couleur, leur sonorité. Le conseil qu'il donne se présente d'ordinaire sous l'aspect de ses effets réalisés. Par exemple, le laboureur fera bien de laisser

1. MACROBE, *Saturnales*, V, I.

dormir son champ un an sur deux, à moins d'y pratiquer la culture alternée. En ce cas, il pourra y semer à la saison prochaine son froment doré.

> Qu'il l'ensemence après en avoir obtenu
> Un légume abondant : la vesce au fruit ténu,
> Et les amers lupins à la tige cassante,
> Petite forêt grêle et toujours bruissante [1].

(Ici, la traduction développe légèrement l'impression voulue par le poète de fragilité sonore : *fragiles calamos silvamque sonantem*). Remarquez que sa fantaisie n'intervient pas. Ce n'est point à travers son rêve ou son émotion que nous voyons ou nous sentons les choses. Si tout vit dans ses vers, c'est que tout vit dans la nature dont il nous transmet la sensation directe. Il l'a observée en contemplateur pour qui n'existe ni grandeur ni petitesse. Quand on la regarde de près, une touffe de lupins est une forêt. L'expression la plus forte devient la plus naturelle. Il n'y a là ni procédé ni figure de rhétorique : la vérité même est saisie et interprétée avec sympathie. Plus loin, quand il s'agit de l'irrigation, nous entendons, au moment où l'herbe desséchée languit, l'eau des rigoles en pente « tomber d'un sommet sourcilleux sur les pierres lisses avec un rauque murmure ». Tous ces détails, soutenus par le rythme, communiquent à une matière qui pourrait sembler aride une poésie surprenante, la plus belle peut-être qu'ait inspirée la nature aimée pour elle-même. Ce n'est point une poésie descriptive, puisqu'elle se propose d'être utile, ni une poésie sentimentale, puisque le poète se

---

1.   Aut ibi flava seres, mutato sidere, farra,
      Unde prius lætum siliqua quassante legumen,
      Aut tenues fetus viciæ, tristisque lupini
      Sustuleris fragiles calamos silvamque sonantem.
                                    Géorgiques, I, 73-76.

subordonne entièrement à son objet. Elle ne doit son premier charme qu'à la sincérité qui l'anime et à la pureté de l'art.

Peu à peu le poème va s'élargir. Quand les hommes et leurs bons serviteurs, les bœufs, ont bien retourné la terre, peuvent-ils se reposer de leurs fatigues? Non : il faut encore redouter l'oie sauvage, la grue, la chicorée aux filaments amers, et les ombrages trop touffus si nuisibles aux champs. Les dangers viennent de partout, du sol et de l'air. Et ici apparaît une des idées fondamentales des *Géorgiques :* l'idée du travail, non pas envisagé comme une peine, un châtiment, une vengeance divine, selon la vieille conception d'Hésiode, ou comme une loi aveugle et farouchement incompréhensible, selon la conception de Lucrèce, mais comme la condition même de la vie et sans laquelle l'homme ne serait pas l'homme. Jupiter a voulu que le chemin du laboureur fût rude. Avant lui, c'était l'âge d'or. Mais, sous ce règne de Saturne tant vanté, les hommes croupissaient dans la torpeur. C'est Jupiter qui a envenimé la morsure de la vipère, qui a donné l'ordre aux loups de sauter sur leur proie et aux flots de se soulever. C'est lui qui, en multipliant autour de nous les pièges et les périls, nous a forcés de découvrir le fer et de triompher par le travail. *Omnia vincit amor !* s'écriait le Gallus de la dixième Bucolique. *Labor omnia vicit,* répond le Virgile des *Géorgiques.* Le travail est l'enrichissement continu de l'âme humaine.

Le dieu qui nous l'a imposé ne nous a voulu que du bien. Ce Jupiter qui s'est montré si dur pour le laboureur est le même que celui qui promènera Énée à travers les mers, l'exposera à tous les dangers et à toutes les tentations et fera de la création du peuple romain une œuvre d'énergie et de volonté. C'est le

Jupiter des Stoïciens, l'âme qui gouverne le monde par le mouvement et la raison et de qui viennent toute loi et toute moralité ; le Jupiter, dieu unique dont les autres dieux ne sont que les émanations, et que Varron, curieux de la religion monothéiste des Juifs et fort admirateur de leurs temples sans images, assimilait à Jéhovah. L'intention que lui prête le poète, la nécessité où ce dieu met l'homme de mériter lui-même son bonheur, les épreuves par lesquelles il le conduit à se surpasser, ont un tel rapport avec ce que nous dit la Bible qu'Olivier de Serre, qui n'avait point lu Varron, mais qui avait longuement pratiqué Virgile et qui savait par cœur les Saintes Écritures, rapproche les vers virgiliens des versets de l'Écclésiaste : « D'autant que Dieu veut que nous nous contentions des lieux qu'il nous a donnés, il est raisonnable que les prenant comme de sa main, tels qu'ils sont, nous nous en servions le mieux qu'il nous sera possible, tâchant par artifice et diligence à suppléer au défaut de ce qui leur manque, suivant ce que dit l'oracle (*Écclésiastique, 7, 15*) : *Ne hais point le labourage, encor qu'il soit penible, car c'est de l'ordonnance du Souverain.* Et cette lumière de vérité est remarquable aux païens :

> *Le Père n'a voulu que le labeur champêtre*
> *Eût chemin si aisé, ains en l'homme a fait naître*
> *Et l'art et le souci de cultiver les champs,*
> *Et, juste, a refusé les fruits aux nonchalans.* »
>
> (*Géorgiques*, I, 121-124)[1].

Donc, l'homme, sous peine de n'avoir d'autres ressources que d'aller dans les bois secouer les glands pour apaiser sa faim, doit s'équiper en conséquence

---

1. Olivier de Serre, *le Théâtre d'Agriculture*. Préface.

et se servir des instruments dont les dieux et le
besoin lui ont révélé l'usage. Il apprendra à fabriquer la charrue, les traîneaux qui battent le blé, les
hoyaux d'un poids énorme, les grands chars comme
ceux où l'on promène, dans les fêtes d'Éleusis, la
statue de Déméter ou Cérès, et les vans mystiques
d'Iacchos. Virgile se plaît à rappeler l'origine divine
des instruments aratoires ou à en noter le côté symbolique : c'est une manière de les consacrer. Le
paysan qui ramène le soir son chariot gémissant
peut être fier à la pensée que c'est dans un pareil
chariot que la Mère d'Éleusis veut être traînée. Il
peut s'enorgueillir qu'Iacchos ait choisi le van qu'il
agite comme emblème de la purification des initiés.
Quelle noblesse dans les travaux de la campagne ! Et
qu'on s'y sent près des dieux !

On s'y sent également tout près des ancêtres dont
les préceptes survivent. La Fontaine a joliment traduit, en y ajoutant du sien, les vers où Virgile
demande à Mécène la permission d'entrer avec les
gens d'autrefois dans de menus détails.

> *Je puiserai pour vous chez les vieux écrivains ;*
> *Écoutez seulement leurs préceptes divins ;*
> *Soyez-leur attentif, même aux choses légères :*
> *Rien chez eux n'est léger...* [1].

Lorsqu'on a égalisé son aire en y roulant le lourd
cylindre et qu'on en a retourné le sol à la main et
que la craie l'a durci, il faut veiller à toutes ces
pestes, à tous ces monstres que produit la terre.

1. LA FONTAINE. (Édition des *Grands Écrivains*, Hachette, t. VIII.)
Vers traduits pour la traduction des *Épîtres de Sénèque* par PENTREL.

   Possum multa tibi veterum præcepta referre,
   Ni refugis, tenuesque piget cognoscere curas.

Géorgiques, I, 176-177.

C'est la petite souris futée, *exiguus mus*, qui a installé son logis et son grenier souterrains, la taupe aveugle qui s'est creusé son lit, le crapaud qui se cache au fond d'un trou, et ce dévastateur des tas de blé, le charançon, et la fourmi toujours inquiète de ne pas avoir de quoi vivre dans sa vieillesse. Virgile les peint en artiste et en campagnard, car les campagnards ont le trait juste et s'amusent souvent de la figure et des mœurs de l'ennemi qu'ils craignent et qu'ils pourchassent. Cette variété de ton est la marque du génie poétique. Elle le fait ressembler à la nature toujours une et jamais la même. Nous étions tout à l'heure au seuil des Mystères d'Éleusis; nous voici explorant le sous-sol et les recoins d'une aire habités par des bêtes terribles et drôles. Le temps de lever la tête, et le poète nous emportera parmi les astres.

Obligé de tout observer autour de lui, aussi bien les habitudes du mulot que l'instant où les amandiers de la forêt ploient sous les fleurs, le laboureur ne l'est pas moins d'étudier le cours des astres. Il consultera le ciel avec la même attention que le navigateur à travers les récifs et les mers orageuses. Que de fois la comparaison s'est imposée à nous du navire sur l'océan et de la ferme isolée au milieu des sillons, ces vagues immobiles! L'homme de la campagne est comme le marin : il reçoit des avertissements du ciel. Il vit dans la familiarité des astres. Et c'est peut-être ce qui lui donne si souvent le même regard songeur et lointain qu'à ceux qui vont sur la mer. Dès que la Balance égalise les heures du jour et de la nuit, les bœufs sont mis au travail. Le Taureau brillant aux cornes dorées indique l'heure de semer les fèves. Les semailles du blé attendront le départ des Atlantides et la disparition de la Couronne. Et Virgile décrit les douze signes du zodiaque, la marche circulaire de l'année dirigée par le soleil, et les cinq zones qui se partagent le ciel. Vers resplendissants imités, avec la splendeur en plus, du poème des *Phénomènes* d'Aratus, que Cicéron avait traduit, et d'un poème d'Ératosthène, bibliothécaire d'Alexandrie. Mais ce n'est pas uniquement pour leur charme mystérieux qu'il nous a fait ce rapide exposé cosmographique, ni même parce que la place des constellations détermine le retour des travaux de la campagne. On a très bien vu qu'il utilisait la science grecque pour restaurer la notion des Enfers que Lucrèce, au nom de la Science, voulait abolir[1]. « Le pôle nord, dit-il, est toujours au-dessus de nos têtes ; mais le pôle antarctique, c'est le sombre Styx, ce sont les Mânes, habitant les profondeurs, qui le voient sous leurs pieds. »

De ce moment jusqu'à la fin du premier livre, nous sommes enveloppés d'une atmosphère religieuse. Nous cheminons sous les lumières célestes qui éclairent la route du paysan et qui s'intéressent à ses labeurs. Il est naturel que l'homme, sur qui semblent se pencher les regards des dieux, s'applique à respecter leurs lois et se conforme aux prescriptions rituelles. Il ne profanera pas les jours de férie par une besogne défendue. Il s'abstiendra de commencer certains travaux à certains jours du mois qui de tout temps ont été considérés comme néfastes. Mais, si Virgile marque fortement le caractère des occupations que la religion autorise, il passe assez vite sur les traditions superstitieuses auxquelles Hésiode attachait tant d'importance. Il n'en retient qu'une ou deux qui ont sollicité son

<hr>

1. P. LEJAY, *Virgile* (Édition Hachette 1919), p. 168).

imagination. Ainsi, le cinquième jour après le lever de la lune est à éviter : il a vu naître le dieu de la Mort et les Euménides ; et, ce même jour, la Terre a créé, dans un monstrueux enfantement, les Géants qui ont conjuré la ruine du ciel et que Jupiter a foudroyés. (Mais je me demande pourquoi le poète a pris soin de nous signaler le neuvième « favorable à la fuite des esclaves et mauvais aux voleurs ». S'il ne veut pas s'égayer aux dépens des vieux almanachs, on ne comprend guère cette sollicitude à l'égard des voleurs et des esclaves marrons.)

Ni les jours fériés ni les jours néfastes ne ralentissent l'activité du campagnard. Ils ne font que la régulariser. De l'aurore à la nuit, en toute saison, les heures lui distribuent sa tâche. Malheureusement, il faut bien le reconnaître, — c'est peut-être l'unique défaut de ce premier livre des *Géorgiques*, — si le plan se tient dans son ensemble, seuls l'éclat, la vigueur ou la grâce des tableaux en dissimulent parfois la confusion ; elle est surtout sensible aux endroits où Virgile entremêle les travaux, les plaisirs, les soucis des saisons et des jours. On va et vient de l'hiver à l'été, du printemps à l'hiver, de l'été à l'automne, et l'on ne retrouve la grand'route qu'en arrivant aux pronostics qui nous sont donnés par la nature, la lune et le soleil. Mais l'unité de sentiment n'en est pas atteinte. On n'en est vraiment gêné que si on essaie d'analyser cette partie du poème comme on le ferait d'un traité ou d'un discours.

La composition poétique n'obéit pas aux mêmes lois que les autres. Elle procède souvent par bonds et par contrastes. A la description puissante de la tempête d'automne, qui bouleverse les récoltes, succède l'évocation des fêtes de Cérès, des Ambarvales, qui déroulent sous la sérénité du printemps, autour

des moissons nouvelles, leurs danses et leurs chœurs
sacrés. Virgile ne manque jamais l'occasion de rappeler aux laboureurs l'utile beauté de ces cérémonies religieuses qui font partie du patrimoine moral
de l'homme italien et romain. Les peintures de la
vie hivernale sont coupées du brûlant souvenir des
travaux d'été. Au contraire des paysans d'Hésiode
sur qui pèse effroyablement l'horreur de l'hiver, les
paysans d'Italie attendent cette saison comme celle
des joies permises et des occupations aussi récréa-
tives que des joies.

> Aux tardives lueurs de son âtre, l'hiver,
> Le laboureur, penché sur le tranchant du fer,
> Taille en forme d'épis ses brandons, et sa femme
> Chante en faisant courir le peigne dans sa trame,
> Ou, surveillant au feu sa marmite de moût,
> Écume d'un rameau feuillu le vin qui bout.
> Mais coupe en plein midi la moisson qui rougeoie ;
> Que l'aire en plein midi la rôtisse et la broie.
> Laboure et sème au temps où tu peux aller nu.
> L'hiver chôme et jouit du beau fruit obtenu.
> Les paysans, devant leurs tables bien garnies,
> L'un chez l'autre, gaîment, régalent leurs Génies :
> Ainsi le lourd vaisseau rentre au port, et joyeux
> Les marins à la poupe ont couronné ses dieux.
> Pourtant, lorsque la neige a recouvert les haies,
> Quand le fleuve charrie, on récolte des baies
> De lauriers, d'oliviers, et de myrtes sanglants,
> Et l'on va dépouiller les chênes de leurs glands.
> On tend des rets aux cerfs et des pièges aux grues.
> Les oreilles du lièvre entendent les battues ;
> Et la fronde d'étoupe, inévitable aux mains
> Des Baléares, frappe et terrasse les daims [1].

1. Et quidam seros hiberni ad luminis ignes
    Pervigilat, ferroque faces inspicat acuto :
    Interea, longum cantu solata laborem,
    Arguto conjux percurrit pectine telas,
    Aut dulcis musti Vulcano decoquit humorem,
    Et foliis undam trepidi despumat aheni.

Et constamment reviennent les conseils d'observer, de travailler, de prier. *In primis venerare Deos!* Avant tout, vénère les dieux. Quels que soient les dangers suspendus sur ta tête, le Père céleste, Jupiter, s'il ne t'a pas toujours fourni les moyens d'en prévenir les effets, ne te prend jamais en traître. La nature, par son ordre, t'avertit de l'arrivée des pluies, des frimas et des vents.

> Jamais qui sait bien voir n'est surpris par la pluie.
> Du haut des airs, la grue aux vallons s'est enfuie.
> L'hirondelle tournoie et crie autour des eaux.
> La vache humant l'air a levé ses naseaux.
> La grenouille redit aux étangs son vieux thrène.
> La fourmi sort ses œufs de sa cave et les traîne
> Sur le mince sentier frayé par sa tribu.
> L'escadron des noirs corbeaux à peine repu
> Fend l'air aile contre aile avec un bruit sinistre.
> Tous les oiseaux de mer, et ceux que le Caystre
> Voit fouiller dans ses prés marécageux et doux,
> Arrosent à grands flots les plumes de leurs cous,
> Cherchent dans leurs plongeons une eau qui les pénètre,
> Et plus ils sont trempés, plus ils brûlent de l'être.
> Mais la corneille crie et criant à plein bec
> Seule avec elle-même arpente un sable sec.
> Le soir, la main sur ses fuseaux, la jeune fille,
> Si la mèche charbonne et si l'huile pétille

> At rubicunda Ceres medio succiditur æstu,
> Et medio tostas æstu terit area fruges.
> Nudus ara, sere nudus : hiems ignava colono.
> Frigoribus parto agricolæ plerumque fruuntur,
> Mutuaque inter se læti convivia curant.
> Invitat genialis hiems curasque resolvit;
> Ceu pressæ cum jam portum tetigere carinæ,
> Puppibus et læti nautæ imposuere coronas.
> Sed tamen et quernas glandes tum stringere tempus
> Et lauri bacas, oleamque, cruentaque myrta;
> Tum gruibus pedicas et retia ponere cervis,
> Auritosque sequi lepores; tum figere dammas,
> Stuppea torquentem Balearis verbera fundæ
> Cum nix alta jacet, glaciem cum flumina trudunt.

Géorgiques, I, 290-310.

Dans la lampe de terre aux reflets hésitants,
Peut même en son logis prévoir le mauvais temps [1].

Les jeunes filles d'Hésiode « baignées et parfumées », qu'on relègue au fond de leurs demeures, ont l'air de petites idoles à côté de ces bonnes travailleuses latines. Et naturellement à ces signes précurseurs de la pluie s'opposent ceux des beaux jours. Ce sont les oiseaux qui nous les annoncent. Le chant du hibou se prolonge jusqu'à la nuit. Les corbeaux pleins d'allégresse lancent de leur gosier resserré trois ou quatre notes plus claires et plus aiguës et viennent revoir leurs douces nichées. « Non point, dit Virgile, que la Divinité les ait doués d'un instinct supérieur ni que le destin leur ait donné une connaissance plus intime de l'avenir » ; mais leurs dispositions, leur humeur se modifient selon les variations de l'atmosphère. Nous verrons que Virgile admet la prescience des bêtes,

[1]. Nunquam imprudentibus imber
Obfuit : aut illum surgentem vallibus imis
Aëriæ fugere grues, aut bucula cælum
Suspiciens patulis captavit naribus auras,
Aut arguta lacus circumvolitavit hirundo,
Et veterem in limo ranæ cecinere querellam.
Sæpius et tectis penetralibus extulit ova
Angustum formica terens iter; et bibit ingens
Arcus; et e pastu decedens agmine magno
Corvorum increpuit densis exercitus alis.
Jam variæ pelagi volucres, et quæ Asia circum
Dulcibus in stagnis rimantur prata Caystri,
Certatim largos humeris infundere rores :
Nunc caput objectare fretis, nunc currere in undas
Et studio in cassum videas gestire lavandi.
Tum cornix plena pluviam vocat improba voce,
Et sola in sicca secum spatiatur harena.
Ne nocturna quidem carpentes pensa puellæ
Nescivere hiemem, testa cum ardente viderent
Scintillare oleum et putres concrescere fungos.
Géorgiques, I, 373-392.

seulement dans certains cas : sa raison sait faire sa part au mystère. Enfin la lune et le soleil sont les grands avertisseurs. Ils nous mettent en garde contre la sérénité des nuits trompeuses. Ils nous prédisent les averses, les grêles, les orages, les journées sûres et les calmes rivages où les matelots, heureusement débarqués, s'acquittent de leurs vœux aux dieux marins. Virgile a compulsé le poème des *Pronostics* d'Aratus ; mais, de ce fatras à demi scientifique, il n'a gardé que les traits les plus généraux, les plus vérifiables. Et brusquement, avec la rapidité d'association d'un grand poète lyrique, il passe du monde physique au monde moral, des tempêtes de la nature aux tempêtes plus redoutables des hommes. Qui donc oserait accuser le soleil d'imposture ? Il ne nous prédit pas seulement le temps de la nuit ou du lendemain : il nous révèle les malheurs secrets qui nous menacent. Rappelez-vous la mort de César !... Nous avons été amenés, par une gradation savante, à cette explosion dramatique. L'idée dominante que les phénomènes sont les manifestations d'une volonté suprême, et que les aspects du ciel doivent régler notre conduite, nous y a préparés.

Virgile croyait aux présages, comme tous ses contemporains, comme on y a cru longtemps après lui, comme aujourd'hui encore tant de gens y croient ou seraient tentés d'y croire. Comment les imaginations ne seraient-elles pas ébranlées quand les bouleversements de la nature accompagnent, précèdent ou suivent les révolutions des hommes ? Si les Épicuriens et l'École académique n'y voyaient que des coïncidences insignifiantes, les Pythagoriciens et surtout les Stoïciens y reconnaissaient la preuve irrécusable de l'existence des dieux et de leur action dans le monde. La divination était à leurs yeux une science au même titre que les autres. Du moment qu'il y avait une divinité, sa providence ne pouvait nous refuser l'obscure lumière des prodiges. On sait avec quel soin les historiens les consignaient et que Tite-Live se plaignait même de l'indifférence coupable professée à ce sujet par quelques esprits forts de son temps. Tacite n'ose pas les négliger, et, à mesure qu'il avançait en âge, il semble qu'il y ait cru davantage. Et l'homme qui écoutait la première lecture des *Géorgiques*, Octave, en avait toujours été très impressionné. Sa naissance et sa jeunesse avaient été marquées de signes prodigieux. Son père Octavius avait consulté dans un bois sacré de la Thrace les prêtres de Bacchus sur le destin de son fils ; et des libations de vin, dont on avait arrosé l'autel, s'était élevée une colonne de feu. Un jour où, enfant, il mangeait sous un arbre, en Campanie, un aigle lui avait arraché son pain, s'était envolé très haut, puis était redescendu et le lui avait rendu. Après la mort de César, lorsqu'il était rentré à Rome, le disque du soleil avait formé autour de sa tête un nimbe d'arc-en-ciel qui parut annoncer sa royale destinée. Le matin d'Actium, comme il allait visiter sa flotte, il rencontra un ânier avec son âne. L'homme s'appelait *Eutichos* (Heureux) et la bête *Nicon* (Vainqueur) ; et plus tard, il fit, à cet endroit même, ériger leurs deux statues de bronze. Cicéron, qui n'épargnait pas les sarcasmes aux aruspices, et dont le Traité *De La Divination* réprouve les croyances et les pratiques superstitieuses, n'en était pas moins troublé par certaines prédictions ; et, dans sa quatrième *Philippique*, il se sert contre Antoine des prodiges dont nous parle Virgile.

L'apparition d'une comète, le débordement des

fleuves, l'éruption de l'Etna, les tremblements de terre, les temples frappés de la foudre, les hurlements des loups aux portes des villes, avaient redoublé l'angoisse et le désarroi du monde romain, lorsque le meurtre de César l'eut replongé dans l'anarchie. C'est ce sentiment d'horreur sacrée, si sincère, qui donne aux vers de Virgile leur sombre magnificence. En retrouvera-t-on quelques échos dans cette traduction?

> Le soleil ne ment pas. Que de fois nous le vîmes
> Annoncer aux cités les guerres et les crimes
> Et les obscurs complots qui fermentaient en elles !
> Quand César s'éteignit, il eut Rome en pitié.
> Son front brillant prit la couleur du sombre acier,
> Et notre siècle eut peur d'une nuit éternelle.
> Mais alors, terre et flots, chiens obscènes, passages
> D'oiseaux importuns, tout nous fut signe et présage.
> Que de fois sur les champs des Cyclopes l'Etna,
> Sa forge et ses fourneaux rompus, tourbillonna,
> Vomit avec sa lave un feu torrentiel !
> Un bruit d'armes remplit l'immensité du ciel
> En Germanie, et les Alpes même tremblèrent.
> Dans les bois sacrés et muets, on entendit
> Des voix hautes. Étrangement crépusculaires
> Des fantômes erraient. Les animaux parlèrent,
> Horreur ! L'eau s'arrêta, la terre se fendit.
> L'ivoire sur l'autel pleure et les airains suent,
> De ses tourbillons fous l'Eridan, roi des eaux,
> Arrachait la forêt, l'étable, le troupeau,
> Emportait tout. Alors dans les entrailles nues
> Des fibres de malheur apparurent ; les puits
> Ne cessaient de suinter du sang ; pendant les nuits,
> Le hurlement des loups là-haut frappait nos murs.
> Jamais il ne tomba tant d'éclairs d'un ciel pur,
> Ni sinistres autant de comètes ne luirent.
> Aussi, bientôt, les Champs de Philippes revirent,
> Armés des mêmes traits, Romains contre Romains,
> Car les dieux jugeaient bon que deux fois sous nos mains
> Notre sang engraissât ce large cimetière.
> Un jour le laboureur en fouillera la terre :
> Son hoyau heurtera des casques sonnant creux ;

Son soc, des javelots de rouille tout scabreux ;
Et, penché sur le bord des sépulcres béants,
L'homme contemplera tous ces os de géants [1].

Delille fait remarquer avec quelle adresse Virgile,
à la fin de son épisode, ramène l'agriculture, qu'il
semblait avoir perdue de vue, et intéresse le cultivateur au récit de ces grands événements. A dire vrai,
je ne pense pas que ce soit de l'adresse ou de l'in-

[1].   Solem quis dicere falsum
Audeat? Ille etiam cæcos instare tumultus
Sæpe monet, fraudemque et operta tumescere bella.
Ille etiam exstincto miseratus Cæsare Romam,
Cum caput obscura nitidum ferrugine texit,
Impiaque æternam timuerunt sæcula noctem.
Tempore quanquam illo tellus quoque, et æquora ponti,
Obscenæque canes, importunæque volucres,
Signa dabant. Quoties Cyclopum effervere in agros
Vidimus undantem ruptis fornacibus Ætnam,
Flammarumque globos liquefactaque volvere saxa !
Armorum sonitum toto Germania cælo
Audiit ; insolitis tremuerunt motibus Alpes.
Vox quoque per lucos vulgo exaudita silentes
Ingens, et simulacra modis pallentia miris
Visa sub obscurum noctis ; pecudesque locutæ
Infandum ! Sistunt amnes, terræque dehiscunt,
Et mæstum illacrimat templis ebur, æraque sudant.
Proluit insano contorquens vertice silvas
Fluviorum rex Eridanus, camposque per omnes
Cum stabulis armenta tulit. Nec tempore eodem
Tristibus aut extis fibræ apparere minaces,
Aut puteis manare cruor cessavit, et altæ
Per noctem resonare lupis ululantibus urbes.
Non alias cælo ceciderunt plura sereno
Fulgura, nec diri toties arsere cometæ.
Ergo inter sese paribus concurrrere telis
Romanas acies iterum videre Philippi ;
Nec fuit indignum Superis bis sanguine nostro
Emathiam et latos Hæmi pinguescere campos.
Scilicet et tempus veniet, cum finibus illis
Agricola, incurvo terram molitus aratro,
Exesa inveniet scabra robigine pila,
Aut gravibus rastris galeas pulsabit inanes,
Grandiaque effossis mirabitur ossa sepulcris.
     Géorgiques, I, 463-497,

géniosité. Virgile n'a pas un seul instant oublié le
sujet dont il a l'âme remplie. Nul plus que le paysan
n'a souffert de ces catastrophes. La terre abandonnée
ou ravagée a payé la folie des maîtres de Rome. Et
comme dans les *Bucoliques* il avait exprimé la plainte
des campagnards dépossédés, c'est ici la terre italienne qui crie par sa bouche et qui appelle le Pacificateur.

> Dieux Romains, Romulus, et toi Mère, ô Vesta,
> O gardienne du Tibre étrusque et de la Rome
> Que dès les anciens jours le Palatin porta,
> Le monde qui s'écroule appelle ce jeune homme.
> Ah! ne l'empêchez pas d'accourir, Dieux Romains!
> Nous avons trop payé les parjures de Troie.
> Déjà le ciel l'envie à notre triste joie
> Et se plaint qu'il s'attarde aux triomphes humains.
> Mais ici plus de juste et d'injuste. On se rue
> A la guerre, et le crime est partout. La charrue
> Sans honneur voit le champ qui n'est plus défriché,
> Le laboureur parti, la ferme inoccupée;
> Et le soc se redresse et s'aiguise en épée.
> Des villes, dont les murs se touchaient, ont tranché
> Leurs liens par le fer. Partout le monde éclate :
> Guerres en Germanie et guerres sur l'Euphrate.
> L'univers est en proie aux cruautés de Mars.
> Ainsi hors des *Carcers* quand s'épandent les chars,
> L'homme en vain se roidit : son quadrige l'entraîne
> Et s'ajoute à l'espace et n'entend plus les rênes[1].

Tel est ce premier livre des *Géorgiques* dont le
caractère est surtout la gravité. L'amour de la nature
y revêt une sorte de majesté religieuse. L'homme
regarde alternativement la terre et le ciel. Le ciel le

1.   Di patrii, Indigetes, et Romule, Vestaque mater,
     Quæ Tuscum Tiberim et Romana Palatia servas,
     Hunc saltem everso juvenem succurrere sæclo
     Ne prohibete! Satis jampridem sanguine nostro
     Laomedonteæ luimus perjuria Trojæ.
     Jampridem nobis cæli te regia, Cæsar,

commande; la terre lui obéit. Il est l'imperator des sillons. *Imperat arvis*. Des dangers sont suspendus sur sa tête et se dressent sous ses pas. Qu'importe? Il est averti. Les plus terribles sont encore ceux qui viennent de nos passions. Mais le Libérateur approche. Le poème, malgré quelques incertitudes et quelque embarras au milieu des détails qui encombrent sa marche, n'en garde pas moins une fière allure, et il se termine par une tempête épique dont on sent que le poète, qui l'a déchaînée, reste le maître comme plus tard son Neptune le sera des souffles orageux.

> Invidet, atque hominum queritur curare triumphos :
> Quippe ubi fas versum atque nefas ; tot bella per orbem,
> Tam multæ scelerum facies : non ullus aratro
> Dignus honos ; squalent abductis arva colonis,
> Et curvæ rigidum falces conflantur in ensem.
> Hinc movet Euphrates, illinc Germania bellum ;
> Vicinæ ruptis inter se legibus urbes
> Arma ferunt, sævit toto Mars impius orbe.
> Ut, quum Carceribus sese effudere quadrigæ,
> Addunt in spatia, et frustra retinacula tendens
> Fertur equis auriga, neque audit currus habenas.
>
> *Géorgiques*, I, 498-fin.

CHAPITRE IV

LES GÉORGIQUES : LES ARBRES, LES TROUPEAUX, LES ABEILLES

I. La beauté et la variété des Arbres. — L'Éloge de l'Italie. — L'éducation de la Vigne. — Le Bonheur de la vie champêtre. — De la Rhétorique dans Virgile. — II. L'ouverture allégorique du Troisième Livre. — Virgile peintre des animaux. — L'Amour et la Mort. — III. Les Ruches. — La fantaisie virgilienne. — Le Vieillard de Tarente. — L'Épisode d'Aristée.

I

Le second livre des *Géorgiques* est aussi allègre que le premier était grave. Le poète va chanter les arbres et la vigne ; et une joie dionysiaque circulera d'un bout à l'autre de cette partie de son poème.

> Viens, Père du pressoir, jette là ta chaussure
> Et rougis tes pieds nus du vin que je pressure [1]

Mais ce ne sont pas seulement les vignobles qui le remplissent de cette sereine ivresse. Les arbres sont si beaux ! Leur grandeur et leur force nous im-

---

1.   Huc, pater o Lenæe, veni, nudataque musto
Tinge novo mecum direptis crura coturnis.
Géorgiques, II, 7-8.

posent un sentiment de vénération. Leur grâce nous émeut. Ils ont des gestes de protection, des attitudes fières ou mélancoliques, des couleurs douces et somptueuses, des rires lumineux et des bruissements comme les flots, des ténèbres pleines de mystère, des architectures magnifiques et légères, des voûtes de feuillage qui ressemblent à des nuits étoilées. Sans eux, la terre n'est plus qu'un cadavre. Que de vie sous leur apparente immobilité ! Que d'aisance dans les grands efforts qu'ils font pour respirer le soleil et pour boire la rosée du ciel ! Car ils ont, eux aussi, de rudes concurrences à soutenir et des combats invisibles où ils se disputent silencieusement les sucs qu'ils absorbent dans l'ombre du sous-sol. « Les arbres, disait Pline, furent les premiers temples. Les images des dieux, même brillantes d'ivoire et d'or, ne nous inspirent pas plus de piété que leurs bois sacrés et leur silence. Et chacun d'eux reste consacré à une divinité. » Notre Olivier de Serre, — je ne dirai jamais assez quel plaisir j'éprouve à le feuilleter en relisant Virgile, — notre bon Olivier de Serre s'illumine, quand il arrive à son verger. « Dans la connaissance des qualités tant plaisantes et utiles des arbres fruitiers, écrit-il, l'homme de gentil esprit se délectera, les considérant dès leur origine. Car, depuis leur première jeunesse jusques à leur dernière vieillesse, en tous temps et en toutes saisons, vêtus et dépouillés de feuilles, donnent matière de contentement, par leurs salutaires ombrages de l'été, assuré rempart contre les vents de l'hiver, et joyeuse retraite des oiseaux durant l'année. Les jettons qu'ils repoussent à la primevère, comme reprenant nouvelle vie, sortant du profond sommeil de l'hiver, les fleurs dont ils se parent avant-coureuses de leurs richesses : en somme, tout ce qui est

en eux, jusqu'à la chute des feuilles, est agréable. »
Virgile a ressenti profondément le charme et la
beauté des arbres. Il les a tous aimés, l'osier flexible,
le souple genêt, « le saule blanchissant sous son
feuillage vert », le peuplier, dont les feuilles ont
couronné le front d'Hercule, le chêne qui hausse sa
tête jusqu'au ciel et plonge ses racines jusqu'au
Tartare. Il les a tous aimés, les humbles et les
superbes, ceux qui nous donnent leurs fruits et ceux
qui ne nous donnent que leur feuillage, leur bois
ou leur ombre.

Selon la méthode qu'il a suivie dans le premier
livre, il commence par l'exposé le plus précis des
modes naturels ou artificiels qui concourent à leur
propagation. Il a étudié de très près l'*Histoire des
Plantes* du Grec Théophraste et ne demande qu'au
seul rythme l'ornement de sa matière. Mais le travail
de l'homme, si dur dans les labours, semble devenir
plus léger, plus inventif, plus spirituel, dès qu'il
s'agit de transplanter, d'amender, de provigner, de
greffer. Le sourire qui égayait naguère les gentils
débats des *Bucoliques* reparaît dans sa description
des jeux de la greffe. Il les exagère même, persuadé,
contrairement à ses prédécesseurs et à l'expérience,
mais comme le sera plus tard Columelle, que toute
greffe avec succès peut être entée sur tout arbre.
Ainsi l'arbousier produit des amandes, le platane des
pommes ; les blanches fleurs des poiriers couvrent
les rameaux des ormes ; et les porcs viennent broyer
des glands au pied des ormeaux. « L'arbre s'étonne
de son nouveau feuillage et ne reconnaît plus ses
fruits. »

Mais Virgile admire encore davantage les variétés
que présente chaque espèce, variétés d'olives, de
poires et surtout variétés de raisins. Pline constate

qu'il n'en a cité que quinze ; et il énumère, lui, cinquante crus généreux d'Italie, trente-huit d'outre-mer, sans compter les vins salés et les vins doux. Mais il n'entrait point dans le plan de Virgile de se montrer aussi érudit. Et je ne pense pas que la remarque de Pline soit un reproche, car il ajoute excellemment que ce prince des poètes « de tant d'objets qu'il parcourut ne cueillit que la fleur ». C'est cette fleur qui donne aux *Géorgiques* leur parfum d'immortelle jeunesse. Nous sentons ici que Virgile s'enchante lui-même à la cueillir. Il est aussi sensible que Hugo à la beauté sonore des noms propres ; et les noms des vignes sonnent gaiement dans ses vers.

Mais leurs qualités sont déterminées par celles de leur terroir. La terre ne produit pas indifféremment toute espèce d'arbres. Le saule croît le long des fleuves ; l'aulne près des marais ; l'orne entre les rocs des montagnes ; le myrte sur les rivages. L'Arabie, l'Éthiopie, la Médie ont leurs essences particulières. Seule, l'Inde possède l'ébène ; seuls, les Sabéens, l'arbuste à encens. Cependant ni l'Inde, ni le Gange, ni le pays des Mèdes, ni les flots du Pactole que trouble l'or qu'ils charrient, aucune contrée du monde ne peut rivaliser avec la terre italienne. Son premier mérite, celui que le poète met avant tous les autres, est de n'avoir rien de colossal ni de monstrueux. C'est une terre féconde, simplement, une terre riche par elle-même et enrichie par le travail de ses fils. On n'y a point semé, comme en Colchide, des dents de dragon ; les taureaux n'y ont point vomi du feu ; ses sillons ne se sont point hérissés d'une moisson fabuleuse de casques et de lances guerrières. Mais elle a pour elle son climat, ses épis chargés de grain, ses vins, ses oliviers, ses grands troupeaux, ses chevaux de guerre,

> Ton bétail blanc, Clitumne, et ton taureau robuste
> Qui, baigné dans tes flots sacrés, victime auguste,
> Mène au temple des dieux les triomphes romains [1].

Elle a ses brebis qui mettent bas deux fois l'an et ses arbres qui portent deux fois des fruits. Elle a ses mines, ses lacs, ses deux mers, ses ports, ses villes, ses antiques remparts, sa race intrépide, ses Décius, ses Camille, ses Scipion, ses Marius, son César. Salut, mère divine, nourrice des belles moissons et des héros ! Cet éloge de l'Italie jaillit au milieu de la joie et de la lumière. C'est par là qu'après son invocation aux dieux, Varron avait commencé son traité d'Économie rurale. Ses personnages, réunis dans le temple de La Terre, le jour de la fête des semailles, considèrent une carte de l'Italie peinte sur le mur : « Connaissez-vous, dit l'un d'eux, un pays mieux cultivé ?... Quel froment peut-on comparer à celui de la Campanie ?... Quel vin approche du Falerne ? Y a-t-il une huile qui égale celle du Vénafre ? Les arbres qui couvrent l'Italie ne la font-ils pas ressembler à un immense verger ? » Mais Virgile ne s'en tient pas à ces avantages agricoles. Sa pensée embrasse toute l'histoire de Rome, toutes les générations qui ont contribué à sa grandeur et à sa richesse. Il ne voit pas seulement les moissons, mais les hommes qu'elles ont nourris. Et cela est très beau et le serait plus encore peut-être, si, comme dans les énumérations précédentes, le procédé oratoire ne s'y marquait un peu trop par quelque monotonie d'apostrophes et de prétéritions : « Citerai-je ?... Que dirais-je de ?... Parlerai-je de ?... » L'orateur cicéronien nuit quel-

1. Hinc albi, Clitumne, greges et maxima taurus
Victima, sæpe tuo perfusi flumine sacro,
Romanos ad templa deum duxere triumphos.
Géorgiques, II, 146-148.

quefois au poète qui n'est jamais si pur et si grand
que lorsqu'il demeure dans la simplicité de son
sujet.

Il revient aux arbres et, avant d'aborder la culture
du plus productif de tous, la vigne, il fixe les caractères qui permettent de distinguer la vertu des divers
terroirs. Et chacune des expériences qu'il conseille
nous remplit d'une sensation forte ou d'une vision
pittoresque. Avons-nous affaire à des terrains ingrats
où la couche d'argile est légère, à des landes buisson-
neuses où les cailloux abondent? L'olivier tenace y
croîtra. Au contraire :

> Si ton champ est humide et couvert d'herbe drue,
> Si l'épaisse fougère y gêne la charrue,
> Le vin qui coulera de tes ceps vigoureux
> Vaut celui que dans l'or nous versons pour les dieux,
> Quand le musicien, la panse bien nourrie,
> Fait sonner à l'autel la flûte d'Étrurie
> Et que nous leur portons courbés par le fardeau
> Les viscères sacrés sur un large plateau [1].

Pour reconnaître si la terre est salée, remplissez-
en des corbeilles d'osier que vous humecterez à la
fontaine : les larges gouttes d'eau qui l'auront traversée vous feront faire la grimace. Mais la terre
grasse, quand vous la pétrirez, ne s'émiettera point
et s'attachera à vos mains comme la poix. C'est dans
ces passages si pleins, si justes, si savoureux, que
Virgile est inimitable, et aussi dans ce qu'il nous dit

[1]   At quæ pinguis humus dulcique uligine læta,
. . . .
Et filicem curvis invisam pascit aratris,
Hic tibi prævalidas olim multoque fluentes
Sufficiet Baccho vites; hic fertilis uvæ,
Hic laticis, qualem pateris libamus et auro,
Inflavit cum pinguis ebur Tyrrhenus ad aras,
Lancibus et pandis fumantia reddimus exta.
Géorgiques, II, 180-194.

de la vigne et où il me semble avoir réalisé la perfection du genre. Il ne l'assimile pas positivement à un être humain ; mais par la façon dont il nous la présente, par les expressions dont il se sert, par les images qu'il suggère, il nous la rend aussi vivante que le jeune héros d'un roman pédagogique. Regardez dans la plaine ou sur le penchant d'un coteau ses lignes symétriques traversées d'allées régulières : c'est ainsi que la légion développe ses cohortes et se forme en bataille. Vous ne serez donc pas surpris qu'on l'élève, comme la jeunesse romaine, en vue des pénibles combats à livrer. On aura soin d'éloigner du terrain où elle doit opérer le coudrier qui est une mauvaise fréquentation et l'olivier sauvage qui s'enflamme si rapidement par l'imprudence des pâtres. L'incendie est terrible. Les ceps en restent à jamais frappés de stérilité. L'olivier seul survit au désastre avec ses feuilles amères, — amères comme l'expérience prématurée des passions.

On l'a plantée à la saison heureuse entre toutes, à la saison vermeille du printemps, lorsque le Père tout-puissant, l'Éther, descend en pluies fécondes dans le sein de son épouse, la Terre. Les bois résonnent du chant des oiseaux ; l'instinct amoureux se réveille au cœur des bêtes. La glèbe, sous la tiède haleine des zéphirs, dénoue sa ceinture. *Laxant arva sinus*. (Quelle admirable image !) Le printemps nous reporte aux premiers jours du monde. Le monde n'a pu naître ni pendant l'hiver ni pendant les torrides chaleurs.

> Oui le monde connut à ses premiers instants
> Ce jour et cet éclat ; c'était bien le printemps,
> Et l'univers vivait la saison printanière,
> Et l'Eurus s'abstenait de son souffle glacé,
> Quand les premiers troupeaux vinrent à la lumière,

> Quand l'homme né du sol sur les champs s'est dressé,
> Quand le fauve aux forêts, l'astre au ciel fut lancé [1] !

Le grand souffle de Lucrèce a passé ici dans l'âme de Virgile ; mais il y a dépouillé son âpreté. Les dieux ont été bons pour la création. Ils lui ont épargné la dureté des premiers pas ; et ses yeux en s'ouvrant n'ont vu que la plus belle des lumières. L'hymne au printemps, qui vient après l'éloge de l'Italie, s'harmonise au ton général de ce second livre, où nous marchons d'enchantement en enchantement.

La vigne qu'on plante ainsi, quand le sourire indulgent du ciel brille sur les choses, réclame tous nos soins. Il faut lui donner des tuteurs, l'aider à monter jusqu'à la cime des ormeaux, l'éduquer. Son éducation sera un mélange de douceur humaine et de fermeté romaine. On laisse l'enfance se développer librement ; mais un moment arrive où l'on doit la discipliner, lui apprendre et lui imposer la notion de l'ordre :

> Quand tu vois les bourgeons poindre à ton cep vivace,
> Épargne l'âge tendre, et dans le clair espace
> Quand il pousse et s'élance heureux, fier et sans frein,
> N'y porte pas encor la serpe : feuille à feuille,
> Éclaircis son feuillage à la main, comme on cueille.
> Mais autour de l'ormeau solidement étreint
> Quand ses jets sont montés d'une plus haute allure,
> Émonde-lui les bras, tonds-lui la chevelure ;
> Impose-lui les lois du fer qu'il ne craint plus ;

---

1. Non alios prima crescentis origine mundi
   Illuxisse dies, aliumve habuisse tenorem
   Crediderim ; ver illud erat, ver magnus agebat
   Orbis, et hibernis parcebant flatibus Euri,
   Cum primæ lucem pecudes hausere, virumque
   Terrea progenies duris caput extulit arvis,
   Immissæque feræ silvis, et sidera cælo.
   Géorgiques, II, 336-342.

Réprime en maître dur les rameaux superflus.
Et surtout qu'une haie en écarte les bêtes.
Sa frondaison est jeune et ne sait pas souffrir.
C'est trop des soleils lourds, des indigne, tempêt
Si l'on doit encor voir les buffles la meurtrir.
Le chevreuil acharné l'outrage avec délices.
Les brebis viennent la brouter et les génisses
S'en repaissent. L'été sur les rocs nus dardant,
Les frimas de l'hiver aux cuisantes gerçures,
Ne lui furent jamais plus cruels que la dent
Des troupeaux et son dur venin et les blessures
Qu'à de tendres rameaux impriment ses morsures [1].

Varron cite la loi rurale qui interdit de mener
paître les chèvres sur un terrain planté d'arbrisseaux,
car elles ont la dent venimeuse et broutent les
jeunes plantes, surtout les vignes et les oliviers.
« C'est de là, ajoute-t-il, qu'est venu l'usage d'immoler des animaux de cette espèce à tel dieu et de
n'en pas immoler à tel autre : le même sentiment
d'aversion fait que l'un veut leur mort et que l'autre
ne veut même pas les voir. Ainsi on sacrifie des
boucs à Bacchus, père de la vigne, et jamais à Mi-

----

1.   Ac, dum prima novis adolescit frondibus ætas,
Parcendum teneris, et dum se lætus ad auras
Palmes agit, laxis per purum immissus habenis,
Ipsa acie nondum falcis temptanda, sed uncis
Carpendæ manibus frondes interque legendæ.
Inde ubi jam validis amplexæ stirpibus ulmos
Exierint, tum stringe comas, tum bracchia tonde :
Ante reformidant ferrum ; tum denique dura
Exerce imperia, et ramos compesce fluentes.

Texendæ sæpes etiam et pecus omne tenendum,
Præcipue dum frons tenera imprudensque laborum ;
Cui, super indignas hiemes solemque potentem
Silvestres uri assidue capræque sequaces
Illudunt, pascuntur oves avidæque juvencæ.
Frigora nec tantum cana concreta pruina,
Aut gravis incumbens scopulis arentibus æstas,
Quantum illi nocuere greges, durique venenum
Dentis et admorso signata in stirpe cicatrix.

Géorgiques, II, 362-380.

nerve, mère de l'olivier. » Virgile laisse de côté cette distinction : il ne retient que le sacrifice du bouc et les fêtes de Bacchus qui forment le pendant de celles de Cérès ; et, entraîné par la joie de son sujet, il les évoque avec une verve brillante.

> C'est ce crime et non point d'autres méfaits qu'au pied
> Des autels de Bacchus le bouc doit expier.
> De là, les anciens jeux montèrent sur la scène ;
> Et l'on vit par ses bourgs et carrefours Athène
> Instituer des prix au génie, et ses fils
> Dans les prés verts, devant de joyeuses tablées,
> Sauter un pied en l'air sur des outres huilées.
> Chez nos durs paysans, colons Troyens jadis,
> Comme les vers, la joie est rude et plantureuse.
> Sous un masque horrifique et fait d'écorce creuse,
> Ils t'invoquent, Bacchus : ils suspendent aux pins
> Oscillantes dans l'air tes images de laine.
> Leurs vignobles dès lors se couvrent de raisins.
> Partout, gorge et vallon, la campagne en est pleine,
> Où la tête du dieu se montre avec honneur.
> Honorons donc Bacchus comme l'ont fait nos pères.
> Offrons-lui l'hymne ancienne et le fruit et la fleur ;
> Et, conduit par la corne au sacrificateur,
> Que devant son autel tout chargé de patères
> Se tienne un bouc bien gras dont nous ferons griller
> Les entrailles sur des broches de coudrier[1] !

1.   Non aliam ob culpam Baccho caper omnibus aris
    Cæditur, et veteres ineunt proscænia ludi,
    Præmiaque ingeniis pagos et compita circum
    Thesidæ posuere, atque inter pocula læti
    Mollibus in pratis unctos saluere per utres.
    Nec non Ausonii, Troja gens missa, coloni
    Versibus incomptis ludunt risuque soluto.
    Oraque corticibus sumunt horrenda cavatis,
    Et te, Bacche, vocant per carmina læta, tibique
    Oscilla ex alta suspendunt mollia pinu.
    Hinc omnis largo pubescit vinea fetu,
    Complentur vallesque cavæ, saltusque profundi,
    Et quocumque deus circum caput egit honestum.
    Ergo rite suum Baccho dicemus honorem
    Carminibus patriis, lancesque et liba feremus ;

Le coudrier, lui aussi, expie son inimitié pour la vigne. La poésie de Virgile sait prendre tous les tons, et nous oublions trop souvent la veine de réalisme qui y court comme dans celle de Ronsard et de Hugo. Mais le vigneron partage le sort du laboureur : il a devant lui un long cercle de labeurs et de peines à parcourir et que renouvelle chaque année en revenant sur ses pas. A peine les ceps ont-ils perdu leur feuillage qu'il faut les émonder, les tailler, les façonner, préparer les vendanges prochaines. L'olivier et les autres arbres fruitiers n'exigent pas tant d'efforts. Et que d'arbres, sans que nous les sollicitions, nous fournissent leur tribut ! La gratitude du poète s'émeut à la pensée de tout ce que nous leur devons. Les pins des hautes futaies nous donnent les torches résineuses et les grands feux que les pâtres allument la nuit. Nos maisons sont faites de cèdre et de cyprès ; nos javelots de myrte et de cornouiller ; les branches de l'if se recourbent en arc. Ah ! trop heureux les hommes des champs, s'ils connaissaient leur bonheur ! Et le second livre s'achève sur l'éloge de la vie rustique.

C'est un des morceaux les plus connus des *Géorgiques* et dont les premiers vers *O fortunatos nimium…* sont inséparables des souvenirs d'une bonne éducation. La célébrité en est justifiée ; mais, comme très souvent, l'immense fortune de ces vers vient de ce qu'ils s'accordent en partie à une vue superficielle des choses. Virgile sait bien que le paysan ne connaît pas son bonheur, et que, par conséquent, la vie rustique est, comme toutes les pauvres vies humaines, livrée à d'inutiles soucis et à de vains désirs. La

Et ductus cornu stabit sacer hircus ad aram,
Pinguiaque in veribus torrebimus exta colurnis.
Géorgiques, II, 362-396.

sagesse n'habite pas plus la petite ferme que la maison à cinq étages ; et, si les ambitions des campagnards s'exercent sur de moins grands théâtres, elles n'en sont pas moins vives. Mais il n'est pas exact que le laboureur n'ait qu'à fendre la terre avec son soc recourbé pour que, chaque année, « les arbres plient sous le poids de leurs fruits et ses greniers sous le poids de ses récoltes » : le poète, lui-même, dans le premier livre, nous a montré combien sa vie était pénible et son travail toujours menacé. Est-il plus vrai de dire que le paysan « n'a pas à se préoccuper de la discorde qui arme les frères contre les frères, ni des incursions du Dace, ni des affaires intérieures de Rome ? » Les guerres civiles le chassent de chez lui ; les guerres étrangères l'appellent sous les drapeaux ; et les querelles des hommes politiques ont les plus fâcheuses répercussions dans les campagnes. C'est seulement chez les poètes bucoliques et au royaume de la pastorale, que les paysans jouissent de leurs larges horizons, de leurs grottes, de leurs vallons frais, et du mugissement des bœufs et du sommeil sous les arbres. Dans la réalité, ces plaisirs sont surtout plaisirs de citadins aux champs.

Enfin, il n'est pas vrai que Virgile ait demandé aux Muses « de lui indiquer les routes que suivent les astres du ciel, l'explication des raz de marée et des tremblements de terre » : les Muses ne lui auraient rien refusé, et, pour peu qu'il en eût témoigné le désir, lui auraient inspiré la plus belle poésie scientifique, philosophique et astronomique. Mais, en toute connaissance de cause, par goût, par génie, et non parce qu' « un sang trop froid faisait battre son cœur », il a délibérément choisi l'exemple d'Hésiode, et dans d'autres parties de son poème, il s'en montre assez fier. Je suis donc moins touché de tous ces

passages que de ses vers sur les labours et la culture de la vigne qui sont aussi beaux comme vers et
qui ont la supériorité d'être absolument vrais. Je sens
dans cette peinture de la vie champêtre moins de
poésie que de développements poétiques. On s'étonne
même qu'après avoir si magnifiquement loué l'Italie,
le poète s'écrie : « Que ne suis-je assis dans les frais
vallons de l'Hémus, à l'ombre des forêts ! » Pourquoi
l'Hémus ? Pourquoi ce rêve d'aller s'asseoir dans les
Balkans (le malheureux !) quand il peut goûter les
ombrages de la Campanie et les jardins de Naples ? Je
n'incriminerai pas son patriotisme comme on l'a fait ;
je ne l'accuserai pas de ne plus avoir les sentiments
d'un vieux Romain. L'Hémus, le Taygète, la vallée de
Tempé ne sont sans doute que de ces noms géné-
riques dont l'abus est une des plaies de la poésie
antique. Mais je préfère les vers où il vante les gras
pâturages de Mantoue et de Tarente.

Cependant cette poésie un peu conventionnelle
n'en exprime pas moins des idées fortes et justes. On
ne saurait trop répéter au paysan que sa vie peut
paraître enviable à ces gens des villes qu'il serait
porté à envier lui-même ; et Virgile a raison d'exalter
la bienfaisance de son œuvre et la grandeur sociale
de sa tâche. Il a également raison de rappeler aux
intellectuels que l'intelligence n'est pas tout et que la
volonté, jointe à la piété, est une aussi grande force :
« Heureux qui peut pénétrer les causes des choses
et qui a foulé aux pieds toutes les terreurs et l'inexo-
rable Destin et le bruit que l'on fait autour de l'avare
Achéron. Mais heureux, oh ! bienheureux, celui qui
connaît les dieux champêtres et Pan et le vieux Silvain et les jeunes sœurs, les Nymphes [1] ! » Je ne

1.   Felix qui potuit rerum cognoscere causas,
Atque metus omnes et inexorabile fatum

crois pas qu'il faille prendre cette allusion à Lucrèce comme un hommage. Au contraire. Il y a quelque ironie dans le *Felix qui potuit...* opposé au *Fortunatus et ille...* C'est très beau peut-être de tout savoir ou de penser qu'on sait tout ; mais ce n'est pas moins beau de rester attaché aux dieux et aux coutumes de ses pères, et l'on est aussi libre, aussi détaché des mauvaises ambitions. Jamais encore Virgile ne s'était plus nettement séparé de Lucrèce. Enfin il ne célèbre pas seulement la vie rustique parce qu'elle est saine, utile, parce que les antiques Sabins l'ont menée et qu'elle a fait de Rome la merveille du monde (alors à quoi bon médire des richesses et des splendeurs de la ville ?), il l'aime parce qu'elle a été la sienne. Nous revenons à Mantoue et à la vérité. Ses souvenirs d'enfance donnent à son évocation rapide d'un chaste foyer et des fêtes de la vendange le plus aimable coloris. C'est la dernière beauté de ce livre qui semble avoir été composé dans un matin de bonheur.

II

Le troisième livre n'a ni la gravité sereine du premier, ni l'enthousiasme du second. Les animaux, tels que Virgile les conçoit, sont déjà, selon l'expression d'un autre Italien, « nos frères inférieurs ». Ils connaissent nos joies et nos maux. Ils s'enivrent de

Subjecit pedibus strepitumque Acherontis avari !
Fortunatus et ille deos qui novit agrestes,
Panaque Silvanumque senem, Nymphasqué sorores.
Géorgiques, II, 490-494.

l'amour et en souffrent; ils endurent la maladie et la mort. L'amour et la mort jettent leur sombre éclat, l'un au milieu du livre, l'autre à la fin. Mais entre les deux tableaux de la passion amoureuse et de la peste brille çà et là une lumière d'idylle. Ainsi se manifeste par rapport aux deux livres qui le précèdent et dans ce livre même la variété de l'ouvrage.

Dès le début, nous sommes surpris du changement de ton. Ce début n'existait pas dans la première version des *Géorgiques* qu'Octave entendit. Le poète avait accompagné le vainqueur à Rome. Il avait vu le Sénat et le peuple couronné de fleurs s'avancer à sa rencontre. Un arc de triomphe avait été érigé au Forum, près du temple de César, dont le soubassement, orné de l'airain des proues ennemies, ressembla aux anciens Rostres. Il avait assisté au triomphe où, pendant trois jours, défilèrent les dépouilles de l'Égypte tout l'Orient esclave, la statue du Nil vaincu. Des jeux splendides suivirent cette splendide montée au Capitole. Et il voulut que son poème gardât comme l'effigie de ces fêtes qui fermaient la période des guerres civiles. Il imagine que, poète vainqueur, il élèvera dans la prairie de Mantoue un temple de marbre consacré à la divinité de César Auguste, un temple aussi beau que celui qu'Auguste va bientôt consacrer sur le Palatin à Phébus Apollon. La tête ceinte d'olivier, sous la toge brodée d'écarlate, il instituera des jeux dont la Grèce viendra disputer les prix; et il présidera aux sacrifices : « Il est doux de conduire des processions solennelles, de voir des taureaux immolés, les décorations mobiles de la scène, les captifs bretons brodés sur le rideau de pourpre du théâtre qu'ils semblent soulever. » Le temple sera décoré des trophées de l'Orient; et l'on y contemplera les marbres vivants des descendants d'Assaracus, et

Tros, le chef de la famille, et le dieu du Cinthe, fondateur de Troie...

Je ne voudrais pas dire que ce temple imaginé sur les humbles bords marécageux du Mincio nous remet en mémoire la statue de marbre que le pâtre Corydon promettait imprudemment à Diane. Mais tant de magnificence nous déconcerte un peu. Il faut tout l'art de Virgile pour qu'elle ne détonne pas. Sainte-Beuve déclare assez bizarrement que « ces vers sont les plus polis, les plus éblouissants, *qui soient sortis de dessous le ciseau de Virgile* », et il s'écrie : « C'est grand, c'est triomphal, c'est épique déjà ! » C'est surtout allégorique, et, malgré l'indéniable beauté des vers, l'allégorie est assez froide. Nous entendons bien que le poète projette d'écrire un poème historique sur Auguste, dont le détournera heureusement sa hantise des origines troyennes. Mais j'en connais qui donneraient toute cette pompe, ce marbre, cet ivoire et cet or pour sa petite forêt de lupins sans cesse bruissante. Quand il nous décrit, sur les bas-reliefs de son temple, la Haine des Ennemis d'Auguste reculant d'effroi devant les Furies et devant les serpents enlacés à la roue monstrueuse d'Ixion, nous ne sommes guère émus; et pourtant des vers analogues, qui ne seront ni plus colorés ni plus sonores, nous rempliront d'une admiration frémissante, dans l'épisode d'Orphée. Il n'y a vraiment à nous intéresser en ce passage excessif et grandiloquent que les souvenirs des fêtes du triomphe. Mais, comme il est dans la destinée de Virgile que ses erreurs même fassent école, cette allégorie a été maintes fois imitée par les poètes latins, italiens, anglais et français. Que de temples nous avons eus, y compris celui du Goût, « qui n'ont point coûté à leurs auteurs de grands frais d'architecture ! » La Fontaine lui-même y est allé du sien en l'honneur de Madame de la Sablière. Par bonheur, le clabaudage des chiens et le hennissement des chevaux arrachent Virgile à ses autels imaginaires et le rappellent à la réalité.

La réalité, c'est l'élevage des bêtes et d'abord le choix des mères. Le poète est certainement ici un des plus grands « animaliers » de la littérature. Ni Théocrite, ni Buffon, ni Hugo, ni Leconte de Lisle n'ont surpassé la précision et la force de ses peintures. La génisse, qui sera choisie pour être mère, doit avoir « l'œil torve, la tête énorme, l'encolure épaisse, des fanons qui pendent de son menton jusqu'à ses genoux, des flancs démesurés, tout grand, même le pied, et sous ses cornes des oreilles velues et recourbées en dedans. Il n'est pas déplaisant que des taches blanches parsèment sa robe noire, ni qu'elle se dérobe au joug et menace de la corne, ni que par l'aspect elle tienne un peu du taureau ; *et très haute, lorsqu'elle marche, elle balaie du bout de sa queue la trace de ses pas.* » Ce dernier trait ajoute je ne sais quelle grâce sauvage, quelle harmonieuse souplesse, à la puissance de la bête. Tant qu'elle est dans l'âge des « justes hyménées », il faut la mener au mâle. Et brusquement Virgile fait un retour sur la condition humaine. Il est naturel que La Fontaine se soit plu à traduire ces vers :

> *La plus belle saison fut toujours la première ;*
> *Puis la foule des maux amène le chagrin,*
> *Puis la triste vieillesse ; et puis l'heure dernière*
> *Au malheur des mortels met la dernière main* [1].

---

1. La Fontaine, vers traduits pour la traduction des *Épîtres de Sénèque*, par Pentrel.

> Optima quœque dies miseris mortalibus œvi
> Prima fugit ; subeunt morbi tristisque senectus,
> Et labor et durœ rapit inclementia mortis.
>
> *Géorgiques*, III, 66-68.

Cette réflexion mélancolique nous fait mieux sentir que toutes les théories sur l'âme des bêtes ce qui les rapproche de nous, notre communauté de plaisirs et de douleurs.

Au portrait de la génisse répond celui du jeune étalon, l'espoir d'un haras. Il avance, les pattes relevées, et les repose souplement sur la terre. Bai brun ou d'un gris d'ardoise, il porte haut l'encolure ; il a la tête effilée, peu de ventre, la croupe rebondie et les muscles en saillie sur son vigoureux poitrail. Au moindre cliquetis d'armes, il dresse l'oreille, il frémit de tous ses membres, il hennit, et de ses naseaux s'échappe un souffle de feu. Le flot de sa crinière baigne son épaule droite ; son épine dorsale à l'endroit des reins forme un double sillon ; il creuse la terre et son sabot de corne y rend un son plein. Ce cheval sera aussi sensible à l'honneur de la victoire qu'à la honte de la défaite. L'amour de la gloire lui brûle le cœur. Et Virgile le voit déjà voler à travers la plaine, où le sable effleuré garde à peine ses traces. Tous ces détails sont empruntés à Varron. Mais le rythme des vers fait de ce qui n'était qu'un catalogue de qualités une créature superbe et comme le symbole de la jeunesse. On se demande seulement si le pauvre paysan, auquel s'adressent les *Géorgiques*, élèvera jamais des écuries de courses, et si Virgile ne le confond pas avec les riches propriétaires amis de Varron. Il semble et semblera plusieurs fois dans ce troisième livre remettre la toge brodée de pourpre qu'il avait revêtue pour nous faire les honneurs de son temple. Du reste, ces vers devaient enchanter ses lecteurs. Le goût des courses, comme celui des gladiateurs, s'était déjà emparé des esprits. Les jeunes gens savaient par cœur la généalogie, *prolem parentum*, des coursiers du cirque.

Après les soins donnés aux mères et leur délivrance, toute l'attention de l'éleveur se portera sur
le dressage des bœufs et des poulains. Le plus sûr
moyen de les maintenir en pleine vigeur est d'écarter
d'eux les aiguillons de l'amour. La seule vue de la
génisse mine les forces des taureaux et les entraîne
souvent à de sanglantes querelles. Les effets de
l'amour sont terribles ; et nous voici devant un des
tableaux les plus saisissants et les plus larges du
poème virgilien :

> Une belle génisse au flanc du mont Sila
> Pâture : tour à tour deux taureaux, dans l'éclat
> De leur force, à coups drus, engagent la bataille.
> Un sang noir sur leurs corps coule de chaque entaille ;
> Et, sous leurs fronts tendus qui se heurtent, leur voix
> Mugit et fait mugir le ciel vaste et les bois.
> Plus d'étable en commun ; mais le vaincu s'exile.
> Il part pour on ne sait quel solitaire asile,
> Plaignant, sous les durs coups dont l'autre l'a chargé,
> Et sa honte et l'amour qu'il perdit, invengé ;
> Et regardant encor son étable de chaume,
> Il est enfin sorti du paternel royaume.
> Alors de tout son cœur il s'entraîne, étendu
> Sans litière, durant des nuits, sur le roc nu,
> Paissant la lèche aiguë et d'âpres feuilles vertes.
> Ses cornes qu'il éprouve, aux fureurs plus expertes,
> S'acharnent : l'arbre éclate et les vents en sont las.
> Le sable éparpillé prélude à ses combats.
> Puis, toute sa vigueur refaite et ramassée,
> Il sonne le départ et, la tête baissée,
> Fond sur son ennemi qui l'oubliait. Ainsi
> Le flot, qui blanchissant sur la mer a grossi,
> S'enfle du large et de très loin, roule au rivage,
> Sonne parmi les rocs avec un bruit sauvage,
> Et plus haut qu'un mont croule : un profond entonnoir
> Bouillonne et vers le ciel projette un sable noir [1].

[1]   Pascitur in magna Sila formosa juvenca :
       Illi alternantes multa vi proelia miscent
       Vulneribus crebris ; lavit ater corpora sanguis,

Tant il est vrai que, par toute la terre, la race des hommes et celle des animaux se ruent aux fureurs de la passion! *Amor omnibus idem* : l'amour est le même pour tous, la grande loi des espèces, leur volupté et leur torture. Ce n'est pas l'amour des *Bucoliques* qui se nourrit de soupirs et de larmes et qui pardonne aux infidèles. C'est l'impitoyable amour qu'une Psyché moderne a vu couché tout sanglant sur des peaux de bête [1]. Il tyrannise la lionne qui en oublie ses petits; il redouble la férocité de l'ours, du tigre et du sanglier. Le cheval, aux émanations bien connues, tremble de tout son corps et ne sent plus ni le frein ni l'éperon. Regardez ce jeune homme qui franchit l'Hellespont à la nage. La nuit est sombre; la tempête, déchaînée. Le tonnerre retentit sur sa tête. Les eaux se brisent contre les rocs. Rien n'a pu l'arrêter, ni l'image de ses tristes parents, ni la pensée que la jeune fille va mourir après lui d'une

> Versaque in obnixos urgentur cornua vasto
> Cum gemitu : reboant silvæque et longus Olympus.
> Nec mos bellantes una stabulare; sed alter
> Victus abit, longeque ignotis exsulat oris,
> Multa gemens ignominiam plagasque superbi
> Victoris, tum quos amisit inultus, amores,
> Et stabula aspectans regnis excessit avitis.
> Ergo omni cura vires exercet, et inter
> Dura jacet pernox instrato saxa cubili,
> Frondibus hirsutis et carice pastus acuta;
> Et temptat sese, atque irasci in cornua discit
> Arboris obnixus trunco, ventosque lacessit
> Ictibus, et sparsa ad pugnam proludit harena.
> Post, ubi collectum robur viresque refectæ,
> Signa movet, præcepsque oblitum fertur in hostem;
> Fluctus uti, medio cœpit cum albescere ponto
> Longius ex altoque sinum trahit, utque volutus
> Ad terras immane sonat per saxa, neque ipso
> Monte minor procumbit; at ima exæstuat unda
> Verticibus, nigramque alte subjectat harenam.
>
> *Géorgiques*, III, 219-241.

1. Gérard d'HOUVILLE, *Psyché.*

,mort cruelle. Le souvenir de Léandre jeté au milieu de cette énumération de bêtes exaspérées par la passion, ce rappel de l'humanité soumise au même dur amour que l'animalité, est d'une beauté poignante. Et aussitôt le poète nous ramène parmi les lynx, les loups, les chiens, les cerfs eux-mêmes si timides et devenus si âpres au combat, et les cavales, — les cavales surtout : elles traversent les fleuves et les montagnes; la face tournée vers le zéphir, elles se dressent sur des rocs escarpés et aspirent de légers souffles. Quelquefois, ô prodige! le vent les féconde; alors elles s'enfuient du côté de Borée et des régions où l'Auster rassemble les nuages. « Et leurs flancs secrètent ce liquide épais qu'on nomme l'hippomane et que des marâtres cruelles ont souvent recueilli pour le mêler à des herbes magiques et à des paroles de perdition. » L'antiquité et Aristote ont cru à cette fécondation aérienne. « Les poulains, nous dit Pline, étaient d'une extrême légèreté », ce que nous concevons sans peine. Mais la fable augmente ici l'impression de terreur que le poète a voulu nous donner. Dans les désordres et les délires de l'instinct amoureux, on ne distingue plus les frontières de la nature; les éléments eux-mêmes participent de la folie des bêtes, et la bête fournit à l'homme des poisons qui achèvent de l'égarer. Je me rappelle le passage où Lucrèce s'acharne contre l'amour avec un lourd et grave cynisme. Comme la peinture de Virgile est plus impressionnante! Lucrèce piétine l'idole. Ici l'idole reste debout enveloppée de mystère. Et d'ailleurs rien n'est moins efficace que les explications et les raisonnements du philosophe épicurien. Quand on nous aura dit de quels mirages l'amour nous rend les dupes et les victimes, résisterons-nous mieux à ses prestiges? Toute la première partie de ce troisième livre, animé d'une sombre fougue, est d'un Virgile que nous ne connaissions pas encore.

Dans la seconde partie, la sérénité succède à l'ardeur, la douceur au tumulte, jusque vers la fin où nous retrouverons la grandeur et le pathétique. Il s'agit maintenant des troupeaux à l'épaisse toison et des chèvres velues. Le petit bétail est intimement lié dans la pensée du poète aux petites gens. Ainsi la barbe blanche et les longs poils du bouc servent à faire des tentes pour les soldats et des vêtements pour le pauvre matelot. Et les chèvres sont si accommodantes ! Elles s'en vont brouter les buissons sur les hauteurs et rentrent d'elles-mêmes à leur bercail dont elles franchissent péniblement le seuil tant leurs mamelles sont gonflées de lait. En hiver, elles ne demandent qu'à être protégées du froid et du vent.

> Mais quand l'été qui rit au zéphir qui l'appelle
> Rend aux troupeaux les bois, le cytise et le thym,
> Aussitôt qu'a paru l'étoile du matin,
> Prends le chemin des prés. La campagne étincelle ;
> Tout est neuf ; le gazon déroule un blanc tapis,
> Et l'herbe qui scintille est plus douce aux brebis.
> Quand la cigale, à l'heure où la soif nous dessèche,
> Fait de sa plainte aigüe éclater les taillis,
> Conduis-les à l'étang profond et près des puits,
> Boire aux canaux d'yeuse une eau courante et fraîche.
> A midi, cherche l'ombre au fond du vallon creux,
> Qu'un chêne dodonien y remplisse les cieux
> Ou que le sombre bois des yeuses serrées
> Y répande la nuit de leurs ombres sacrées.
> Mène-les boire encore et brouter, quand Vesper
> Derrière le soleil mourant adoucit l'air,
> Quand le rayon de lune humide de rosée
> Ranime à sa fraîcheur la forêt épuisée,
> Et que résonne au bord des mers, dans les fourrés,
> Le chant des alcyons et des chardonnerets [1].

1.   At vero, Zephyris cum læta vocantibus æstas
       In saltus utrumque gregem atque in pascua mittet

A la nature heureuse dont jouissent les pâtres italiens, aux solitudes où s'enfonce le berger de la Libye avec sa tente, ses pénates, ses armes et son carquois, équipé comme un légionnaire, Virgile oppose les rudes et mornes bergeries des peuples du nord. C'est un des rares passages du poème ou nous sentions « le morceau de rhétorique » ; et comme nous nous éloignons de la vérité, la poésie y perd. Les Scythes et les Thraces habitaient peut-être des antres souterrains ; mais ils ne vivaient pas plus dans un perpétuel hiver que les peuples de l'extrême nord qui étaient inconnus de Virgile et où la vie pastorale a des mois d'été d'une lumière magique. Sa description est malheureusement faite de souvenirs littéraires. Il emprunte à Homère l'horreur qui règne au pays des Cimmériens et à Hésiode le tableau de l'hiver au pied de l'Hélicon, qui n'est pourtant pas une région hyperboréenne.

Mais après cette digression, nous revenons à nos moutons, et tout redevient délicieux. Il nous indique les moyens d'obtenir une laine très belle et de bon lait et de bons fromages.

Luciferi primo cum sidere frigida rura,
Carpamus, dum mane novum, dum gramina canent,
Et ros in tenera pecori gratissimus herba.
Inde, ubi quarta sitim cæli collegerit hora,
Et cantu querulæ rumpent arbusta cicadæ,
Ad puteos aut alta greges ad stagna jubebo
Currentem ilignis potare canalibus undam;
Æstibus at mediis umbrosam exquirere vallem,
Sicubi magna Jovis antiquo robore quercus
Ingentes tendat ramos, aut sicubi nigrum
Ilicibus crebris sacra nemus accubet umbra;
Tum tenues dare rursus aquas, et pascere rursus
Solis ad occasum, cum frigidus aëra vesper
Temperat, et saltus reficit jam roscida luna,
Litoraque alcyonen resonant, acalanthida dumi.

Géorgiques, III, 322-338.

Si tu tiens à la laine, évite les taillis,
Le chardon, la bardane et les riches pâtis.
Et d'abord la toison des femelles doit être
Souple et blanche, et, ton mâle eût-il l'éclat du lin,
Si tu vois sous sa langue un peu de noir paraître,
Cherche un autre bélier à travers ton champ plein,
Car tes agneaux naîtraient tachetés d'ombre brune ;
Et c'est, dit-on, pour sa toison de neige, ô Lune,
Que Pan l'Arcadien te prit au fond des bois :
Tu ne fis point la fière et tu vins à sa voix [1].

Quel coup d'archet de la fantaisie au milieu de ces conseils pratiques, et que tout se relève et s'ennoblit à ce lumineux sourire ! Boileau n'avait pas si grand tort lorsqu'il écrivait : « Plus les choses sont sèches et malaisées à dire en vers, plus elles frappent quand elles sont dites noblement et avec cette élégance qui fait proprement la poésie. » Il y a mieux que de l'élégance ici ; mais il y en a beaucoup dans les vers qui suivent, c'est-à-dire dans l'original :

Veux-tu le lait de tes brebis ? Prodigue-leur
Le lotus, le cytise et de l'herbe salée.
Plus elles boivent, plus leur mamelle est gonflée ;
Et le sel donne au lait une fine saveur.
Souvent les chevreaux drus sont écartés des mères,
Le museau pris d'abord dans l'âpre muselière.
Le lait de la journée est présuré la nuit.

1.   Si tibi lanitium curæ, primum aspera silva,
    Lappæque tribolique absint ; fuge pabula læta,
    Continuoque greges villis lege mollibus albos.
    Illum autem, quamvis aries sit candidus ipse,
    Nigra subest udo tantum cui lingua palato,
    Rejice, ne maculis infuscet vellera pullis
    Nascentum, plenoque alium circumspice campo.
    Munere sic niveo lanæ, si credere dignum est,
    Pan, deus Arcadiæ, captam te, Luna, fefellit,
    In nemora alta vocans ; nec tu aspernata vocantem.
            Géorgiques, III 384-393.

Si le berger l'a trait dans l'ombre où le jour fuit,
Il le porte à la ville aussitôt qu'il fait clair,
Ou saupoudré de sel le garde pour l'hiver [1].

Quelques mots sur les chiens, les dogues d'Epire et les lévriers de Sparte, dont on s'étonne qu'ils n'aient pas plus inspiré Virgile; des précautions à prendre contre les vipères qui s'introduisent dans le fourrage des bêtes et contre un certain serpent monstrueux de la Calabre, au dos couvert d'écailles (*squamea terga*), bien qu'il nous ait dit au livre précédent qu'aucun serpent couvert d'écailles (*squameus*) ne se rencontrait en Italie (mais là encore il n'a pas su résister à la tentation de faire une peinture brillante d'après le poète alexandrin Nicandre); et nous arrivons aux maladies des animaux et à la peste effrayante qui venait de ravager les étables de la Bavière et du Frioul.

Virgile avait deux modèles sous les yeux: la description de la peste d'Athènes chez Thucydide et celle du même fléau chez Lucrèce. Mais l'épidémie de la Bavière s'était seulement attaquée aux animaux. Et pourtant le tableau de Virgile est le plus émouvant. L'exactitude sévère de Thucydide, son dessin précis et net, s'adresse surtout à l'intelligence. Il note, de la pointe d'un stylet habitué à tout inscrire sur la froideur du marbre, les symptômes et la marche de

---

1.
    At cui lactis amor, cytisum lotosque frequentes
Ipse manu salsasque ferat præsæpibus herbas.
Hinc et amant fluvios magis, et magis ubera tendunt,
Et salis occultum referunt in lacte saporem.
Multi jam excretos prohibent a matribus hædos,
Primaque ferratis præfigunt ora capistris.
Quod surgente die mulsere horisque diurnis,
Nocte premunt; quod jam tenebris et sole cadente,
Sub lucem exportant calathis (adit oppida pastor.)
Aut parco sale contingent hiemique reponunt.
                    Géorgiques, 394-403.

la maladie et la psychologie des malades. Lucrèce, lui, tout gorgé de science, fait une sombre débauche de détails techniques et repoussants. Il passe la mesure. Notre émotion ne tarde pas à s'émousser dans ce charnier d'horreurs dont il met un farouche orgueil à secouer les haillons et à remuer les pourritures. Mais Virgile aime ; Virgile a pitié ; Virgile ressent jusqu'au fond de l'âme les maux dont il parle ; et il a tant créé de sympathie entre nous et les bêtes que nous sommes aussi pénétrés de leurs douleurs que si ces douleurs étaient humaines. N'est-elle pas l'image même de tous les pauvres innocents mortellement frappés, cette brebis qui cherche à chaque pas le soulagement d'un peu d'ombre, qui effleure d'une dent nonchalante la pointe des herbes et qui, distancée par ses compagnes, revient toute seule à la tombée de la nuit ? « Les veaux rendent leurs âmes si douces devant des crèches pleines. La rage saisit les chiens caressants. » Et le taureau, ce taureau que nous avons vu si robuste et si ardent ?

> Sous le soc dur voici que le taureau qui fume
> S'abat et, dans un flot de sang mêlé d'écume,
> Râle et meurt. Tristement le maître a dételé
> Le frère resté seul qui regarde accablé.
> Il laisse sa charrue en pleine terre ouverte.
> Ni l'ombrage des bois profonds, ni l'herbe verte
> Ne rend du cœur aux bœufs, ni le bruit frais et doux
> D'une eau d'argent et d'or roulant sur les cailloux.
> Leur peau flasque se creuse à leur flanc qui halète.
> Leur cou penche très bas sous le poids de leur tête,
> Et leur prunelle inerte est lourde de stupeur.
> A quoi leur a servi leur bienfaisant labeur,
> Tant de sillons creusés en traînant la charrue ?
> Ce n'est pas le Massique enivrant qui les tue,
> Ni les festins. Leur vie est simple : herbe des prés
> Et frondaisons, et pour leurs gosiers altérés

Fontaines à l'eau pure ou fleuve à l'eau courante ;
Et salubres sommeils qu'aucun souci ne hante [1].

L'expression est aussi simple que l'émotion sincère. Et la question que se pose le poète : *A quoi leur a servi ?...* nous nous la posons éternellement devant toutes les souffrances imméritées dont nous ne comprenons pas la raison d'être. Au milieu de ces animaux qui meurent, la vie humaine est bouleversée. Devant l'autel, la victime tombe avant que le fer du sacrificateur l'ait atteinte. Les entrailles de celle qu'on immole refusent de brûler. C'est en vain qu'on les interroge : l'avenir se couvre d'une ombre plus impénétrable. Les cérémonies religieuses ne peuvent s'accomplir selon les rites. On ne trouve plus de génisses blanches pour traîner au temple la prêtresse de Junon. Les travaux de campagne sont interrompus. Les hommes sont obligés de s'atteler eux-mêmes aux chariots grinçants. Ces lugubres visions justifient tous les soins et toute la tendresse dont nous devons entourer les animaux, puisque, aussitôt qu'ils nous manquent, nous mesurons la place considé-

---

1. Ecce autem duro fumans sub vomere taurus
    Concidit, et mixtum spumis vomit ore cruorem,
    Extremosque ciet gemitus. It tristis arator,
    Mærentem abjungens fraterna morte juvencum,
    Atque opere in medio defixa relinquit aratra.
    Non umbræ altorum nemorum, non mollia possunt
    Prata movere animum, non qui per saxa volutus
    Purior electro campum petit amnis ; at ima
    Solvuntur latera, atque oculos stupor urget inertes,
    Ad terramque fluit devexo pondere cervix.
    Quid labor aut benefacta juvant ? quid vomere terras
    Invertisse graves ? Atqui non Massica Bacchi
    Munera, non illis epulæ nocuere repostæ :
    Frondibus et victu pascuntur simplicis herbæ ;
    Pocula sunt fontes liquidi atque exercita cursu
    Flumina, nec somnos abrumpit cura salubres.
    Géorgiques, III, 515-530.

rable qu'ils occupent dans l'existence humaine. Virgile ne pouvait mieux terminer ce troisième livre, où se trahit bien quelque tendance à élargir imprudemment son sujet et même à en sortir, mais qui, plus encore que les deux autres, prouve la vigueur de ses pinceaux et la profondeur toute moderne de sa sensibilité.

III

Le quatrième forme un nouveau contraste. La poésie en est ailée et joue dans les fleurs et dans la lumière. Nous nous détachons de la terre avec les abeilles et du monde réel avec Aristée. C'est un poème aérien qui s'achève en conte de fées. Il commence aussi simplement que l'*Énéide :* « Je dirai les chefs magnanimes et, successivement, la nation tout entière, ses mœurs, ses passions, ses peuples et leurs combats. » Cette nation est celle des abeilles. La façon dont Virgile nous annonce et traite « ce mince sujet » est le premier modèle que nous ayons et le plus exquis de ces comparaisons, exprimées ou sous-entendues, qui grandissent les petits objets sans les dénaturer et qui les magnifient sans nuire à la vérité des rapports. Il nous en avait déjà donné des exemples charmants dès le début des *Géorgiques*. Mais ici l'exemple est continu. Ses abeilles se livreront des batailles comme plus tard les Troyens et les Rutules. Elles travailleront à leurs rayons de miel comme les Cyclopes aux foudres de Jupiter. Elles auront pour leur roi la même vénération que les Égyptiens, les Parthes ou les Mèdes. Elles feront à leurs morts des cortèges funéraires. La Fontaine n'a eu qu'à l'imiter pour animer ses personnages d'une vie merveilleuse. Le meilleur de sa fantaisie est sorti des ruches de Virgile.

On pourrait s'étonner qu'il consacre tout un livre aux abeilles; mais d'abord il n'y consacre que la moitié de son livre, l'autre appartenant au divin pâtre Aristée et à l'amour d'Orphée; puis les abeilles sont pour le paysan d'un excellent revenu. Varron, qui s'était bien gardé de les oublier, nous raconte qu'il avait connu en Espagne deux frères, du pays des Falisques, les frères Veianus, à qui leur père n'avait laissé qu'une petite métairie et un arpent de terre. Ils avaient installé des ruches autour de la métairie; d'une partie de leur champ, ils avaient fait un jardin; le reste, ils l'avaient planté de thym, de cytise et de mélisse; et, bon an mal an, leur miel leur rapportait plus de deux mille francs. L'élevage des abeilles rentrait donc dans le plan modeste et pratique des *Géorgiques* bien mieux que le dressage des chevaux de courses.

Une poésie fraîche et scintillante nous sourit dès que nous pénétrons dans l'Arcadie des ruches. Le vent n'y souffle pas. Les chevreaux et les brebis ne bondissent point au milieu des fleurs. La génisse n'y vient pas secouer la rosée. On ne voit ni rôder le lézard ni voler cette cruelle Procné qui servit à son mari les membres de son fils et qui, métamorphosée en hirondelle, porte sur sa poitrine l'empreinte de ses mains sanglantes. Aucun if ne se dresse dans le voisinage; aucun bourbier n'exhale de vapeurs fétides; et les sons n'y sont point répercutés par des rochers sonores. Mais on y trouve un palmier ou un grand olivier sauvage, une source limpide, un ruisseau qui serpente et sur lequel sont jetés de petits ponts faits d'une branche de saule. Le romarin y fleurit; la sarriette et le serpolet embaument; la violette s'y désaltère dans l'eau courante. Les maisons aux étroites ouvertures de ce royaume odorant et silencieux sont en écorce ou en osier. Parfois, au printemps, vous y entendez un tintement de clochettes et le bruit des cymbales de Cybèle : c'est un essaim qui, échappé de la ruche, flottait comme un nuage au gré du vent et que cette musique arrête et ramène dans sa demeure parfumée. Quelquefois aussi, la discorde entre deux rois provoque une guerre civile. (Nous dirions : entre deux reines. Il est inutile de relever les erreurs que commet Virgile avec toute l'antiquité et qui ne compromettent pas la vérité générale de sa peinture [1].) Les guerrières battent des ailes, étincellent, aiguisent leurs dards, se massent, comme les soldats romains, autour de leur prétoire. Leurs bourdonnements ressemblent aux sons tour à tour éclatants et adoucis des trompettes. Puis elles se précipitent hors des portes, gagnent les hautes régions de l'éther, et c'est une terrible mêlée d'où les blessés et les morts tombent aussi nombreux que les glands d'un chêne qu'on secoue. Mais un peu de poussière suffit à calmer ces fureurs. Prenez alors des deux chefs celui qui vous a paru le moins vigoureux. *Dede neci !* Livrez-le à la mort. « Que le meilleur règne dans une cour sans partage. » L'autre ne

---

1. Le sexe des reines ne fut découvert qu'au xvii° siècle par Swammerdan. Les Anglais les appelaient tantôt rois, tantôt reines, selon que le souverain de l'Angleterre était un roi ou une reine. Pour les autres erreurs de Virgile, je renvoie le lecteur au curieux petit livre de Thomas FLETCHER ROYDS, *The Beasts and Bees of Virgil* (Oxford, 1918). Virgile se trompe sur l'origine du miel et de la cire, sur la malfaisance de l'if, sur le pillage des ruches. Il s'imagine que les abeilles aiguisent leurs dards quand elles nettoient leurs antennes, etc., etc...

serait qu'un parasite... Il me semble voir, quand on lui lit ces vers, un léger sourire glisser sur les lèvres du vainqueur d'Antoine.

Comme le vigneron, l'apiculteur saura être dur. Il ne permettra pas aux essaims les vols aventureux et les jeux dans le ciel. Ces ébats frivoles ne valent rien. On a deux moyens de les empêcher ; le premier d'arracher leurs ailes aux « reines ; » et personne désormais n'osera plus prendre la route des airs. L'autre, plus doux, mais qui n'exclut pas le premier, sera de leur faire un jardin où les fleurs les invitent à demeurer et dont un Priape avec sa faux en bois de saule écarte les voleurs et les oiseaux. Que l'art du jardinier est une aimable chose ! Si Virgile en avait le temps, comme il aimerait à le chanter et à chanter « le rosier de Pœstum qui fleurit deux fois l'an ! » Il lui est souvent arrivé de recourir à ses souvenirs personnels, surtout dans le premier livre. « J'ai vu... Il me souvient... » Et précisément il lui souvient ici d'avoir connu un jardinier qui faisait des miracles.

Sous les tours de Tarente au pied de la falaise,
Dans la plaine d'or jaune où court le noir Galèse,
Naguère je connus un vieux Corycien.
Quelques pauvres arpents composaient tout son bien
Mauvais pour le labour, la vigne et la pâture.
Cependant sur ce sol tout en ronces jadis,
Ses légumes poussaient à l'aise, avec des lis,
De longs pavots et des verveines en bordure.
Il se sentait un roi. Le soir, sa royauté
Se dressait des festins qui n'avaient rien coûté.
Il cueillait le premier la rose printanière,
Le premier à l'automne il cueillait le fruit mûr.
Quand l'hiver était lent à fuir, et qu'un froid dur
Mettait des freins de glace aux eaux, fendait la pierre,
Il coupait l'hyacinthe aux longs cheveux épars,
Raillant l'été tardif et les zéphirs musards.

Sa ruche était toujours la première peuplée,
Son miel le premier à jaillir. Dans son allée
Tilleuls et lauriers tins étaient plus beaux qu'ailleurs,
Son fruitier au printemps multipliait les fleurs,
Mais ses fruits à l'automne en égalaient le nombre,
On voyait par son art transplantés et rangés
Des poiriers déjà durs et des ormes âgés,
Et près des sauvageons de prunes tout chargés
Le platane assez grand pour qu'on boive à son ombre[1].

Ce n'est presque rien ; et pourtant qui de nous n'a, au moins une fois dans sa vie, envié ce vieillard, ses maigres arpents et son tranquille ermitage ? Virgile ne nous a pas fait son portrait. Nous le voyons cependant : son sourire est bienveillant et quelquefois ironique. Il a les manières calmes de l'homme qui vit au milieu des plantes, qui les manie légèrement, et qui sait toujours où poser le pied. Il gouverne ingénieusement et royalement son petit

1.   Namque sub Œbaliæ memini me turribus arcis,
        Qua niger humectat flaventia culta Galæsus,
        Corycium vidisse senem, cui pauca relicti
        Jugera ruris erant, nec fertilis illa juvencis,
        Nec pecori opportuna seges, nec commoda Baccho.
        Ilic rarum tamen in dumis olus, albaque circum
        Lilia verbenasque premens vescumque papaver ;
        Regum æquabat opes animis ; seraque revertens
        Nocte domum, dapibus mensas onerabat inemptis.
        Primus vere rosam atque autumno carpere poma ;
        Et, cum tristis hiems etiamnum frigore saxa
        Rumperet et glacie cursus frenaret aquarum,
        Ille comam mollis jam tondebat hyacinthi,
        Æstatem increpitans seram Zephyrosque morantes.
        Ergo apibus fetis idem atque examine multo
        Primus abundare, et spumantia cogere pressis
        Mella favis ; illi tiliæ atque uberrima tinus ;
        Quotque in flore novo pomis se fertilis arbos
        Induerat, totidem autumno matura tenebat.
        Ille etiam seras in versum distulit ulmos,
        Eduramque pirum et spinos jam pruna ferentes,
        Jamque ministrantem platanum potantibus umbras.
                        Géorgiques, IV, 125-146.

enclos. Et, les jours de fête, ce bon **vivant** aime à trinquer avec ses amis sous l'ombre de son platane.

Il connaît, aussi bien que le poète, les mœurs des abeilles. Il doit admirer, comme lui, leur cité, leur respect des lois, leur division du travail, leurs journées laborieuses et leur soin d'artiste à façonner leur demeure. Et, s'il ressemble à Virgile, tout en s'émerveillant des instincts dont la nature les a dotées, il aura assez de bon sens et de raison latine pour ne point donner la ruche en exemple à la société humaine. La morale en action tirée de l'histoire naturelle côtoie toujours la niaiserie et souvent y verse. Nous ne sommes pas plus des abeilles que des fourmis. Virgile est frappé de leur soumission à l'autorité royale et de l'amour discipliné dont elles entourent leur roi, mais qui ne lui survit pas, car, à peine l'ont-elles perdu, qu'elles tombent dans l'anarchie et mettent leurs cellules au pillage. Le moraliste et le sociologue n'ont rien à en conclure. Et ils font bien, car l'observation est inexacte ! Mais le poète s'élève à la conception religieuse des Pythagore et des Platon qu'Aratus avait exposée au commencement de son poème en nous montrant toute la nature vivifiée du souffle de Jupiter. Seulement, ses vers ne valaient pas ceux de Virgile :

> On a dit, convaincu par toutes ces merveilles,
> Qu'un peu d'âme divine habitait les abeilles,
> Une émanation de l'esprit éternel.
> Car Dieu remplit la terre et les eaux et le ciel.
> Il circule partout au plus profond abîme.
> L'être en naissant reçoit le souffle qui l'anime
> De lui seul, homme ou bête, et ne le rend qu'à lui.
> Tout se dissout, mais rien ne meurt, et l'astre luit
> Où du subtil éther la divine parcelle
> A rejoint le foyer de l'âme universelle [1].

1.   His quidam signis, atque hæc exempla secuti,
      Esse apibus partem divinæ mentis et haustus

Sous ce rayon mystique, le travail des abeilles s'accomplit comme un mystère sacré ; et Virgile, selon la juste observation de M. Lejay, transforme en rites religieux les précautions pratiques que l'éleveur doit prendre pour recueillir le miel : il se purifiera la bouche ; il brandira des tisons fumeux ; il observera le même silence qu'aux sacrifices. Cette atmosphère mystérieuse créée autour des ruches nous prépare à ce qui va suivre. Virgile excelle dans l'art des préparations.

Comme tous les êtres, les abeilles sont sujettes aux maladies. Défigurées par la maigreur, tantôt, les pieds entrelacés, elles restent suspendues au seuil de leur demeure ; tantôt elles se tiennent enfermées à l'intérieur, inactives, engourdies, avec un sourd murmure. Et, malgré les herbes brûlées et les infusions de plantes aromatiques, il arrive parfois que toute l'espèce meure. Il faut la reproduire. L'Égypte, — cette Égypte qui éveillait tant de curiosité dans les imaginations romaines, — n'en connaît qu'un moyen assuré. Il est bizarre ; mais tous ceux qui s'étaient occupés des abeilles y avaient cru ; et Varron cite l'autorité du poète Archélaüs qui écrivit « que les mouches à miel sont la génération ailée d'un veau mort ». On bâtit une étroite hutte au toit très bas en tuiles et percée de quatre ouvertures tournées vers les quatre vents. Un bœuf de deux ans y est amené qu'on étouffe en lui comprimant la bouche et les naseaux

Ætherios dixere : deum namque ire per omnia,
Terrasque, tractusque maris, cælumque profundum ;
Hinc pecudes, armenta, viros, genus omne ferarum,
Quemque sibi tenues nascentem arcessere vitas ;
Scilicet huc reddi deinde ac resoluta referri
Omnia, nec morti esse locum, sed viva volare
Sideris in numerum atque alto succedere cælo.
Géorgiques, IV, 220-228.

et dont on meurtrit les chairs à force de coups. Cela fait, on l'abandonne sur un lit de feuillage. Le sang fermente, s'échauffe, et alors d'étranges insectes apparaissent. D'abord sans pattes, ils s'agitent confusément dans un bruissement d'ailes ; puis ils s'élèvent, et l'essaim fait éruption, comme une pluie d'été, comme un nuage de flèches. Cette opération, dont l'idée se rattachait peut-être aux cérémonies symboliques du culte d'Orphée, présentait évidemment quelques difficultés ; mais elles n'étaient point insurmontables. Et bien qu'un veau soit plus précieux qu'un essaim, les propriétaires romains n'en étaient pas à un veau près. Il faut que l'homme ait une instinctive horreur de la vérité pour que, pendant des siècles et des siècles, on n'ait jamais sacrifié un veau à la vérification de ce prodige. Il a traversé le moyen âge et les temps modernes. Olivier de Serre l'enregistre sans en douter ; mais il laisse aux curieux le soin d'accomplir la cérémonie. « N'estimant quant à moi être besoin se donner telle peine vu que jamais ne règne tant grande mortalité d'abeilles que la race n'en demeure. » Il aurait pu, comme certains naturalistes, invoquer l'exemple biblique de Samson qui tua un lion et, quelque temps après, vit dans son cadavre un essaim d'abeilles et du miel. Mais en Orient les cadavres se dessèchent en quelques jours et ne se putréfient pas : une carcasse, nettoyée par le soleil, peut servir de ruche à un essaim[1]. Virgile cependant ne paraît pas être très sûr de ce qu'il avance. Il nous rapporte une tradition, une légende, *famam,*

---

1. Hérodote nous raconte (v. 114) que les habitants d'Amathonte, dans l'île de Chypre, qui avaient été assiégés par Onésilus, ayant trouvé son corps parmi les morts, lui coupèrent la tête et la suspendirent au-dessus d'une des portes de la ville. Avec le temps, cette tête étant devenue creuse, un essaim d'abeilles s'y retira et y déposa des gâteaux de miel.

dont le principal mérite est sans doute d'introduire la féérique aventure d'Aristée et l'épisode d'Orphée.

On dit que, dans la première version des *Géorgiques*, toute la fin du poème était remplie de l'éloge de Gallus, mais qu'après la condamnation du préfet de l'Égypte et sa mort, obligé de supprimer son amical panégyrique, le poète le remplaça par cet épisode. Si c'est vrai, nous nous affligerons moins que Gallus ait sitôt disparu de la scène. Pour moi, je doute un peu que son éloge ait tenu autant de place, — à moins qu'il n'ait été surtout celui de la fertile Égypte.

L'histoire d'Aristée est un des plus beaux contes que jamais grand poète nous ait conté. La poésie virgilienne y répand toute son ambroisie et toutes ses variétés de lumière. Le fond en est très simple. Aristée, amoureux d'Eurydice, l'a poursuivie un jour, et la jeune femme en s'enfuyant a mis le pied sur un serpent dont la piqûre lui fut mortelle. Des Bacchantes, furieuses de la douleur inconsolable d'Orphée, déchirèrent l'infortuné dans une orgie nocturne. Et son ombre irritée s'est vengée de celui qui causa son malheur, en faisant périr ses abeilles.

Mais Aristée, qui semble avoir complètement oublié Eurydice, ne sait pas d'où lui vient la perte de ses essaims. Fils d'Apollon et de la nymphe Cyrène, il accourt sur le bord de la source du Pénée et se plaint amèrement. Du sein des eaux profondes, entourée de ses nymphes qui filent des toisons vert de mer, et dont les noms font dans les vers du poète un bruit d'incantation, sa mère l'entend. Comme Thétis mère d'Achille, comme Vénus mère d'Enée, Cyrène est une de ces jeunes mères immortellement jeunes qui ont de très grands fils et chez qui la maternité se voile d'une telle séduction féminine qu'on n'en reconnaît le caractère qu'à la pureté et à la fidélité de leur tendresse. Ce sont elles qui voient vieillir leurs fils, et leurs fils ne voient pas vieillir leur mère. Aussitôt qu'elle a entendu la voix de son Aristée, elle ordonne au fleuve de s'ouvrir devant les pas du jeune homme. Dans nos romans de la Table-Ronde, nous avons aussi la Dame du Lac qui a ravi et élevé le petit Lancelot. Mais le lac où elle plonge « les pieds joints » n'est qu'une illusion qui cache aux yeux de l'étranger ses beaux palais et ses forêts. Ici nous descendons avec Aristée dans l'humide royaume où vivent les Nymphes sous leurs voûtes de rocailles, au milieu des bois sonores et des sources de tous les fleuves et du Tibre auguste et de l'impétueux Eridan. Partout, l'homme a été fasciné par le mystère des eaux et l'a peuplé de créatures merveilleuses. Mais, dans les descriptions que les poètes nous ont faites de ces séjours féeriques, aucun n'a égalé la transparence lumineuse de Virgile.

Cyrène conduit elle-même son fils près de l'antre où le devin Protée, dieu de la mer et berger du troupeau des phoques, a coutume de se reposer au sortir des flots. Il sait le passé, le présent et l'avenir ; mais on n'obtient rien de lui sinon par la force. Il est pareil à l'énigme du monde qui prend mille formes imprévues et terrifiantes. Il faut l'étreindre avec opiniâtreté jusqu'à ce qu'il redevienne le vieux pâtre des monstres marins. Et l'on peut alors lui arracher ses secrets. Nous le connaissions déjà, ce Protée, pour l'avoir rencontré dans l'*Odyssée*, où Ménélas, comme Aristée, le surprend, le saisit, l'enchaîne et reste insensible à ses épouvantables métamorphoses. Mais ce que nous ne connaissions pas, ce que nous n'avions encore entendu nulle part, c'est l'histoire d'Orphée et d'Eurydice telle qu'il la raconte, le plus admirable symbole de l'amour soutenu par le génie et qui, plus fort que la mort, triomphe de tout, sauf de lui-même. Le poète avec sa lyre, seul, sans le secours des dieux ni des sibylles, va fléchir les divinités inexorables. Sa descente aux Enfers a orné la mémoire humaine d'un étonnant tableau dont cette traduction n'est qu'un pâle reflet :

> Par le gouffre profond du Ténare qui mène
> Chez Pluton, par l'horreur d'un bois d'ombre et d'effroi,
> Il descendit chez les dieux Mânes et leur roi,
> Cœurs durs et sans pitié pour la prière humaine.
> Mais émus à son chant, des séjours ténébreux
> De l'Érèbe, montait un peuple aussi nombreux
> De fantômes, d'ombres légères, de fumées,
> Que les milliers d'oiseaux blottis sous les ramées,
> Quand l'orage ou Vesper les chasse des hauts lieux :
> Mères, époux, enfants, vierge à l'hymen ravie,
> Magnanimes héros qui remplirent leur vie,
> Fils morts dont les parents ont vu brûler les os,
> Enfermés, encerclés par de hideux roseaux,
> Du limon, des marais tristes, des eaux putrides
> Et les neuf bras du Styx. Mais aux sons du chanteur,
> Le Tartare en sa plus intime profondeur,
> Les lueurs des serpents au front des Euménides,
> Tout l'empire infernal fut saisi de stupeur.
> Le vent cesse : Ixion vit s'arrêter sa meule,
> Et Cerbère en silence ouvrit sa triple gueule[1].

1.   « Tænarias etiam fauces, alta ostia Ditis,
Et caligantem nigra formidine lucum
Ingressus, Manesque adiit regemque tremendum,
Nesciaque humanis precibus mansuescere corda
At cantu commotæ Erebi de sedibus imis
Umbræ ibant tenues simulacraque luce carentum,
Quam multa in foliis avium se millia condunt,
Vesper ubi aut hibernus agit de montibus imber
Matres atque viri, defunctaque corpora vita
Magnanimum heroum, pueri innuptæque puellæ,
Impositique rogis juvenes ante ora parentum ;
Quos circum limus niger et deformis arundo
Cocyti tardæque palus inamabilis unda
Alligat, et novies Styx interfusa coercet.

Orphée a repris aux ténèbres infernales celle qu'il adorait. Mais cette passion qui le rendait si hardi et si fort va causer sa perte. Intrépide contre les terreurs et faible contre lui-même, il ne peut résister au désir de revoir le cher visage avant d'avoir atteint le jour ; et son regard, chargé d'amour et de victoire, replonge son Eurydice aux Enfers. Proserpine et Pluton, que son chant avait attendris, ne lui pardonneront pas cette impulsion du cœur. C'était son génie et non son amour qui les avait émus. Et, dans leur miséricorde extraordinaire, on peut même les soupçonner d'avoir spéculé sur son impatience amoureuse, pour recouvrer leur proie. Désormais le malheureux ne fera plus qu'errer dans les endroits sauvages et solitaires, sous la neige et les frimas, car le monde sans Eurydice n'est pour lui que glace et désert. Les tigres et les chênes le suivront comme naguère les ombres des morts, jusqu'au jour où sa tête arrachée de son cou marmoréen roulera emportée par les flots de l'Hèbre. Mais ses lèvres murmureront encore : « Eurydice ! » Et les rives du fleuve répéteront : « Eurydice ! » Jamais les vers de Virgile n'ont été plus riches de nuances et d'harmonie, et, sauf dans un épisode de l'*Énéide* qui nous ramènera aux Enfers, aussi pathétiques. L'amour et la mort ne l'ont pas moins magnifiquement inspiré que la terre. Cyrène, enveloppée dans une nuée, à quelques pas de son fils, écoutait Protée. Quand le devin s'arrête, elle conseille à Aristée de faire un sacrifice aux Nymphes compagnes d'Eurydice, qui

Quin ipsæ stupuere domus atque intima Leti
Tartara, cæruleosque implexæ crinibus angues
Eumenides, tenuitque inhians tria Cerberus ora,
Atque Ixionii vento rota constitit orbis.
Géorgiques, IV, 466-483.

dansait avec elles des chœurs au fond des bois. Et de nouveaux essaims naquirent des bœufs sacrifiés et abandonnés sous la forêt.

Le poète des Prodiges qui suivirent la mort de César, de la Peste des animaux et d'Aristée, le poète qui avait célébré les moissons, animé les vignes, humanisé les bêtes, divinisé les abeilles, je ne vois pas à quel vaste sujet il aurait pu être inégal. Toutes les cordes de la lyre frémissaient d'aise sous ses doigts, les plus douces et les plus humbles, si difficiles à toucher, et les plus éclatantes. Et toujours, toujours, cette vigueur sereine, c'est-à-dire contenue, qui fait que là même où il réalise la perfection, nous avons encore l'impression qu'il ne tenait qu'à lui de donner davantage. Il est de ces rares grands artistes qui n'ont jamais l'air d'aller jusqu'au bout de leurs forces, et dont la poésie se déploie avec tant d'aisance qu'elle ne semble pas avoir besoin pour couvrir un large espace d'atteindre toute son envergure.

CHAPITRE V

LE ROMAN DE L'ÉNÉIDE

I. Les embellissements de Rome et la préparation de l'*Énéide*. — II. Analyse du poème. — III. L'intérêt romanesque de l'*Énéide*.

I

Les *Géorgiques* avaient fait de Virgile le grand poète national de l'Italie. Quand on sut qu'il travaillait à une épopée, les Lettres latines attendirent un chef-d'œuvre qui surpasserait tout ce qu'on connaissait encore ; et Properce, bon confrère, poète voluptueux, et aussi très Romain, traduisit cette attente dans des vers qui méritaient leur immortalité. Étendu languissamment sur les fleurs de la veille et percé jusqu'aux os des traits de l'Amour, il s'écrie : « A Virgile de pouvoir célébrer les rivages d'Actium, Phœbus protecteur, et les flottes de César, lui qui, en ce moment, évoque les combats d'Énée et les remparts fondés aux rives de Lavinium. Cédez le pas, poètes romains ; poètes grecs, cédez le pas ! Il naît en ce moment je ne sais quoi de plus grand que l'*Iliade* ! » *Nescio quid majus nascitur Iliade.*

Virgile avait commencé son poème en l'année 29; et il y consacra les onze années qui lui restaient à vivre. L'heure où il le commençait était solennelle dans l'histoire de Rome. Auguste venait de fermer le temple de Janus. Depuis sept cents ans que Rome était fondée, cette cérémonie n'avait eu lieu que deux fois, sous Numa et après la première guerre punique. « Des verrous fermeront étroitement les sinistres portes du temple de la Guerre, dit Jupiter au premier livre de l'*Énéide*. A l'intérieur, la Fureur impie, assise sur un sauvage monceau d'armes, les mains enchaînées derrière le dos de cent nœuds d'airain, frémira le poil hérissé et la bouche sanglante. » Courte trêve! Il fallut les rouvrir bientôt. On eut à réduire les Cantabres, les Asturiens, les Aquitains, les Pannoniens, les Dalmates, sans compter les Germains. Mais Virgile vit encore une fois, quatre ans plus tard, renouveler cet emblème de la paix. Et d'ailleurs qu'importaient les expéditions lointaines puisqu'enfin les discordes civiles avaient cessé et que le pouvoir du vainqueur d'Actium était assez assuré pour qu'il n'hésitât point à se rendre en Espagne et à y prendre lui-même le commandement de son armée?

A travers des difficultés sans nombre, des complots éventés, des oppositions sourdes, des scandales comme celui de la condamnation de Gallus, Auguste, tribun, imperator, et consul chaque fois qu'il en manifestait le désir, poursuivait son œuvre de pacification et l'établissement de la monarchie. Toujours très simple « comme s'il eût voulu par la modestie de ses allures désarmer la Némésis[1] », il réservait toutes ses magnificences pour l'embellisse-

---

1. Ampère. *L'Histoire romaine à Rome.*

ment de Rome. Il reconstruisait le Capitole, le temple de Quirinus, celui de la Concorde, celui de Cybèle et celui de Junon Sospita, la vieille déesse italique, enveloppée d'une toge de matrone et couverte d'une peau de chèvre, un épieu de chasse à la main. Il élevait à Phœbus Apollon, protecteur de l'Antique Troie et dieu de sa race, un temple de marbre « où, dit Properce, le dieu semblait chanter sur sa lyre muette et où, entre les colonnes, on comptait autant de statues que le vieux Danaüs avait de filles ». Enfin il bâtissait, au milieu de son Forum, le temple de Mars Vengeur, dédié au souvenir des champs de Philippes. On ne le consacra que dix-sept ans après la mort de Virgile ; mais le poète avait pu en contempler les premiers travaux, les superbes colonnes en marbre cannelées qui subsistent encore, et les œuvres d'art qui devaient l'orner. L'une d'elles, un tableau d'Apelle, représentait la Guerre, les mains liées derrière le dos, et elle lui inspira sans doute ses vers sur le temple de Janus. Le forum d'Auguste était peuplé des statues de tous les chefs qui avaient contribué à la grandeur de Rome. Elles étaient érigées en appareil triomphal, toutes en bronze et chacune protégée par un portique. Dans la première niche, on voyait un homme qui en soutenait un autre sur ses épaules : c'était Énée chargé du poids sacré d'Anchise, *oneratus pondere sacro*, dira Ovide. Rome n'avait encore rien possédé d'aussi beau que tous ces édifices ; mais le monument que, pendant ce temps, élevait Virgile devait leur survivre. Il était bien de la même venue et répondait au même plan : un temple aussi, comme ceux qu'édifiait Auguste, où Rome admirerait, parmi des tableaux qui lui rappelleraient les chefs-d'œuvre de la Grèce, dans une architecture encore inspirée de l'architecture grecque, mais qui s'en éloignait chaque jour et devenait de plus en plus impériale, les scènes dramatiques et légendaires de ses Origines, les grandes figures de son histoire et toute sa destinée.

Avant d'en étudier les fondations et de pénétrer dans le sanctuaire d'où rayonne la pensée du poète, parcourons son œuvre, comme s'il ne s'était proposé que de charmer notre imagination. L'*Énéide* partage le sort de presque tous les poèmes épiques, je dirais de tous, si je ne songeais à l'*Odyssée* : on n'en connaît et on n'en relit que les épisodes. Nous ne nous demanderons pas après Aristote, Boileau et Sainte-Beuve, si l'épopée est supérieure à la tragédie. Nous constaterons seulement que les chefs-d'œuvre épiques sont plus rares que les chefs-d'œuvre tragiques et qu'ils traînent toujours des parties languissantes ou mortes, pendant que les autres gardent dans tous leurs membres la force et la souplesse de la vie. Il n'y a pas d'épopée plus classique que l'*Énéide*. Elle est plus traduite, plus commentée, peut-être plus familière à toutes nos générations de bacheliers que l'*Iliade* et l'*Odyssée*. Mais combien en trouverait-on qui l'aient lue d'un bout à l'autre et qui en conservent les grandes lignes présentes à leur esprit ? Sauf quelques passages du premier et du second livre, le quatrième rempli par l'amour de Didon, le sixième, où Énée descend aux Enfers, et la mort de Nisus et d'Euryale dans le neuvième, le reste du poème leur est presque entièrement inconnu. Et pourtant, malgré les défaillances d'un poète qui n'eut pas le temps de revoir son œuvre et de la mettre au point, l'*Énéide* est un des poèmes les mieux ordonnés, les plus rapides, et — on ne s'en étonnera pas après les *Géorgiques* — les plus habilement variés qui soient sortis d'une tête humaine. On dit que Virgile l'avait d'abord écrit en prose, comme Racine ses tragédies. Je le crois sans peine, tant l'inspiration y est obéissante et la compoposition sûre. Pour nous en rendre compte, lisons-le d'abord comme un roman d'aventures, **un beau roman chevaleresque.**

II

Livre premier. — Il y a six ans que Troie n'est plus qu'un monceau de décombres. Ulysse voyage encore et n'est pas encore près de revoir son Ithaque. L'écroulement de la ville de Priam n'a pas cessé d'ébranler les échos du monde méditerranéen. De cette grande douleur sont nées d'autres douleurs. Les puissances célestes qui étaient entrées en conflit au sujet des Grecs et des Troyens continuent de faire sentir leurs rancunes et leur haine aux échappés de ce terrible incendie.

Une ville est sortie de terre, en face de l'Italie et des bouches du Tibre : Carthage. Junon, qui la protège, voudrait lui assurer la domination du monde. Et voici que cette déesse, l'éternelle ennemie des Troyens, aperçoit une flotte qui vient de quitter la Sicile. C'est la flotte d'Énée, un des grands capitaines de Troie, fils de Vénus et d'Anchise. Il a rassemblé autour de lui les derniers débris de l'antique royaume ; et les Destins l'ont choisi pour fonder en Italie un empire qui ruinera celui de Carthage. A la vue de ces matelots joyeux, les anciennes blessures d'amour-propre se réveillent dans le cœur de la déesse. Elle court en Éolie où Éole retient les tempêtes ; et elle obtient, par sa prière impérieuse et ses promesses, qu'il les lâche sur la mer. Aussitôt les Troyens sont assaillis. Le premier cri que nous entendions est celui d'Énée, qui, les mains tournées vers le ciel, regrette amèrement de ne pas être tombé sous les murs d'Ilion. Ses vaisseaux sont dispersés ; quelques-uns semblent engloutis. Les armes et les trésors de Troie flottent sur les vagues démontées. Mais Neptune n'admet pas que, sans son ordre, on bouleverse son royaume. Il lève au-dessus des eaux sa belle tête que la colère rend plus calme encore, et il n'a pas même besoin de formuler ses menaces pour que les vents à toute vitesse regagnent leurs cavernes. Le soleil reparaît. Les Troyens, entraînés jusqu'au rivage inconnu de la Libye, abordent dans une profonde baie couronnée de bois sombres.

Cependant Jupiter, observateur impartial et scrupuleux des décrets du Destin, a fixé ses regards sur le petit point de la terre où les naufragés essaient de reprendre cœur. Et Vénus lève vers lui ses yeux brillants de larmes. Le nouveau coup qui frappe Énée, et qui l'éloigne encore de l'Italie, la fait douter des brillantes destinées promises à son fils. Jupiter la rassure avec ce sourire qui rassérène le ciel, et il lui découvre les magnifiques perspectives qui partent de ce pauvre groupe d'hommes battus par les flots et qui se déroulent jusqu'à Auguste, maître du monde. Ainsi, pendant qu'Énée, sur le bord du désespoir, cherchait vainement le sommeil, le souverain des dieux voyait du haut de l'Olympe s'accomplir le résultat de son labeur et la destinée glorieuse de ses descendants.

Le lendemain matin. accompagné d'Achate, il se

met en devoir d'explorer le pays. Une jeune chasseresse étrangement belle, les cheveux au vent, l'arc sur l'épaule, lui apprend qu'ils sont tout près d'une ville récemment fondée et lui raconte l'histoire de sa fondatrice. C'est une Phénicienne, Didon. Son frère Pygmalion, roi de Tyr, a égorgé son mari Sychée pour s'emparer de ses trésors. Le crime était resté caché ; mais, une nuit, l'ombre du mort est apparue à la jeune femme, qui ne se savait pas veuve, et lui a conseillé la fuite. Elle est partie avec tous ceux que révoltait la tyrannie de Pygmalion ; et les farouches Libyens leur ont permis de construire une ville. La chasseresse annonce aussi à Énée que ses compagnons qu'il croyait abîmés dans les flots lui seront rendus. Mais au moment où elle s'éloigne, sa démarche révèle une déesse, et le héros a reconnu sa mère divine.

Achate et lui entrent dans la ville, enveloppés d'un nuage. Tout le monde y travaillait comme dans une ruche. Ici, l'on creusait un port ; là, on jetait les fondements d'un théâtre. Ils parviennent au centre de la cité, sous un bois sacré où s'élevait un temple de Junon. Les murs en étaient déjà décorés des principaux épisodes de la guerre de Troie : Achille traînant le cadavre d'Hector ; Priam tendant au vainqueur ses mains désarmées. Enée se reconnaît lui-même dans la mêlée. Et il est aussi ému qu'Ulysse chez les Phéaciens, quand personne ne sait encore son nom et que l'aède chante ses malheurs. « Ici même, dit-il, le mérite a sa récompense. *Sunt lacrymæ rerum.* » (Il y a des larmes pour les infortunes.) Pendant qu'il admire ces douloureuses images, Didon s'avance vers le temple, éclatante de beauté. Elle s'assied sur un trône et elle commençait à rendre la justice, quand il voit approcher, poussés par la foule, ses compagnons dont la tempête l'avait séparé. Vénus lui avait bien annoncé qu'il les reverrait. Son étonnement n'en est pas moins fort. Il faut remarquer que les héros, qui reçoivent la visite des dieux, ne se rappellent presque jamais ce qu'ils ont entendu de ces bouches divines. Le souvenir de la prédiction s'évanouit très souvent avec l'apparition. Elle ne leur revient à la mémoire qu'au moment où elle se réalise. S'il en était autrement, ils sortiraient trop de la condition humaine.

Le plus âgé des Troyens, Ilionée, s'adresse à Didon et, avec cette éloquence qui est le privilège des belles races méditerranéennes, il proteste contre l'accueil inhospitalier des indigènes et contre les torches dont on a menacé leurs vaisseaux. Que craint-on de vaincus comme eux? Ils sont Troyens. Ils avaient pour roi le grand Énée, un homme supérieur à tous par la piété et le courage. S'il est mort, qu'on leur permette de regagner en Sicile le royaume de leur compatriote Aceste! La reine s'excuse de la dure nécessité qui la force d'agir ainsi avec les étrangers. Mais ils peuvent se rassurer. On connaît les Troyens et leurs malheurs. Plût au ciel que leur chef Énée fût entré, lui aussi, au port de Carthage! A ce moment, Énée écarte son nuage : « Vous avez devant vous, dit-il, cet Énée que vous cherchez. » Didon, tout d'abord interdite à la vue du héros, lui témoigne une sympathie pleine d'admiration et l'emmène avec ses compagnons dans son palais où l'on dresse un banquet.

Énée envoie aussitôt chercher son fils Ascagne qui apportera des présents à la reine. Mais Vénus n'a pas confiance dans une ville dont Junon est la protectrice. Elle enlève Ascagne endormi sur les hauteurs Idaliennes, et lui substitue le redoutable frère d'Énée, l'Amour, qui prend à sa prière les traits de l'enfant. Didon reçoit des mains du faux Iule (c'est l'autre nom d'Ascagne) une robe d'Hélène, un collier de perles d'une fille de Priam; mais, quand elle l'embrasse, elle ignore quel dieu puissant elle presse contre son sein. L'image de Sychée pâlit dans sa mémoire; une nouvelle flamme se glisse jusqu'à son cœur si déshabitué de l'amour. Le sortilège de Vénus était bien inutile! Ascagne n'avait pas besoin d'être un dieu. Il suffisait qu'il ressemblât à son père et que Didon retrouvât sur ce visage d'enfant, où s'appuyaient ses lèvres, les traits de l'homme merveilleux qui était entré dans sa vie par un coup de théâtre et dont l'illustre parentage, la renommée, les aventures, leur conformité de malheurs, l'avaient déjà conquise. L'intervention divine ne fait ici que dramatiser gracieusement l'œuvre de la nature. Le banquet s'achève dans la haute salle aux lambris revêtus d'or, sous la lumière des lustres, à la flamme des torches. Les convives, couchés sur des lits de pourpre, ont entendu chanter l'aède Iopas aux sons de sa lyre d'or. Et la reine, tour à tour enjouée et rêveuse, prolonge la fête. Elle n'écoutait pas l'aède, mais elle interrogeait son hôte sur Priam, sur Hector, sur Achille; enfin elle le prie de reprendre dès l'origine les malheurs de Troie et de lui faire le récit de ses courses errantes.

Livre II. — Énée commence au jour où les Grecs, feignant de partir, ont abandonné sur le rivage troyen un énorme cheval de bois. Que signifiait ce cheval? Était-ce une offrande? Était-ce une ruse? Le prêtre de Neptune, Laocoon, supplie les Troyens de ne pas introduire dans la ville ce présent suspect. Mais des bergers traînent devant Priam un jeune homme, les mains liées derrière le dos, un jeune

Grec. Il raconte que Calchas, soudoyé par Ulysse, avait demandé qu'on l'immolât afin que la flotte obtînt un heureux voyage de retour, et qu'à la veille du sacrifice il s'est sauvé. Quant à ce cheval, les Grecs l'ont construit pour l'offrir à Minerve et réparer leur vol injurieux du Palladium. Mais ils espèrent que son énormité l'empêchera de franchir les portes de la ville, car ils savent que, s'il y pénétrait, Troie porterait la guerre jusque sous les murs de Pélops. Et le jeune Grec, Sinon, prend à témoin de ce qu'il dit les astres et les dieux. Jamais on ne déploya tant d'éloquence persuasive dans la fourberie. Jamais on ne se parjura avec un accent plus sincère.

Je me rappelle un très beau roman de Georges Eliot, *Romola*. Le héros, qui sera un traître, mais qui ne l'est pas encore, arrive un jour à Florence. Il est jeune, gracieux, d'une séduction presque irrésistible. Un peintre l'aborde chez un barbier et lui demande à brûle-pourpoint : « Jeune homme, je fais un tableau de Sinon trompant le vieux Priam ; et je serais heureux si vous consentiez à poser pour mon personnage. » Le barbier s'écrie : « A quoi pensez-vous ? Le visage de ce jeune homme conviendrait bien mieux à un saint Sébastien ou à un Bacchus ou à un Apollon ! » — « Précisément répond le peintre. Un traître parfait devrait avoir un visage où le vice ne se marque jamais, des lèvres qui mentent avec un sourire à fossettes, des yeux si brillants et si limpides qu'aucune infamie ne puisse les obscurcir, des joues qui, même après un meurtre, ne laissent paraître aucune émotion. »

Dans cette scène qu'Énée revit en la racontant, Sinon, dont nous ne voyons la belle et charmante figure qu'à travers ses larmes, ses serments, ses gestes à la fois modestes et pathétiques, ses paroles qui prennent le cœur, Sinon est certainement de tous les traîtres le plus effrayant. Mais il y a quelque chose d'encore plus effrayant que ses yeux limpides, c'est que les dieux l'approuvent et se font ses complices. De l'île de Ténédos, où la flotte des Grecs est allée s'embusquer, deux monstrueux serpents s'avancent sur les eaux calmes, abordent au rivage, saisissent les fils de Laocoon et les étouffent avec Laocoon lui-même dans leurs replis écailleux. Comment ne pas croire aux paroles de Sinon? On abat un pan des murs de la ville, et le cheval, tout chargé d'ennemis, y entre aux chants des jeunes garçons et des jeunes filles. « O patrie! s'écrie Énée. O Ilion demeure des dieux! O remparts des Dardaniens illustrés par tant de gloire! » *O patria, o divum domus Ilium, et inclyta bello — Mœnia Dardanidum!*

Représentez-vous, dans la salle resplendissante, tous les convives les yeux attachés aux lèvres d'Énée, l'émotion de Didon et son ardente pâleur. L'homme qui parle a vu ces choses; il a été témoin de ces prodiges. S'il s'attarde aux événements qui ont précédé la tragédie, c'est que la perfidie de Sinon et les serpents de Laocoon expliquent l'aveuglement des Troyens et leur ruine. L'angoisse en est prolongée; et les auditeurs, qui savent quels horribles spectacles les attendent, voudraient la prolonger encore.

La nuit est tombée, la dernière nuit de Troie! La flotte grecque est revenue sous l'amical silence de la lune. Le cheval vomit dans l'ombre sa charge de guerriers. Énée dort. Tout à coup, il voit en rêve Hector souillé de poussière, sanglant, les pieds encore gonflés par les courroies d'Achille, et les yeux pleins de larmes; et il l'entend lui dire: « Troie s'écroule. Nous avons fait assez pour Priam et pour la patrie. Ilion te confie les objets de son culte et ses Pénates : cherche-leur de nouveaux remparts. » (Didon doit tressaillir, car, elle aussi, elle vit en rêve un fantôme pâle et sanglant, celui de Sychée, et elle s'entendit, à elle aussi, conseiller la fuite et l'exil). A peine l'ombre d'Hector s'était-elle évanouie que des clameurs de détresse réveillaient Énée. La ville est prise. C'est sur lui désormais que repose le destin de son malheureux peuple, et nous le suivons à travers des scènes de carnage.

Le palais de Priam, ce mystérieux sanctuaire de la royauté, dont la hache des assaillants a éventré les portes, ses galeries enrichies d'or, ses cinquante chambres nuptiales, son autel ombragé d'un antique laurier où Hécube et ses filles sont blotties comme des colombes sous l'orage, nous apparaissent au milieu des tourbillons de fumée et des torrents de flammes. Priam est égorgé par Pyrrhus; et « du souverain de l'Asie, il ne reste qu'un tronc sanglant, une tête arrachée des épaules, un corps sans nom ». *Jacet ingens littore truncus — Avulsumque humeris caput et sine nomine corpus.* Cassandre, que des soldats entraînent, passe et lève vers le ciel ses yeux étincelants, « ses yeux, car ses faibles mains sont retenues par des chaînes ». *Lumina, nam teneras arcebant vincula palmas.* Mais une femme se cache, honteuse et tremblante, au seuil du temple de Vesta : c'est Hélène. Énée vengerait sur elle le désastre de son pays, si sa mère n'arrêtait son bras et si, lui donnant un instant une vue plus qu'humaine, elle ne lui montrait les dieux acharnés à la ruine de Troie : Neptune de son trident déracinant les murs; Junon, le glaive en main, aux portes de Scée, pressant les Grecs d'accourir; Pallas du haut de la citadelle brandissant sa terrible

Gorgone; et Jupiter lui-même excitant la rage des destructeurs. Non, ce n'est pas cette misérable Lacédémonienne qui renverse le vieil empire! Les empires ne tombent que parce que les dieux le veulent.

Il n'y a plus qu'à fuir, comme l'a dit Hector. Mais Anchise, que Jupiter jadis a effleuré du vent de sa foudre pour s'être vanté d'avoir dormi dans les bras d'une déesse, l'infirme Anchise s'obstine dans sa résolution de ne pas survivre à sa patrie. En vain son fils le supplie et sa belle-fille Créuse remplit le palais de ses gémissements. Le vieillard ne cède qu'à la vue d'une aigrette de feu qui jaillit de la tête d'Iule, pendant qu'un coup de tonnerre éclate à sa gauche et qu'une étoile filante rase le faîte de sa demeure. Ces avertissements célestes le décident. Ils partent, Énée portant son père sur ses épaules et tenant Iule par la main. Sa femme les suit à une petite distance pour ne pas attirer l'attention. Rendez-vous est donné à leurs serviteurs et à leurs amis hors de la ville près d'un temple de Cérès. Mais Créuse disparaît. Désespéré, Énée rentre dans Troie qui achève de brûler et où le cruel Ulysse veille à la garde du butin sous des portiques solitaires. Il ne craint pas d'appeler Créuse à haute voix dans les ténèbres. Ce n'est que le fantôme de la jeune femme qui lui répond. La mère des dieux, Cybèle, l'a emportée parmi ses Nymphes. Elle ne devait pas accompagner son mari dans ses voyages. Mais elle lui prédit son arrivée en Hespérie, sur les bords du Tibre, et son mariage avec une fille de roi. Énée rejoint sa petite troupe et s'enfonce dans les montagnes.

Livre III. — Il était impossible qu'après d'aussi tragiques souvenirs l'intérêt du récit d'Énée ne faiblît pas; et l'on aimerait à croire qu'il s'arrêta là ce premier soir et qu'il ne le reprit que le soir suivant. Il lui restait à raconter sa vie nomade depuis la chute de Troie. C'est l'histoire d'un groupe d'exilés qui vont d'oracle en oracle, consultant les augures, suppliant les dieux, se cherchant une patrie. Malheureusement, nous ne pouvons partager leurs incertitudes, et nous leur en voulons même un peu de trop s'égarer. Puisqu'Énée se rappelle la prophétie de Créuse, pourquoi pendant deux ou trois ans l'a-t-il oubliée? *Tu parviendras en Hespérie où le Tibre baigne de ses eaux lentes les champs fertiles d'une colonie lydienne.* On a dit que le mot Hespérie désignait vaguement l'Occident et que le Tibre était inconnu des Troyens. Admettons que les paroles de Créuse lui soient restées mystérieuses. Ou elles auraient dû l'être davantage pour nous, ou elles devaient retenir davantage son attention.

Dès que sa flotte est construite, il est allé chercher l'Hespérie et le Tibre en Thrace. Les Troyens y fondent une ville; mais des arbrisseaux, dont les racines arrachées dégouttent de sang, leur révèlent qu'un fils de Priam y a été assassiné par le roi du pays; et ils se rembarquent. A Délos, l'oracle d'Apollon leur répond qu'il leur faut gagner la terre d'où leur race est sortie. Cette fois l'erreur qu'ils commettent est plausible, car Anchise croit se souvenir que leurs ancêtres sont venus de la Crète. Ils s'y rendent et y bâtissent la ville de Pergamée; mais la peste les en chasse. Et ses dieux Pénates expliquent en songe à Énée que le berceau de sa race est bien l'Hespérie, c'est-à-dire l'Ausonie ou le Latium. Pourquoi les dieux Pénates se sont-ils laissé promener si longtemps sans l'avertir de sa fausse interprétation? Quelle ironie involontaire dans cette histoire! On va interroger les dieux lointains dont on ne comprend pas les réponses, et l'on a chez soi des dieux intimes qui savent tout ce qu'on désire connaître.

De la Crète désertée ils remontent vers le nord et font escale aux îles Strophades où les Harpies, ces oiseaux rapaces qui ont un visage de femme et la pâleur du jeûne, bravent impunément leurs flèches et souillent leurs repas de leurs immondes déjections. La plus furieuse, Céléno, leur prédit qu'ils n'élèveront de ville en Italie qu'après avoir été réduits par la faim à dévorer leurs propres tables. Il n'y a peut-être pas là de quoi terrifier des hommes qui ont échappé au sac de Troie. Ils mangeront leurs tables : soit ! Mais ils les digéreront puisqu'ils élèveront leur ville. Des Strophades, ils passent non loin de Zacynthe ; ils évitent les écueils d'Ithaque ; ils aperçoivent les pics nébuleux de Leucate ; et ils descendent sur le rivage d'Actium où ils célèbrent des jeux. Puis ils longent l'Épire et abordent à Buthrote.

C'est près de cette ville qu'Énée rencontre, au bord d'un faux Simoïs et devant un tombeau vide, offrant des libations aux mânes d'Hector, Andromaque. Et la jeune femme, voyant soudain briller dans la pénombre d'un bois sacré les armes troyennes, s'écrie : « Où est Hector ? » et tombe évanouie. Elle est maintenant l'épouse d'un fils de Priam, Hélénus, qui, après l'assassinat de Pyrrhus par Oreste, s'est emparé du gouvernement des villes grecques. Hélénus, avec des larmes de joie, reçoit ses compatriotes. Comme il est un roi divin, inspiré d'Apollon, il fait à Énée de longues prédictions, sans pouvoir cependant lui dévoiler tout l'avenir. Les menaces des Harpies ne doivent pas inquiéter le héros ; et quand li trouvera sur la rive d'un fleuve italien une truie blanche avec trente nouveau-nés, il aura atteint son futur empire. « Là sera l'emplacement de la ville et le terme assuré de tes labeurs. » La flotte troyenne reprend la mer et suit l'itinéraire qu'Hélénus lui a tracé. Elle traverse le bras de mer qui sépare l'Épire de l'Italie, s'abrite quelques heures derrière le promontoire d'Iapygie et s'éloigne de ces côtes habitées par des Grecs. Elle double le golfe de Tarente. Elle relâche en Sicile, près de l'Etna, où elle recueille un pitoyable compagnon d'Ulysse abandonné chez les Cyclopes, et d'où elle se sauve à l'apparition de Polyphème. Elle laisse derrière elle la baie de Mégare et le cap Pachynum. Énée découvre au loin les villes de Camarine et de Géla, la superbe Agrigente et les palmiers de Sélinonte, et il entre au port de Drépanum. Là, Anchise mourut. Ni Céléno ni Hélénus, ni les autres oracles n'avaient préparé Énée à ce grand deuil. Ils ne lui avaient pas dit non plus qu'il connaîtrait Carthage.

Livre IV. — Ces beaux récits consomment le malheur de Didon. Elle avoue à sa sœur l'intérêt extraordinaire que lui inspire son hôte. « Ah, si elle n'avait pas juré une fidélité inviolable à son époux mort! Mais que Jupiter la précipite chez les ombres de l'Érèbe, avant qu'elle te viole, Pudeur! » L'infortunée! Jupiter lui sera moins secourable : il ne l'y précipitera qu'après. Anna encourage sa passion; et les deux femmes courent les temples où elles lisent ce qu'elles désirent dans les flancs des victimes. « O profonde ignorance des aruspices! » Junon, qui veut à tout prix écarter les Troyens de l'Italie, propose à Vénus de marier Didon et Énée; et Vénus accepte en souriant. Au milieu d'une partie de chasse organisée par la reine, un orage éclate. Didon se réfugie avec Énée dans une grotte solitaire et se donne à lui. Nous la reverrons souvent chez les romanciers, cette grotte nuptiale, plus funeste qu'aucun repaire de bête féroce, cette grotte d'où sont sortis tant de hontes, de colères, de ressentiments et de meurtres.

Le scandale est bientôt connu de toute la Libye, et le roi Iarbas, qui avait demandé Didon en mariage, supplie Jupiter de venger l'insulte que lui a faite cette étrangère. Jupiter dépêche aussitôt Mercure à Énée. Le dieu le trouve en train de présider aux embellissements de Carthage, vêtu comme un Tyrien et tout chamarré des présents de la reine. Il lui fait honte de son inaction; il lui rappelle sa mission et le trône d'Italie promis à son fils. Énée, brusquement désenchanté, ordonne à ses compagnons d'armer en secret leurs vaisseaux.

Mais on n'abuse pas longtemps une amante passionnée. Didon lui reproche sa dissimulation, son ingratitude, sa trahison, sa cruauté. Pourquoi veut-il la fuir, et comment, au mépris même de ses propres intérêts, peut-il l'abandonner quand elle a pour lui affronté la haine des princes libyens et la désaffection de ses sujets? Énée lui répond d'autant plus froidement et durement qu'il veut paraître moins ému. Alors, sa fureur éclate; elle le charge d'injures. Mais, rentrée au palais, revenue de son emportement, prête à s'humilier au fond du cœur, elle a prié sa sœur d'aller implorer l'infidèle et d'obtenir de lui un délai, un pauvre délai qui lui permette de calmer son délire. Énée est demeuré inflexible. La malheureuse, harcelée de sinistres présages, entend la voix de Sychée qui l'appelle. Le hibou pousse son cri funèbre du haut des tours. Elle décide de mourir. Mais, pour tromper sa sœur, elle imagine qu'une sorcière lui a promis de la guérir si on élève un bûcher dans la cour du palais et si on y brûle tous les souvenirs d'Énée, surtout le lit d'hymen qui l'a perdue. Et quand, à l'aurore, elle aperçoit la flotte impitoyable gagnant la haute mer, c'est sur ce bûcher que, pâle, les yeux sanglants, elle se plonge dans la poitrine une épée qu'elle avait donnée à son amant. Mais, avant de se tuer, en cet instant de calme qui précède les gestes irrévocables, et comme si l'ombre des jours futurs se déchirait devant ses regards, elle a lancé contre son meurtrier des imprécations prophétiques qui se répercuteront dans la lointaine histoire. Non seulement elle menace Énée de toutes les douleurs qui l'attendent sur la terre latine. Non seulement elle prévoit pour lui, à force de la souhaiter, une mort prématurée et sans funérailles ; mais de ses cendres d'amoureuse trahie, elle voit sortir le vengeur qui portera le fer et le feu chez les descendants de Troie. Dans la flamme et la fumée de son bûcher funèbre, nous distinguons déjà la figure du formidable Annibal.

Livre V. — Les Troyens en fuite ont aperçu derrière eux les flammes d'un bûcher ; et leur cœur est hanté de tristes pressentiments. La mer et les vents, qui s'opposent à ce qu'ils cinglent droit vers l'Italie, les ramènent en Sicile, chez le roi Aceste, fils d'une Troyenne. Il y a juste un an qu'Anchise y est mort. Son fils pourra donc honorer cet anniversaire, et, neuf jours après, célébrer les Jeux Funèbres. Il fait d'abord les libations et les sacrifices devant le mausolée, d'où sort, génie du lieu ou gardien du mort, en tout cas merveille rassurante, un serpent d'azur aux écailles mouchetées d'or, qui effleure les offrandes et rentre innocemment sous terre. Puis les fêtes arrivent : elles se composent de régates, d'une course à pied, d'un combat de ceste, d'un tir à l'arc et d'un carrousel. Je comprends que Montaigne ait jugé le cinquième livre le plus parfait et l'ait joint dans son admiration aux *Géorgiques*. Les mêmes qualités y brillent : la précision des détails, le don d'ennoblir les petites choses par la beauté du verbe et de la cadence, un esprit charmant et les plus fraîches peintures de la vie antique. Chacune des épreuves est marquée d'un incident plaisant ou dramatique qui nous familiarise avec des personnages que nous retrouverons plus tard occupés à des combats plus sérieux, sinon plus intéressants.

Mais, pendant ces fêtes, Junon, toujours aux aguets, persuade aux femmes troyennes de brûler la flotte afin de n'avoir plus de dangers à courir sur les mers. Les voilà qui saisissent des brandons dans les feux allumés autour du tombeau d'Anchise et qui commencent à incendier les galères. Une émeute de femmes est toujours ce qu'un chef ou un gouvernement redoute le plus. Énée se croit perdu; et sa flotte l'eût été sans une bienheureuse pluie torrentielle qui limite les dégâts à la destruction de quatre navires. Le vieux Nautès, que la sagesse inspire, lui conseille de laisser en Sicile, vieillards, hommes ou femmes, tous ses compagnons las des aventures et des flots; et, la nuit suivante, dans le mystère du sommeil qui relie les vivants aux morts, son père l'y exhorte et l'avertit qu'aussitôt débarqué en Italie, la Sibylle de Cumes lui ouvrira le gouffre de l'Averne et le conduira vers lui au séjour des ombres. Aceste consent à ce que les Troyens, restés en Sicile, fondent une cité qui portera son nom et dont Énée trace l'enceinte avec la charrue. Et, allégée des cœurs débiles, la troupe des exilés lève l'ancre. Neptune a promis pour eux à Vénus une bonne traversée. Il se contentera d'une seule victime, le pilote Palinure, à qui le dieu du Sommeil veut sans doute faire expier ses longues veilles attentives. Ce dieu sinistre l'abuse de vaines images, et, au moment où il s'abandonne, tombe sur lui et le précipite dans les flots. Énée s'est aperçu de sa disparition et a pris sa place. La flotte s'approche de l'Italie, son vaisseau en tête, et lui-même à la barre.

Livre VI. — Il aborde au rivage de Cumes, et, pendant que la jeunesse troyenne prépare le campement, il gravit la hauteur où s'élève le temple d'Apollon et se rend à l'antre de la Sibylle, gardienne des bords de l'Averne. Le dieu, par la bouche écumante de la prêtresse, lui prédit des guerres, des fiançailles sanglantes et que le premier salut lui viendra d'une ville grecque. Le héros conjure alors la Sibylle de le mener chez les morts, près d'Anchise. Mais il lui faut d'abord donner la sépulture à un de ses compagnons dont le cadavre souille la flotte, et cueillir ensuite dans la forêt le mystérieux rameau d'or. Pendant son absence, en effet, le trompette Misène, dont la conque sonore défiait follement les dieux de la mer, a été noyé par Triton. (Que tous ces dieux sont jaloux des hommes et cruels !) Les Troyens se répandent dans la forêt pour y abattre le bois du bûcher funèbre ; et Énée, qui s'y employait comme eux, arrive, conduit par des colombes, au chêne où brille le rameau d'or, si docile à sa main. La cérémonie lugubre s'accomplit, prélude de son voyage infernal. Il fait, pendant toute la nuit, des sacrifices à l'entrée d'une caverne ; et, dès la pointe du jour, un tremblement de terre les avertit, la Sibylle et lui, que le gouffre leur est ouvert.

Ils descendent, tous deux seuls, dans l'obscurité, à travers des demeures vides et des royaumes de simulacres. Ils atteignent l'Achéron où les ombres des morts assiègent le funèbre passeur ; la barque de Charon reçoit Énée, et, sous le poids de ce vivant, elle fait eau de toutes parts. Au delà du fleuve, les deux voyageurs traversent des régions que Dante nommerait des cercles. Il y a celle des enfants morts à leur naissance et qui pleurent ; celle des innocents injustement condamnés ; celle des suicides qui envient maintenant la lumière où l'on souffre, où l'on peine, où l'on endure la pauvreté. Plus loin, sous les bois de myrtes du Champ des Pleurs, passent les victimes de l'Amour. Énée reconnaît Didon ; mais elle ne répond aux larmes et aux supplications de son ancien amant que par un farouche silence et des regards indignés. Plus loin, c'est le séjour des hommes d'armes qui tombèrent sur le champ de bataille. Les soldats d'Agamemnon s'enfuient à la vue du héros et de ses armes étincelantes ; et leur bouche épouvantée ne laisse échapper que des cris silencieux. Parmi ces ombres, Énée arrête Déiphobe, le troisième mari d'Hélène, que sa femme a livré aux Grecs, la nuit du sac de Troie, et qu'Ulysse et Ménélas ont affreusement mutilé. Mais la Sibylle l'entraîne. Ils laissent à gauche la vaste enceinte du Tartare où les grands criminels expient leurs crimes dans un fracas de gémissements, de coups de fouet et de chaînes. Et ils parviennent enfin aux portes où le héros doit déposer le rameau d'or.

Ils se trouvent dans une campagne baignée d'une lumière de pourpre, dans un monde qui a son soleil et ses étoiles. Des ombres heureuses s'exercent à la palestre ; d'autres luttent ; d'autres font des chœurs et des chants. Ce sont les héros, les poètes, les grands hommes, les bienfaiteurs de l'humanité. Anchise contemplait à ce moment des âmes innombrables qui voltigeaient, comme des abeilles, autour des eaux du Léthé. Elles attendent la fin de leurs mille années d'épreuves pour retourner sur la terre, purifiées, dans des corps neufs. Et le vieux Troyen, heureux de revoir Énée, lui montre et lui nomme celles qui éterniseront son nom et le nom romain, depuis l'Albain Sylvius, le fils que lui donnera Lavinie, jusqu'au fils d'Octavie, la sœur d'Auguste, ce Marcellus, hélas ! douleur de tout un peuple, ce Marcellus à qui les durs destins ne permettront pas d'être un Marcellus. Les plus grandes figures de l'histoire romaine, encore inconsistantes, mais déjà reconnaissables, errent ainsi dans le jour surnaturel de l'Élysée ; et tout un avenir de gloire bruit où frémissent leurs ombres. « Et nous craindrions encore de nous fixer en Italie ! » s'écrie Anchise.

Il y a deux portes du Sommeil : l'une de corne par où montent les ombres réelles ; l'autre d'ivoire par où les mânes nous envoient les songes trompeurs. C'est par cette dernière qu'Anchise fait sortir Énée. Cela signifie non pas que ce qu'il vient de voir et d'entendre est un mensonge ; mais qu'il n'en gardera pas plus le souvenir que d'un rêve. Cependant cet air de l'au-delà, un instant respiré, a pour toujours retrempé son âme.

Livre VII. — Les Troyens remontent vers le nord en longeant les côtes. Ils frôlent, passé minuit, les rivages où Circé la magicienne, dans son palais illuminé, remplit les bois d'un chant continu ; et ils entendent rugir et hurler derrière les barreaux de leurs cages les hommes dont la cruelle a fait des lions, des ours, des sangliers et des loups. Aux premiers rayons de l'aurore, ils pénètrent dans le lit ombragé du Tibre. Ce fut là, sur la rive, que se réalisa la prophétie de Céléno qui avait tant effrayé le fils d'Anchise. Ses principaux compagnons, Iule et lui prenaient leur repas à l'ombre d'un arbre. Ils avaient placé leurs mets sur des gâteaux de froment. Les mets achevés, comme ils avaient encore faim, ils attaquèrent les gâteaux. Et Iule de s'écrier : « Nous mangeons aussi nos tables ! » A ces mots, Énée se réjouit et vit partir, plein d'espoir, les ambassadeurs qu'il envoyait au roi du pays, dont la ville de Laurente n'était qu'à une lieue de là.

Le roi Latinus, fils du dieu Faunus, régnait alors sur le Latium. Il n'avait point de fils ; et les princes latins recherchaient en mariage sa fille Lavinie. La reine Amata désirait pour gendre son neveu Turnus, issu de rois puissants. Le mariage se fût déjà fait, si des prodiges ne s'y étaient opposés et si, dans les bois sacrés de Tibur, la voix de Faunus n'avait averti son fils qu'un gendre lui viendrait des pays étrangers. Quand Latinus reçut les députés d'Énée et qu'il eut entendu leur requête, il ne douta point que ce prince fût celui dont la venue et la grandeur future lui avaient été annoncées. Et il le dit aux Troyens qui s'en retournèrent avec des présents magnifiques.

Si Junon n'avait pas veillé à susciter des haines contre Énée, la nature humaine y eût pourvu. Il était inutile qu'elle dérangeât la Furie Alecto, ses serpents et ses torches. L'idée que son mari donnerait leur fille à un étranger jette la reine hors d'elle-même. Elle ameute les femmes de la ville ; elle en fait des Bacchantes qui désertent leurs foyers et courent au fond des bois célébrer des orgies. Turnus devient tout à coup furieux et appelle les Rutules aux armes. La déclaration de guerre ne dépend plus que d'un incident. Et, comme toujours, l'incident se produit. Iule qui chassait blesse d'une flèche un grand cerf que Silvia, la fille de l'intendant du roi, avait apprivoisé. Les paysans se précipitent aux cris de la jeune fille ; et ils allaient faire un mauvais parti à l'adolescent, si les Troyens ne l'avaient secouru. Le premier sang a coulé. Latinus, impuissant et désolé, lève les mains au ciel et s'enferme dans son palais. On ouvre le temple de Janus. Déjà les peuples latins sont en marche ; et, parmi leurs chefs, Mézence, le contempteur des lois divines, et son fils Lausus, le plus beau des guerriers après Turnus ; Cœculus, le fondateur de Préneste ; le Falisque Messape, dompteur de chevaux ; et la reine des Volsques, Camille avec sa tresse d'or et son myrte pastoral armé d'un fer aigu. Elle volerait sur la cime des moissons sans courber les épis et traverserait les mers sans mouiller ses pieds rapides.

Livre VIII. — Cependant Énée anxieux avait fini par s'endormir sur les bords du Tibre. Le dieu du fleuve lui apparut en rêve et lui conseilla de s'adresser aux Arcadiens établis à Pallantée et continuellement en guerre avec les Latins. A son réveil, le premier objet qui frappa sa vue fut une truie blanche entourée de trente petits aussi blancs que leur mère. Ainsi s'accomplit l'oracle d'Hélénus comme s'était accompli celui de Céléno. Énée équipe deux birèmes et remonte le cours bienveillant du Tibre à travers les reflets des grands bois sur les eaux silencieuses. Le vieux fleuve et les antiques forêts s'étonnaient de voir ces galères peintes et ces armes brillantes.

Pallantée s'élevait sur l'emplacement futur de Rome. Ce n'était pas une ville somptueuse comme Laurente[1]. Elle n'avait pas de palais orné de statues, ni de Sénat, ni de roi marchant précédé des faisceaux. C'était une pieuse et austère Arcadie, mais où la jeunesse était guerrière. Ce jour-là, le roi Évandre offrait un sacrifice à Hercule aux portes de la ville. Nous reviendrons sur son hospitalité patriarcale, sur les beaux récits qu'il fait à son hôte et sur leur promenade dans des lieux déjà sacrés, mais qui le seront bien plus un jour. Évandre, heureux de

1. Voir, sur *Laurente*, l'Appendice, page 333.

s'allier aux illustres Troyens, et trop âgé pour prendre lui-même les armes, confie à Énée une petite troupe et tout ce qu'il a de plus précieux au monde, son fils Pallas. Il lui apprend que les Étrusques, qui se sont soulevés contre leur féroce roi Mézence, seraient très disposés à se joindre à lui et à punir Turnus qui soutient la cause de leur tyran. Énée, au lieu de regagner son port de débarquement, ira donc s'entendre avec leur chef Tarchon.

Vénus qui voit son fils engagé dans les périls de la guerre, a prié Vulcain, comme elle sait le prier, avec des sourires et des caresses, de forger pour Énée une armure aussi belle et aussi puissante que celle qu'à la prière de Thétys il forgea naguère pour Achille. Et, quand les Troyens sont arrivés près du camp des Étrusques, elle lui apporte dans un vallon solitaire un casque qui semble vomir des flammes, une cuirasse d'airain d'un rouge de sang, des cuissards d'argent et d'or et un bouclier encore plus magnifique. Vulcain, pour qui le temps n'existe pas et pour qui l'avenir est comme le passé, y avait ciselé les scènes les plus impressionnantes de l'histoire romaine : la Louve, l'Enlèvement des Sabines, Horatius Coclès et Clélie, les danses des Saliens, les cortèges des Flamines, Catilina tremblant sous les yeux des Furies, Caton donnant des lois aux Justes, et, au centre, la mer d'Actium roulant sur fond d'or ses vagues blanchissantes ; debout, à la poupe de son vaisseau, se dressait Auguste dont les tempes lançaient deux rayons de lumière... Énée, qui n'a gardé aucun souvenir de son passage aux Champs Élyséens, admire, sans en comprendre le sens, le travail miraculeux de Vulcain et « charge sur ses épaules la gloire et les destins de sa postérité ». *Attolens humero famamque et fata nepotum.*

Livre IX. — **Turnus a profité de l'absence d'Énée pour assaillir les Troyens. Il voudrait les attirer hors de leur enceinte ; mais le héros, en les quittant, leur avait donné l'ordre de n'en sortir à aucun prix. Le Rutule découvre leur flotte abritée sur le rivage et se prépare à l'incendier. Alors Cybèle se rappelle la promesse de Jupiter que, parmi ces vaisseaux construits avec les bois sacrés de l'Ida, ceux qui aborderaient en Italie dépouilleraient leur forme mortelle et deviendraient des divinités marines. Sous la menace des torches rutules, ils rompent leurs câbles, plongent comme des dauphins, et l'on voit émerger des ondes autant de Nymphes qu'il y avait de proues d'airain. Ce miracle n'arrête pas Turnus. Les miracles ne nous arrêtent point. Quand nous ne pouvons les nier, nous les interprétons dans le sens de nos passions. Pour Turnus, cette métamorphose est la preuve que les dieux ferment la mer aux Troyens. Et il investit la ville à la tombée du soir.**

Ce fut pendant cette nuit de siège que Nisus et son cher Euryale, l'un obéissant à un dieu ou à son amour de la gloire, l'autre, par attachement à son ami, entreprirent de traverser les lignes ennemies et d'aller avertir Énée. Ils partent ; ils longent d'abord la mer pour tourner les bivouacs des Rutules qui avaient joué, qui avaient bu et qui dormaient à poings fermés. L'occasion de faire un grand carnage et un grand butin est trop tentante. Ils s'y attardent ; et Euryale, le plus jeune, ne résiste pas au désir de s'emparer et se coiffer d'un casque aux superbes aigrettes. Mais les dépouilles de l'ennemi se vengent souvent du ravisseur. Turnus l'apprendra bientôt à ses dépens ! Le casque où se réfléchit le rayon de la lune trahit le jeune homme. Il est aperçu de Volcens qui amenait trois cents cavaliers à Turnus. Nisus

s'échappe dans l'épaisseur des bois ; puis, **voyant** son ami aux prises avec les Rutules, il revient, se montre, les provoque, les attaque, **tue Volcens, et,** percé de coups, va expirer sur le cadavre de celui qu'il aimait.

Quand le jour se lève, les soldats de Turnus exposent aux yeux des Troyens les têtes des deux jeunes gens dressées sur des piques, et la mère d'Euryale, la seule vieille femme qui ait refusé de rester en Sicile, éclate en âpres gémissements. Les Rutules donnent l'assaut. Un combat acharné s'engage où les Troyens, après une imprudente sortie, refoulés en désordre, referment leurs portes sans voir que Turnus est entré dans la place. Il y répand la mort et la panique. Peu à peu les fuyards se ressaisissent, et, honteux de fuir devant un seul homme, se retournent contre lui. Il leur tient tête. Mais il est obligé de reculer ; il recule jusqu'au Tibre et se jette dans les flots. Aussi impartial que le poète, le vieux fleuve, qui avait porté si doucement Énée à la cité d'Évandre, reçoit l'admirable combattant, le soulève mollement de ses ondes jaunes et le rend à ses compagnons fier et purifié des souillures de la bataille.

Livre X. — L'acharnement des hommes a gagné les dieux. Jupiter les rassemble dans son palais et déplore qu'ils ensanglantent la terre d'Italie avant l'heure où les Carthaginois, forçant les Alpes, rendront les combats légitimes. Vénus et Junon se reprochent amèrement leurs manœuvres ; et les dieux partagés suivent en frémissant la joute oratoire et passionnée des deux rivales. Mais Jupiter jure par le Styx qu'il tiendra la balance égale entre les Rutules et les Troyens et que désormais ils ne devront qu'à eux-mêmes leurs succès ou leurs revers. (Il a tort de jurer, car il ne tiendra **pas son serment !**)

L'assaut des Rutules a recommencé avec le jour- et les Troyens faiblissent. Mais Énée, qui a conclu son alliance avec Tarchon, le chef des Étrusques, s'est embarqué de Pyrgi à la tête d'une flotte où sont représentés tous les peuples étruriens et ligures jusqu'aux Alpes, Pise, Pérouse, Clusium, Mantoue. Trente vaisseaux descendent vers l'embouchure du Tibre. Et tout à coup les Troyens aperçoivent debout sur la poupe de son navire, comme l'Auguste d'Actium ciselé par Vulcain, Énée et son bouclier resplendissant. Leur courage se réveille. Turnus se précipite sur le rivage pour empêcher le débarquement. De cette première grande mêlée les Troyens et leurs alliés sortiront vainqueurs. Mais de part et d'autre, que de sang versé ! Que de belles promesses d'avenir anéanties ! Cette journée-là, les dieux eux-mêmes comme Hercule pleurent de voir mourir des jeunes gens comme Pallas, car le fils d'Évandre tombe sous les coups de Turnus qui se pare orgueilleusement de ses dépouilles. Et le fils de Mézence est tué par Énée en sauvant son père. Mézence, que la mort de son enfant fait rentrer en lui-même et rougir de sa vie barbare, Mézence, blessé, presque mourant, trouve encore la force d'affronter le Troyen qui l'achève. Quant à Turnus, Junon ne permet pas qu'il s'expose davantage. Avec le consentement de Jupiter, elle le jette à la poursuite d'un fantôme d'Énée qu'elle a formé d'une légère vapeur et l'entraîne loin du champ de bataille, jusqu'à sa ville d'Ardée. C'est une fuite ; mais, vers la fin d'une journée de fièvre sanglante, il se peut qu'un combattant surmené se forge de vaines images.

Livre XI. — La victoire d'Énée lui ouvrait le chemin de Laurente. Pendant que le corps de Pallas, entouré du .cri lugubre des pleureuses troyennes,

suivi de trophées rutules et de captifs enchaînés **dont**
le sang arrosera la flamme de son bûcher, s'achemine
vers Pallantée, où son père Évandre, écrasé de douleur, ne consent à prolonger sa vie que pour le voir
vengé, des députés laurentins ont obtenu une trêve,
et les deux camps rendent les honneurs funèbres à
leurs morts.

A Laurente, la consternation a succédé à l'enthousiasme guerrier. Le roi Latinus convoque le
Sénat et les Grands. Avant de délibérer, on introduit
les ambassadeurs qui avaient été envoyés au Grec
Diomède établi à Argyripe, sur les bords de l'Adria-
tique. Ce Diomède qui jadis, dans la plaine de
Troie, a blessé Vénus, et qui a renversé les murs
d'Ilion, refuse de se joindre à Turnus. Ne lui parlez
plus des Troyens! Il connaît Énée, et il ne tient pas
à se rencontrer encore une fois avec lui. L'échec de
l'ambassade encourage Latinus à proposer qu'on
accorde aux Troyens un territoire entre le Latium
et l'Étrurie et qu'on les reçoive comme alliés. L'orateur Drancès, qui déteste le parti militaire et surtout
son chef Turnus, renchérit sur ses propositions et
demande que le roi ajoute à ses présents la main de
sa fille. Il conjure avec une ironie provocante l'intrépide Turnus d'abandonner ses droits. Son
ambition matrimoniale n'a-t-elle pas fait assez de
victimes? Que du moins, par compassion pour le
royaume, s'il veut se battre, il se batte seul contre
Énée! Turnus s'indigne, le charge de son mépris et
oppose à ses sarcasmes les arguments les plus
pressants. Il ne se reconnaît pas vaincu. Quoi, on
s'humilierait devant l'ennemi quand on a pour soi
une jeunesse nombreuse, des villes, des peuples,
des chefs éprouvés! Mais si les Latins sont d'avis
qu'il descende en champ clos, il ne reculera pas,

Énée eût-il, comme Achille, des armes forgées par Vulcain !

Cette scène, où l'on entend déjà les beaux éclats de l'éloquence du Forum, est brusquement interrompue par la nouvelle que l'armée troyenne approche. La cavalerie bat la plaine ; l'infanterie s'avance à grands pas à travers les collines. Turnus quitte le conseil et court aux remparts, humant la joyeuse odeur du combat. Il rencontre à la porte de la ville la reine des Volsques, Camille, le carquois sur l'épaule et un sein nu. Il regarde cette vierge avec un sentiment d'admiration religieuse ; et il accepte qu'elle lance sa cavalerie contre celle des Étrusques, pendant qu'il ira tendre une embuscade à Énée dans le défilé ténébreux où ses troupes doivent s'engager.

Camille s'élance à la tête de ses escadrons. La déesse qui l'aime, Diane, sait que son heure est venue, et, tout en la suivant des yeux, raconte à une de ses divines compagnes l'histoire de l'étrange jeune fille. La place de ce récit peut surprendre : on l'aurait plutôt attendu lorsque le poète nous présente Camille pour la première fois ; mais il a ici l'avantage de nous reposer du fracas de la bataille. Son père, chassé de son royaume et traqué par les Volsques, arriva avec son enfant toute petite sur la rive d'un fleuve débordé. Il l'attacha au milieu de son énorme javelot et le lança par-dessus les eaux violentes qu'il devait traverser à la nage. Le javelot s'enfonça dans le gazon ; et l'enfant, saine et sauve, fut consacrée à Diane. Élevée dans les forêts, nourrie du lait d'une cavale sauvage, et, dès ses premières années, dressée au maniement des armes, chasseresse, amazone, ce fut ainsi que grandit cette nouvelle Penthésilée, honneur de l'Italie. Et voici qu'après avoir fait mordre à tant de guerriers une poussière sanglante, elle va mourir dans le choc des deux cavaleries. Mais celui dont la javeline s'est abreuvée de son sang virginal sera presque aussitôt transpercé d'une flèche de Diane.

La mort de Camille détermine la débâcle des Volsques et des Rutules. Obligé de se replier sur la ville, Turnus abandonne son embuscade. Énée franchit les défilés libres. On entend de Laurente le piétinement de son infanterie et le souffle de ses chevaux. La nuit empêche seule les deux armées d'en venir à la décision suprême.

Livre XII. — Turnus sent la réprobation monter autour de lui. Malgré Latinus, convaincu que la résistance est inutile, malgré les supplications de la reine, malgré les larmes et les joues brûlantes de la silencieuse Lavinie, le fier jeune homme accepte le cartel d'Énée. Les soldats des deux armées, leurs javelots plantés en terre et le bouclier aux pieds, se déploient des deux côtés de l'arène. Au milieu de cette arène, on a élevé des foyers et des autels de gazon en l'honneur des divinités communes. Les tours de Laurente, les toits, les faîtes des portes sont noirs de spectateurs. Le sacrifice commence. Un prêtre vêtu de blanc apporte un cochon de lait et une brebis qui n'a pas encore été tondue. Quand les chefs, groupés autour de l'autel, ont répandu sur la tête des victimes la farine et le sel et ont fait les libations prescrites, Énée déclare que, si Turnus est vainqueur, les Troyens se retireront dans la cité d'Évandre et ne reprendront plus jamais les armes contre les Latins. Si Turnus est vaincu, les deux nations concluront une éternelle alliance; les Latins recevront seulement d'Énée sa religion et ses dieux; le roi Latinus conservera le pouvoir suprême, et les

Troyens bâtiront une ville qui se nommera Lavinium. Latinus s'engage à respecter ces conditions par les plus graves serments. On égorge les victimes au-dessus du brasier des autels ; et il ne reste qu'à donner le signal du combat singulier.

Mais vous pensez bien que Junon ne laissera pas mourir Turnus sans rien tenter. Turnus avait une sœur, Juturne, que Jupiter avait aimée et que, pour prix de sa virginité, il avait faite déesse des étangs et des sources. Junon, qui, du haut du mont Albain, regardait la plaine, l'appelle et lui dit : « Tâche par tous les moyens possibles de sauver ton frère ! » Que se passe-t-il dans le cœur de Turnus ? On l'a vu s'approcher de l'autel, pâle, taciturne, les yeux baissés. Cet incompréhensible changement d'attitude inquiète les Latins. Juturne, sous la figure d'un vieux guerrier, parcourt leurs rangs, les gourmande de souffrir qu'un seul homme se dévoue pour eux, leur souffle le mépris des traités et l'impatience de les rompre. Bref, un javelot part. Les bataillons s'ébranlent. Les autels de l'alliance sont pillés. Latinus emporte ses dieux outragés. Énée, qui veut s'opposer à ce déchaînement de fureurs impies, est blessé d'une flèche dont personne ne sait qui l'a lancée. C'est une horrible mêlée où Turnus retrouve sa fureur meurtrière.

Mais dès que le héros troyen, guéri de sa blessure par un dictame de Vénus, reparaît et appelle à grands cris Turnus, Juturne, qui s'est substituée à l'écuyer de son frère, fait voler son char à travers le champ de bataille et l'éloigne du péril. Énée, dans l'impos-sibilité d'atteindre son rival, donne l'ordre à ses troupes d'attaquer Laurente. Quand la reine voit l'ennemi dresser ses échelles contre les murs, elle croit tout perdu et se pend de désespoir. La ville s'emplit de confusion, de terreur, de clameurs lamentables. Turnus, toujours emporté au galop de ses chevaux, a enfin reconnu sous les traits de son écuyer la ruse de sa sœur. Honteux, amer et désespéré, il l'arrête, saute à bas de son char et court vers Énée qui suspend l'assaut. Enfin ces deux hommes, nés aux extrémités du monde et que le destin a rapprochés sur ce coin de terre, vont lutter pour Lavinie ou plutôt pour l'empire.

Cette fois Junon s'avoue réduite à l'impuissance. Elle demande seulement à Jupiter que les Latins ne perdent pas leur ancien nom; qu'ils ne deviennent pas Troyens; qu'ils gardent leurs vêtements et leur langage, et que ce soit la valeur italienne qui fasse les enfants de Rome maîtres du monde. Jupiter le lui accorde en souriant. Et comme le combat de Turnus et d'Énée se prolonge en péripéties dramatiques, où interviennent encore Vénus et Juturne, il en brusque le dénouement. Sa Furie céleste descend et, toute gigantesque qu'elle est, se ramasse sous la forme d'une de ces huettes qui, du haut des tombeaux ou des toits déserts, crient dans l'ombre du soir. Qu'y a-t-il de plus sinistre que ce petit oiseau nocturne qui passe et repasse en plein jour devant les yeux de Turnus? Ses cheveux se dressent et sa voix expire. « Tes insultes ne m'effraient pas, dit-il à Énée qui le raille, ce sont les dieux qui m'épouvantent! » Il soulève un bloc de pierre, et la force lui manque pour le lancer. A ce moment le javelot du Troyen l'atteint au milieu de la cuisse. Il plie le genou et tombe de toute sa hauteur. L'épée d'Énée est sur lui. Alors le farouche jeune homme, que l'image de la mort a graduellement enveloppé d'horreur, tend à son ennemi des mains suppliantes et, au nom de son père, invoque le souvenir d'Anchise. Énée, immobile, le bras levé, hésite ; il se sent fléchir. Mais son regard s'arrête sur le baudrier de Turnus : il reconnaît aux clous d'or dont il est orné le baudrier de Pallas. Ses yeux dévorent ce monument d'une éternelle douleur. « C'est Pallas par ma main, c'est Pallas qui t'immole ! » s'écrie-t-il. Et il lui enfonce son épée en pleine poitrine. « Le froid de la mort glace les membres du guerrier, et son âme indignée fuit en gémissant chez les Ombres. »

III

J'aurais pu dans cette analyse supprimer presque entièrement le rôle des dieux qui nous gêne, mais pas beaucoup plus, quoi qu'on en ait dit, que dans l'*Iliade*. Ils ne sont, en somme, que les allégories dramatiques des mouvements les plus naturels du cœur ou de l'instinct. Le merveilleux ne subsisterait pas moins et nous impressionnerait même davantage s'il ne se manifestait que par des oracles, par des augures, par des phénomènes étranges et des songes. La descente aux Enfers ne serait alors qu'un rêve, une vision. Au lieu de voir leurs vaisseaux se métamorphoser en nymphes, les Troyens les auraient vus rompre leurs amarres et, emportés par le courant, se perdre dans les brumes légères de la mer et du soir. Mais enfin il faut accepter les dieux de l'épopée et leur cortège de miracles inutiles.

Émondé de cet héritage homérique, le sujet, tel que le poète l'a conçu et ordonné, est admirable de variété et de simplicité. Il commence comme un roman d'aventures, se poursuit comme un roman de passion, et se termine comme une histoire de conquistador. Le roman d'aventures repose sur la situation, toujours intéressante, d'un homme chargé d'une mission très grave que poursuivent et harcèlent d'invisibles ennemis. On le détourne de son chemin, on l'arrête, on le menace, on essaie tour à tour de briser sa constance par la terreur et de le prendre au piège de la volupté. Le sujet du roman de passion est celui de la jeune veuve qui, malgré ses serments, se reprend à aimer et dont l'amour est d'autant plus ardent qu'il s'y mêle des remords et qu'il y va pour elle de son honneur. L'homme qu'elle aime lui doit beaucoup ; mais il doit plus encore à ses maîtres, ici les dieux ; et, victime lui-même du destin, il se fait involontairement son meurtrier. Quant à l'histoire de conquête, elle est de tous les temps. Les Portugais débarquant deux mille ans plus tard dans l'Inde, les Espagnols au Mexique, les Français au Canada ont passé par les mêmes épreuves que le héros troyen. Ils se sont aventurés sur des fleuves inconnus qu'étonnait aussi la forme de leurs vaisseaux et de leurs armures. Ils ont conclu des alliances avec des peuplades en guerre. Ils ont soulevé contre eux l'esprit national et les dieux indigènes. Ils ont eu à soutenir des luttes dont les alternatives n'ont pas différé sensiblement de celles que Virgile nous raconte. Ils ont vécu, comme les Troyens, dans une atmosphère d'émotions religieuses. Ceux d'entre eux qui connaissaient l'*Énéide* pouvaient, le soir au bivouac, s'en réciter des vers qui semblaient avoir été écrits pour eux. Enfin ils ont aussi fondé des empires !

Mais l'action du poème virgilien est, comme celle des tragédies, plus ramassée, et le théâtre en est plus circonscrit. La durée de l'histoire n'excède pas une année. Du jour où Énée a mis le pied en Italie, tout s'accomplit en un ou deux mois et sur un espace de quatre ou cinq lieues. Cependant par le passé qu'elle évoque, par le mystère où elle plonge, par l'avenir dont elle nous ouvre les larges et profondes perspectives, l'*Énéide* nous produit une impression d'immensité. C'est qu'elle est bien plus qu'un poème romanesque ou un roman d'aventures. Mais il fallait d'abord la considérer ainsi pour mieux comprendre l'élargissement que lui a donné le génie de Virgile.

CHAPITRE VI

L'ÉNÉIDE ET LES ANTIQUITÉS DE ROME

I. La conception patriotique de Virgile. — La légende d'Énée. — Le récit de Denys d'Halicarnasse. — Comment Virgile a usé de l'histoire et du merveilleux populaire. — II. L'archéologie dans Virgile. — Le Temple de Laurente. — Le défilé des guerriers latins et des alliés d'Énée. — III. Le Roi Évandre. — Énée sur le site de Rome.

I

Pendant que Virgile composait l'*Énéide*, il recevait lettre sur lettre d'Auguste impatient de lire ou d'entendre ses vers. Macrobe, dans ses *Saturnales*, nous a conservé le fragment d'une de ses réponses : « Quant à mon *Énée*, si je le jugeais digne de t'être lu, je n'hésiterais pas à te l'envoyer. Mais il est encore dans un tel état d'ébauche que, par suite de mon insuffisance, il me semble que j'aie à peine commencé un si grand ouvrage, et surtout, tu le sais, depuis que j'y consacre de nouvelles études bien plus importantes. » Virgile, en effet, travaillait son poème avec une curiosité des monuments du passé analogue à celle d'un Châteaubriand écrivant *les Martyrs*, et peut-être avec un plus vif souci de vérité. Le goût de la science, qui l'avait souvent guidé dans les *Géorgiques*, l'avait conduit à l'histoire; et, sur ce point encore, il est bien de son temps. Les gens de son époque n'ont pas pratiqué nos méthodes rigoureuses; mais ils ont connu, comme ceux du XIX siècle, l'attrait des anciennes civilisations et de leurs propres origines. Nous pourrions adresser à nos historiens modernes l'éloge que Cicéron adressait à Varron, l'auteur des *Origines humaines et divines*, de *la Langue latine* et de *la Nation romaine* : « Nous étions pareils à des voyageurs errants, à des étrangers dans notre patrie. C'est toi qui nous as ramenés en nos demeures; tes livres nous ont appris qui nous sommes et en quels lieux nous vivons. Tu as fixé l'âge de Rome et la date des événements; tu nous as enseigné les règles des cérémonies sacrées et des divers sacerdoces, la situation des contrées et des villes, enfin toutes les choses divines et humaines avec leurs noms, leurs caractères, les devoirs qu'elles imposent et les motifs qui leur ont donné naissance[1] »

L'*Énéide*, toutes proportions gardées, se rattache aux préoccupations intellectuelles de Varron et de ses successeurs, qu'Auguste encourageait, comme les *Poèmes antiques* et les *Poèmes barbares* de Leconte de Lisle à celles des Renan et des Fustel de Coulanges. Le poète remonte à l'origine du peuple romain; il est comme un homme qui, penché sur la source d'un grand fleuve au moment où elle sort de terre, verrait déjà s'y refléter magiquement les campagnes et les villes que ses eaux baigneront un jour. Mais son pouvoir magique ne le dispense pas d'avoir recours à l'érudition.

On a témoigné quelque surprise qu'il ait choisi

1. Traduction de G. Boissier dans son *Étude sur la Vie et les Ouvrages de M. T. Varron*. (Hachette 1861.)

parmi les héros romains Énée plutôt que Romulus et
que, pour célébrer la gloire et la grandeur de Rome,
il n'ait pas attendu que le fossé de son enceinte eût
été creusé. Ce choix lui fut dicté par son génie.
D'un bout à l'autre de son poème, il n'est question
que de Rome et de la fondation de l'empire romain.
C'est à Rome que songent les dieux pour en hâter ou
en retarder l'avènement. Des hommes, partis de
l'extrémité du monde, se sont mis en marche à travers les périls des mers et des pays inconnus vers
cette ville promise qu'ils ne verront pas. C'est sur
l'emplacement futur et ignoré de ses palais et de ses
temples que ces exilés sentiront, pour la première
fois, un véritable réconfort. Le ciel, la mer, les
rivages de l'Afrique, la Sicile, toute l'Italie ont été
ébranlés à l'annonce la plus lointaine de ce prodigieux enfantement. Des tempêtes se sont abattues
sur les flots; une reine s'est égorgée; une autre s'est
pendue; des peuples se sont précipités dans une
mêlée sanglante où s'entre-choquaient les puissances
divines. Les morts eux-mêmes ont été troublés au
fond de leurs asiles inviolables. La guerre de Troie
n'a pas causé plus de perturbations célestes et ter-
restres que le voyage de l'homme prédestiné dont
les descendants devaient, trois cents ans plus tard,
élever les murs de la reine des nations. Bien mieux,
il semblait que Troie ne fût morte que pour permettre à Rome de naître et que les Achille et les
Hector eussent été comme les victimes propitiatoires
d'un événement aussi considérable. Je ne sais rien
de plus beau, parmi les conceptions poétiques, que
cette genèse de Rome ainsi reculée dans l'ombre
sacrée des prophéties. La ville dont Jupiter porte
déjà l'image sous sa paupière et que les nations con-
templeront un jour au-dessus d'elles couronnée de

tours comme Cybèle la mère des dieux, cette ville est vraiment la Ville Éternelle. Elle apparaissait plus grande encore, elle apparaissait dans toute sa grandeur sur le fond mystérieux de la légende d'Énée. Aucun épisode de son histoire, si glorieux fût-il, ne se prêtait autant à l'inspiration du patriotisme et à la magnificence de la poésie.

Mais que valait cette légende d'Énée ? Offrait-elle au poète, à défaut de la vérité historique, ce support de vraisemblance dont la poésie épique ou tragique ne saurait se passer ? Les conjectures de la critique moderne n'en ont rien laissé debout[1]. Il est possible que tout le roman du personnage homérique d'Énée, fils de Vénus, soit issu du culte de cette Vénus que les marins grecs invoquaient sous le nom d'Aphrodite Énéenne et à qui ils dédiaient des sanctuaires sur les côtes de la Méditerranée. D'ailleurs on ignore si l'épithète d'Énéenne signifie « mère d'Énée » ou simplement « illustre ». Il est possible que les Grecs se soient ingéniés à répandre dans l'Italie romaine, où l'imagination était pauvre, une légende qui flattait leur amour-propre d'anciens vainqueurs de Troie et qui pourtant ne déplaisait pas à la vanité des Romains instruits, dont elle entourait le berceau du prestige des héros et des dieux d'Homère. Si je n'en suis pas absolument convaincu, c'est que les formations des légendes me paraissent bien plus complexes et bien moins volontaires, et que je me défie souvent des mythologues comme des prestidigitateurs. Enfin tout cela est possible. Mais nous savons que l'Italie et l'Orient ont été en relations depuis l'an 1000 avant notre ère. Mais nous savons que l'Italie fut colonisée

1. *La Légende d'Énée avant Virgile* de J.-A. HILD (Paris, Leroux, 1883) et les *Nouvelles promenades archéologiques* de Gaston BOISSIER (Hachette, 1886).

par des Pélasges, c'est-à-dire des Argonautes venus
de Thessalie et des Crétois et des héros d'Homère
« fugitifs, mécontents, heurtés dans leurs intérêts
comme les Normands du moyen âge » et que les
plus audacieux des Hellènes vainqueurs partirent
avec eux. L'archéologie nous prouve qu'à la fin du
viii° siècle une civilisation parente de la civilisation
homérique s'était implantée en Italie[1]. La légende
d'Énée n'est donc pas du tout invraisemblable.

Elle était entrée depuis déjà longtemps dans l'esprit du peuple et dans les fastes de l'histoire. En
l'an 280, Pyrrhus, roi d'Épire, appelé par Tarente,
n'hésita pas, dit-on, en sa qualité de descendant
d'Achille, à déclarer la guerre aux Romains descendants des Troyens. Trente ans plus tard, le Sénat
demande à l'Étolie la liberté des Acarnaniens sous prétexte qu'ils ont été le seul peuple de la Grèce qui n'ait
pas envoyé de contingent sous les murs de Troie. Il
promettait, quelque temps après, au roi de Syrie
Séleucus son alliance et son amitié à condition qu'il
exemptât de tout impôt les Troyens, frères des
Romains. En 205, au lendemain des victoires d'Annibal, et pour conjurer de nouveaux désastres, un
oracle sibyllin ordonna d'aller chercher en Phrygie la
statue de Cybèle ; et Rome fit valoir auprès des habitants de Pessinonte, qui la possédaient, la communauté d'origine des races troyenne et romaine. Ce fut
sous le patronage du grand nom d'Énée que la Mère
des dieux remonta le cours du Tibre. Lucius Scipion et
Scipion l'Africain, traversant l'Hellespont, voulurent
s'arrêter à Troie : ils se réjouirent officiellement de
revoir leur antique patrie et sacrifièrent à Minerve.

1. *Essai sur les Origines de Rome* d'André PIGANIOL (E. de Boc-
card, 1917). Je me suis beaucoup servi de ce livre extrêmement
remarquable.

Non seulement l'usage de cette légende par la politique romaine en prouve l'ancienneté et la popularité, mais aussi les premiers essais de la poésie épique. Ni Névius, qui chantait laborieusement la *Guerre punique* vers l'année 220, ni Ennius, qui composait ses *Annales* un peu plus tard dans le beau grand vers hexamètre, qu'après Lucrèce Virgile devait perfectionner, n'en ont compris toute la richesse poétique; mais ils se sont bien gardés de la négliger. C'est probablement à Névius que revient l'idée d'avoir mené le héros troyen en Afrique et d'avoir fait de sa rencontre avec Didon ou avec la sœur de Didon, Anna, le prologue de la rivalité entre Rome et Carthage. Malheureusement les rares fragments qui nous restent de son poème s'enveloppent d'une telle obscurité qu'on ne sait pas si, quand il parle des légions écrasées, elles l'ont été dans une tempête ou par des éléphants[1]. Chez Ennius, Énée ne relâchait point à Carthage. Le poète arrivait très vite à son établissement en Italie et lui donnait pour fille Ilia, cette vestale séduite par le dieu Mars, mère de Romulus et de Rémus. Ainsi, deux siècles avant Virgile, Énée était reconnu comme le père de la nation romaine.

Sa gloire de fondateur ne rencontrait aucun scepticisme. Caton l'Ancien, qui détestait pourtant les Grecs et leurs présents, lui faisait une place d'honneur dans son ouvrage intitulé *les Origines*. « Pour que le plus entêté des Romains payât un aussi large tribut à l'hellénisme mythique, dit Hild, il faut admettre que l'esprit national en était fortement pénétré. » Varron, dont tous admiraient l'érudition, commençait ses *Antiquités humaines* par le récit des

---

1. PATIN, *Études sur la Poésie latine*, tome I.

voyages d'Énée en Épire, à Dodone, à Carthage, où Anna, sœur de Didon, se tue de désespoir quand les vaisseaux troyens s'éloignent, et enfin aux champs de Laurente. Il nous racontait que, depuis son départ de Troie, le héros avait vu briller une étoile et l'avait suivie. *Jamque jugis summæ surgebat Lucifer Idæ*, dira Virgile. « Déjà l'étoile de Vénus se levait sur les hautes cimes de l'Ida », quand Énée sortit de la ville pour n'y plus jamais rentrer. Le même Varron avait écrit un livre sur les *Familles troyennes*, sans doute parce que beaucoup de familles à Rome voulaient descendre des Troyens, comme aujourd'hui, aux États-Unis, un nombre incalculable de gens veulent avoir eu un ancêtre sur le *Mayflower*, et parce qu'il était bon de réduire ces prétentions en authentiquant les généalogies.

Ce n'était pas facile, mais on était assez accommodant. Une ressemblance de nom suffisait. Les *Jules* ne pouvaient qu'être des descendants d'*Iule*, fils d'Énée. Un des représentants de leur famille, consul trois siècles plus tôt, avait élevé le premier temple romain à Phébus Apollon, et la famille s'était transmis ce culte, *sacrum gentile*. Mais par qui avait-il été apporté en Italie? Par Énée sans doute. Les ascendants de ce consul Julius devaient donc le tenir de leur aïeul troyen. Aussi, Auguste s'empressait de consacrer l'antiquité de sa race en édifiant sur le Palatin un temple splendide au dieu protecteur de Troie. César, lui, préférait au culte d'Apollon celui de Vénus, mère d'Énée et sa divine aïeule. Quand il fit, étant questeur, l'oraison funèbre de sa tante Julie, il prononça ces mots : « Ma tante Julie descend des rois par sa mère et des dieux immortels par son père, car c'est d'Ancus Martius qu'est issue la maison royale des Martius, dont ma mère portait le nom, et c'est de Vénus que sortent les Jules, souche de notre famille. On trouve dans notre race et la sainteté des rois qui ont tant de pouvoir parmi les hommes et la majesté des dieux qui sont les maîtres des rois même. » La nuit qui précéda Pharsarle, il invoqua Vénus sa mère, comme Énée pouvait le faire à la veille d'une bataille ; et il avait toujours sur lui une image de la Vénus Victorieuse à laquelle il avait dédié un temple. Le peuple était beaucoup moins offusqué de ces prétentions généalogiques que Hild, qui ne comprend guère la notion de divinité chez les Anciens. Les ennemis de César eux-mêmes n'en riaient pas. A peine quelques-uns, comme Cicéron, souriaient-ils discrètement. Pompée, sur le point de livrer son dernier combat, se vit en songe transporté dans son théâtre et ornant de riches dépouilles l'autel qu'il y avait dressé à Vénus ; et ce songe le remplit de funèbres pressentiments, car il pensa que ces dépouilles étaient les siennes, offertes par César à la mère de sa race. « La descendance troyenne de Rome était devenue une sorte de dogme d'Etat, dit Hild ; et l'on ne pouvait contester les liens qui unissaient César à Vénus qu'en ébranlant les traditions désormais consacrées sur l'origine de la nation romaine. » Mais où Hild se trompe avec l'Allemand Niebhur, c'est quand il plaint Virgile d'avoir eu à travailler « sur une aussi pauvre matière ». La matière, au contraire, était fort belle, et, puisque l'héritier de Jules gouvernait Rome, d'une actualité au moins aussi prenante que celle des *Géorgiques*.

Virgile puisa largement dans les ouvrages de Caton et de Varron, dans le poème de Névius, dans celui d'Ennius dont nous ne possédons que cinq ou six cents vers dispersés et dont la perte a voué certains échos de la vieille Rome à un éternel silence.

Il consulta aussi d'autres historiens que nous n'avons plus, sans compter les chroniques locales, les archives du pontificat, les documents sur la fondation des villes. Peut-être même l'autorité d'Auguste lui avait-elle ouvert, cette fois, les *Livres Sibyllins*, ce qui expliquerait le *tu le sais* de sa lettre citée par Macrobe. Heureusement, au moment où il commençait son poème, le hasard amena à Rome un jeune Grec d'Halicarnasse, Denys, qui y demeura vingt-deux ans et qui patiemment rassembla et organisa les matériaux d'un grand livre sur les *Antiquités romaines*. Il se proposait de réhabiliter aux yeux de ses compatriotes les origines de Rome qu'ils ignoraient ou méprisaient. Les Grecs, nous dit-il, s'imaginaient qu'elle avait été fondée par un ramassis de vagabonds et qu'elle n'était redevable de l'empire du monde qu'à un injuste caprice de la fortune. Ils niaient ses vertus, son amour de la justice, sa piété ; et trop souvent leurs écrivains la calomniaient pour s'attirer les bonnes grâces des rois barbares en guerre contre elle. Denys d'Halicarnasse s'engageait à leur démontrer leur erreur et à leur prouver que les fondateurs de l'Empire romain n'étaient autres que des Grecs, d'abord les Aborigènes, venus du Péloponèse, puis les Pélasges sortis de la Thessalie, puis les Arcadiens arrivés sous la conduite d'Évandre, puis les troupes du grand capitaine Hercule recrutées parmi des Péloponésiens, enfin, descendants de l'Arcadien Dardanus, les Troyens d'Énée, d'ancienne et pure race hellénique. Son livre a l'avantage de nous résumer à peu près tous les documents dont Virgile s'est servi ; car ils ont fait tous deux le même travail à la même époque et ils ont eu tous deux les mêmes ouvrages entre les mains.

Voici donc ce que Denys nous raconte d'Énée,

d'après les historiens et archéologues grecs et romains les plus dignes de foi. La nuit où les Grecs entrèrent dans Ilion, soit par le stratagème du cheval de bois, ou par la trahison d'Anténor, ils se fussent emparés de toute la ville, si Énée, retranché à la citadelle, ne les avait tenus en échec. Mais, comprenant qu'il était impossible de sauver une ville dont la plus grande partie était prise, il fit évader les femmes, les enfants, les vieillards et parvint à sortir lui-même avec ses compagnons, son père, ses fils, ses dieux Pénates et des chariots remplis d'objets précieux. Ils se réfugièrent au mont Ida où tous les échappés du massacre les rejoignirent. Les Grecs renoncèrent à les poursuivre à condition qu'ils se retireraient de la Troade. Dès qu'Énée eut équipé une flotte, il passa l'Hellespont et aborda en Thrace. Telle est la version de son départ donnée par Hellanique et qui semble la plus vraisemblable à Denys. Mais il y en a d'autres qu'il nous rapporte. Sophocle dans sa tragédie de *Laocoon* nous montrait Énée quittant Troie avant que la ville fût prise. « Énée, dit un des personnages de la pièce, Énée, fils de Vénus, sort de la ville. Sa mère le lui ordonne, et le malheur de Laocoon ne lui laisse aucun espoir. Il porte sur ses épaules son père Anchise qui est vêtu d'une robe de lin et dont les reins furent jadis frappés de la foudre. Sa famille l'entoure. Il est escorté d'un plus grand nombre de citoyens que vous ne voudriez ; mais tous ceux qui aiment la colonie des Phrygiens en sont heureux. » Négligeons les chroniqueurs qui accusent Énée d'avoir livré la ville aux Grecs et ceux qui croient que, pendant le sac d'Ilion, il guerroyait en Phrygie. Virgile a fondu très habilement le récit d'Hellanique et celui de Sophocle. Son Énée est bien l'homme sur qui, dans la nuit tragique, repose toute la destinée de

Troie, comme dans Hellanique ; mais il n'y défend pas héroïquement la citadelle. Comme dans Sophocle, il est averti par sa mère que toute résistance est vaine, et il s'en va plus modestement, son père sur ses épaules et sa famille derrière lui ; mais il ne sort de la ville qu'à travers les ruines et l'incendie.

Une fois hors de Troie, les témoignages se contredisent ; et Denys nous avoue que ce qui lui arrive est plus incertain et plus obscur. Cependant on garde des monuments de son passage qui permettent de le suivre. En Thrace, les Troyens bâtissent un temple à Vénus et fondent une ville du nom d'Énée. Après quoi ils se rendent à Délos et de là à Cythère où ils érigent un nouveau temple. On retrouve les mêmes traces, c'est-à-dire les mêmes temples, à Zacinthe, dont les habitants continuent de célébrer un jeu appelé la course de Vénus et d'Énée ; à Leucade, sur le rivage d'Actium, où le sanctuaire subsiste encore ; à Ambracie où l'on voit dans une chapelle, près du théâtre, une vieille, très vieille statue d'Énée, enfin à Buthrote. De Buthrote, Énée et l'élite de ses compagnons prirent le chemin de Dodone pour y consulter l'oracle. Ils y rencontrèrent une peuplade de Troyens gouvernée par Hélénus ; et ils offrirent au dieu des coupes d'airain dont quelques-unes ont été conservées. Revenus à Buthrote, ils s'embarquent, atterrissent au promontoire d'Iapygie près du temple de Minerve, longent l'Italie, et, poussés par la violence des vents si fréquents sur cette mer, ils descendent en Sicile dans un endroit nommé Drépanum. Ils ont le bonheur d'y être reçus par des Troyens qu'y avait amenés Aceste. Énée y laissa une partie de sa troupe, les uns disent : de bonne volonté ; les autres, parce que les femmes troyennes, fatiguées de traverser les mers, avaient incendié un certain nombre de vaisseaux. Avant de quitter la Sicile, il éleva sur le mont Éryx un temple à sa mère.

Virgile a modifié cet itinéraire. Il garde précieusement l'escale au rivage d'Actium, mais il remplace celle de Zacinthe par celle des îles Strophades, les îles des Harpies. Il juge inutile qu'Énée aille jusqu'à Dodone, puisqu'Hélénus est inspiré d'Apollon. Et surtout il ajoute la Crète, très importante au point de vue archéologique. La fondation de Pergamée semblait y attester une émigration troyenne. En tout cas, c'est de la Crète qu'a rayonné vers l'Italie l'influence des Achéens de Minos, et Virgile, un peu plus loin, adoptera la légende qui conduisait à Cumes Dédale, le fameux architecte du Labyrinthe de Gnosse.

Les différences entre le récit du poète et celui de l'historien s'accentuent lorsque nous débarquons en Italie. Le héros troyen touche au port que l'on appela depuis Palinure du nom d'un de ses pilotes qui y mourut, puis à un autre port qui, pour la même raison, prit le nom de Misène; et il descend sur les rivages de Laurente, au-dessous de l'embouchure du Tibre, dans un pays qui manque d'eau. Mais à peine y a-t-il mis le pied, des sources miraculeuses jaillissent; et l'on montrait encore un autel où il avait immolé la première victime pour remercier les dieux. Ce fut là que les Troyens mangèrent leurs tables, selon une prédiction qui leur avait été faite. Le même oracle leur avait ordonné de se laisser guider par un animal à quatre pattes et de bâtir une ville à l'endroit où il tomberait de fatigue. Or, les dieux Pénates furent tirés du navire, et on les apporta, accompagnés de femmes qui dansaient et poussaient des cris de joie. Tout était prêt pour la cérémonie, quand la truie du sacrifice s'échappa et s'enfuit en s'éloignant de la mer. Énée et quelques-uns de ses compagnons la suivirent. Elle les mena assez loin sur une colline où elle s'arrêta épuisée. L'endroit était stérile et triste; mais une voix sortit de la forêt qui enjoignit au héros de se contenter pour l'instant de cette place incommode; et la voix ajouta qu'après autant d'années que la truie ferait de petits, les Troyens bâtiraient une autre ville dont les richesses égaleraient sa puissance. Le lendemain la truie mit bas trente petits qu'Énée sacrifia aux dieux Pénates.

Cependant le roi Latinus, en train de se faire battre par les Rutules, apprit qu'une troupe d'aventuriers ravageait ses côtes. Il marcha aussitôt contre eux. Quand il les vit armés à la manière des Grecs, il n'osa point hasarder le combat. Pendant la nuit, un dieu lui commanda en songe de les bien accueillir, et, de son côté, Énée eut un rêve où ses dieux Pénates lui conseillèrent de s'allier à Latinus. L'alliance fut conclue; et Latins et Troyens vainquirent les Rutules. Énée revint alors à sa triste colline; et, ayant épousé la fille de Latinus, Lavinia, il construisit une ville nommée Lavinium. Les Rutules s'armèrent de nouveau. Ils avaient cette fois à leur tête un transfuge, Turnus, parent de la reine Amata, furieux que le roi eût pris un étranger pour gendre. Turnus et Latinus furent tués dans une bataille; et Énée hérita de la couronne. Il ne la garda que trois ans. Mézence, le roi des Tyrrhéniens (ou Étrusques), qui craignait l'invasion de ses États, souleva les Rutules et livra aux Troyens un sanglant combat. La nuit sépara les deux armées; et l'on ne revit jamais plus Énée. Il disparut comme devait disparaître Romulus, comme on a remarqué que disparaissaient les héros de l'antiquité romaine dont on a fait des dieux Indigètes. Leur mort est toujours mystérieuse. Les Latins lui érigèrent un monument que Denys a vu : ce n'était, nous dit-il, qu'un petit tertre, mais admirablement ombragé. Sa disparition ne termina pas la guerre. Son fils Ascagne prit le pouvoir. Assiégés par Mézence, qui les menaçait des plus dures conditions, ils firent une sortie désespérée. Le fils de Mézence, Lausus, fut tué, et Mézence demanda la paix. Je crois que nous avons là, mieux que dans Tite-Live, assez dédaigneux de cette période légendaire ou, du moins, très pressé d'en sortir, l'histoire telle qu'une tradition déjà épurée l'offrait à Virgile.

Il l'a transformée comme nos Corneille et nos Racine transformaient la matière historique de leurs tragédies, dans le sens de la vraisemblance morale. Son souci de l'exactitude et de la vérité ne l'abandonne pas même au milieu des inventions qu'il croit pouvoir se permettre. S'il avait écrit une préface à son *Énéide*, elle eût sans doute ressemblé à celles où les Racine et les Corneille se justifiaient d'avoir rajeuni ou vieilli de quelques années un de leurs personnages ou d'avoir modifié les événements. « J'ai pensé, aurait-il dit, qu'on ne me saurait point mauvais gré d'avoir fait entrer mon héros dans le lit sacré du Tibre, au lieu de le faire débarquer sur une plage sans eau. *Car il y a bien de la différence entre détruire le principal fondement d'une fable et en altérer quelques incidents qui changent presque de face dans toutes les mains qui les traitent*[1]... » Il n'a point multiplié à plaisir les songes et les prodiges : il n'a pas même utilisé tous ceux que les historiens lui fournissaient.

---

1. RACINE, Seconde préface d'*Andromaque*.

Il a conservé les deux épisodes des tables mangées et de la truie blanche, tous deux d'origine probablement latine. Le premier se fondait sur une pratique des Latins touchant le culte des Pénates. Les Pénates étaient les dieux du garde-manger, et, en leur honneur, la table restait garnie d'une salière et d'un plat chargé d'offrandes. Entre le plat et les offrandes on plaçait une sorte de galette en pâte dure qu'on appelait table de pain, *mensa panicea*. Il fallait qu'un Latin fût affamé pour oser la manger et, comme dit Virgile, « profaner de la main et de la dent les contours de ce gâteau et ses larges quartiers ». Le poète, on se le rappelle, a chargé les Harpies d'annoncer aux Troyens qu'ils mangeraient leurs tables. Denys d'Halicarnasse et, avant lui, Varron rapportaient cette prophétie à l'oracle de Dodone ou à la Sibylle d'Érythrée. Virgile peut prendre des libertés avec la légende : il en respecte toujours le fond religieux ; et la Harpie a bien soin de dire : « Je vais vous révéler ce que Jupiter a prédit à Phébus Apollon et ce que Phébus Apollon m'a prédit à moi. » Je ne pense donc pas, comme le fait Boissier, qu'il ait mis cet oracle dans la bouche des Harpies, vieilles divinités grotesques, pour en excuser la naïveté. Elles le tiennent de Jupiter et d'Apollon : c'est comme si Énée l'avait entendu des chênes de Dodone ou de la Sibylle.

Je ne pense pas davantage que Virgile ait eu besoin de courage pour ne pas écarter la truie et ses trente petits « qui figureraient plus avantageusement dans une ferme que dans un poème épique ». Le dieu Vulcain a sculpté lui-même une truie sur le bouclier d'Énée. Le nom ou plutôt les noms de ces animaux ne sonnaient pas toujours aux oreilles des Anciens comme aux nôtres. Dans les Dialogues du

De re rustica de Varron, un riche propriétaire, Tremellius, se vante de s'appeler La Truie (*Scrofa*), surnom glorieux de son grand-père qui avait dispersé les ennemis comme la truie disperse des porcs[1]. La truie était consacrée aux mânes et aux dieux domestiques. On l'immolait lorsqu'on scellait un traité de paix, et dans les cérémonies nuptiales des anciens rois et des notables d'Étrurie[2]. Virgile pouvait d'autant moins oublier la truie d'Énée que le prodige des trente pourceaux blancs, symbole des trente cités de la confédération latine ou des trente années qui séparent la fondation de Lavinium et la fondation d'Albe, était très populaire et que Lavinium en gardait le témoignage. Les trente pourceaux y étaient représentés en bronze sur la place publique ; et les prêtres montraient encore la mère conservée dans du sel! Mais chez Virgile la bête ne s'échappe point des mains du sacrificateur et les Troyens ne se mettent pas à sa poursuite. Peut-être, comme le dit Boissier, le poète n'a-t-il pas voulu que son héros courût après une truie. Je croirais plutôt que, l'oracle lui ayant annoncé que là où il la rencontrerait serait

1. Macrobe donne une version moins glorieuse, mais plus plaisante, de l'origine de ce surnom. La truie d'un voisin étant entrée dans la propriété de Tremellius, les esclaves la tuèrent. Quand le voisin vint la réclamer, Tremellius, qui avait fait cacher la bête morte sous les couvertures du lit de sa femme, le promena partout dans sa ferme, et, arrivé à sa chambre, lui jura qu'il n'avait d'autre truie chez lui que celle qui était étendue sous ces couvertures. Ce facétieux serment, qui convainquit le voisin, lui valut le surnom de *Scrofa*.

2. Pomponius Sabinus, commentateur de la Renaissance, qui, selon E. Benoist, paraît avoir eu entre les mains des interprétations anciennes de Virgile aujourd'hui perdues, dit que le nom de la ville de Troie signifiait une truie et que les Troyens avaient pour enseigne une truie brodée en or (??). (Voir *Discours sur l'Essence et la Forme de la Poésie* par *Fabre d'Olivet* dans sa traduction des *Vers Dorés de Pythagore*).

l'emplacement de la ville, *is locus urbis est*, elle n'avait point à se sauver, puisqu'elle était sur le lieu où devait s'élever Ostie, le grand port de Rome.

Attentif à ne rien perdre du merveilleux populaire, Virgile ne se conforme pas moins au caractère légendaire des personnages. Son violent Turnus, ennemi irréconciliable des étrangers, est bien le même que le transfuge vindicatif de Denys. Latinus, qu'un songe arrête au moment d'attaquer les Troyens, ressemble déjà au roi tourmenté et assiégé de pressentiments que nous peindra le poète. Si l'historien ne fait que citer ici le nom de la reine Amata, d'autres chroniqueurs racontaient que, dans sa fureur qu'Énée épousât sa fille, elle avait crevé les yeux à son mari et à ses deux fils, puis les avait tués, et que, Turnus vaincu, elle s'était laissée mourir de faim. Virgile supprime ses fils et ses crimes. Mais il lui conserve son caractère forcené ; et le rôle qu'elle joue répond assez à ce que nous savons de la liberté et du pouvoir des femmes étrusques, car elle était probablement d'origine étrusque, comme Turnus, et on retrouve en Étrurie des vestiges de droit matriarcal. M. Piganiol remarque que le nom des femmes donné très souvent aux villes, comme Lavinie à Lavinium, prouve leur importance. Et je suis assez frappé du passage où Virgile nous dit que dans les cités étrusques les mères admiraient la vierge guerrière Camille au point de la souhaiter pour épouse à leur fils. C'est un souhait qui n'est vraisemblable que chez des femmes habituées à exercer un réel commandement. Les autres, celles dont la condition est plus modeste, plus féminine, auraient horreur d'une pareille bru.

Le Mézence de Denys, dur aux vaincus, n'est pas tout à fait l'affreux massacreur de l'*Énéide*, l'abominable tyran dont la barbarie va jusqu'à accoupler les vivants aux morts et à les laisser périr d'une mort lente dans ces hideux embrassements. Nous avons certainement là le souvenir d'une tradition populaire. Mais, si nous en croyons Macrobe, ce n'est point à cause de ses cruautés que Virgile l'appelle *contemptor divum* : ce n'est pas plus parce qu'il se serait déclaré l'ennemi des dieux, cette espèce d'impies étant alors fort rare ou, pour mieux dire, n'existant pas. Un passage de Caton, auquel songe Denys d'Halicarnasse, nous en explique la raison. Mézence avait ordonné aux Rutules de lui offrir les prémices des récoltes qu'ils offraient aux dieux; et, par conséquent, il s'était arrogé des honneurs divins. Aussi Énée, quand il l'a tué et qu'il a dressé un trophée de ses armes, s'écrie : « Voici les dépouilles de ce roi superbe, voici des prémices! » *Hoec sunt spolia de rege superbo — Primitiœ!* Entendez : des prémices de victoire. Mais l'allusion est claire. Ne craignons pas d'entrer dans ces petits détails. Trop d'intentions de Virgile nous échappent. Celles que nous pouvons percevoir nous révèlent du moins la richesse et la subtilité de son art, en même temps que ses scrupules d'archéologue et d'historien.

II

Derrière ces personnages et autour d'eux, Virgile voyait se lever toute l'Italie. Les Troyens ne sont qu'une infime poignée d'hommes en face de nombreuses populations. Quelques historiens les avaient embarqués tous dans un seul vaisseau. Virgile s'est rangé à l'opinion la plus généreuse qui leur en accordait vingt au départ et seize à l'arrivée, puisque les femmes en avaient brûlé quatre en Sicile. Leur mission n'est point de conquérir la péninsule. Ils ne sont chargés que de s'y établir avec leurs Pénates, levain précieux de grandeur et de domination. Parmi les peuples chez lesquels ils abordent, les uns les accueilleront, les autres les repousseront ; mais tous partageront un jour leur glorieux labeur. C'est pour eux autant que pour les Romains que l'*Énéide* est écrite. Le poète n'est-il pas lui-même un de ces Italiens qui n'ont obtenu que d'hier leur droit de cité ? Et, à quelques exceptions près, quels sont les grands hommes de l'histoire romaine qui ne tirent leur origine de ces peuples, amis ou ennemis, devenus romains ? Les vieilles familles de Rome, dont Varron avait entrepris de fixer la généalogie, salueront dans son poème leurs ancêtres, compagnons d'Énée, les Memmius descendants de Mnestheus, les Sergius descendants de Sergeste, les Cluentius descendants de Cloanthe, les Nautius descendants du sage Nautès. Mais les Italiens y retrouveront aussi leurs villes, leurs montagnes, le souvenir de leurs héros, de leurs anciens usages, de leurs légendes.

Sur les premiers habitants du Latium et sur les immigrations successives, Virgile adopte les traditions les plus généralement admises des archéologues romains et grecs et que ne dément pas l'archéologie moderne[1]. Les indigènes furent des faunes, des hommes sauvages, qui ignoraient l'agriculture, ne vivaient que de leur chasse et des fruits de la forêt,

---

1. *Énéide*, livre VIII (314-332).

Leur souvenir s'était perpétué dans les croyances populaires aux satyres dont les jeux troublent le silence des nuits. A ces hommes des bois succédèrent des générations de laboureurs et ces étrangers plus civilisés que Caton et Varron nomment les Aborigènes, faute de pouvoir leur donner un meilleur nom. Leurs chefs sont aujourd'hui des dieux. Le poète ingénieusement a dressé leurs statues dans le palais où le roi Latinus reçoit les ambassadeurs troyens[1].

Le vestibule, déjà tout romain, est orné des images de ses ancêtres et de leurs trophées. Le premier de tous est Janus, le plus ancien roi dont on garde la mémoire, le premier qui fit abandonner aux hommes la vie sauvage. Puis, vient Saturne, un étranger, un Crétois que Janus accueillit avec honneur, et qui fut le grand dieu de la Méditerranée avant Jupiter. Saturne fit descendre les hommes des forêts dans la plaine et leur apprit à cultiver, car l'âge d'or fut l'âge des premières cultures sur une terre vierge encore et d'autant plus féconde. Près de la statue de Saturne, se dresse celle de Sabinus, l'ancêtre éponyme des Sabins, ces parents des Pélasges. Son piédestal porte une serpe sculptée, parce qu'il fut le premier à développer la culture de la vigne. Après Sabinus, Italus, le chef des Œnotriens, nation pélasgique. C'est de lui que le pays, qui s'appela successivement Hespérie, Ausonie, Œnotrie, tient son nom impérissable. Enfin Picus, fils de Saturne, père de Faunus et aïeul de Latinus, est assis vêtu de la trabée, ce manteau court et agrafé qui sera celui des augures, des flamines, des chevaliers et des consuls quand ils ouvriront le temple de Janus.

1. *Énéide*, livre VII (170-191).

Il a dans la main le *lituus*, bâton augural, que sa légère courbure fait ressembler à un clairon, et qui deviendra un jour l'attribut de Romulus. Il a aussi l'*ancile*, le bouclier à deux échancrures, le bouclier sacré, tout pareil à celui qui tombera du ciel sous le règne de Numa. Ce Picus, nous rapporte Virgile, avait été l'amant de Circé; mais la magicienne l'avait frappé de sa baguette d'or et métamorphosé en oiseau aux ailes de pourpre et de safran. Or, on montrait en Crète le tombeau du roi Pic; et le culte du pic ou pivert était un culte pélasgique. Plutarque note que les Latins honoraient singulièrement cet oiseau qui jouait son rôle dans l'histoire de Romulus et de Rémus. Un pivert, en effet, venait partager avec la louve le soin de nourrir les deux jumeaux et de les garder. Enfin, aux portiques du palais, étaient suspendus des trophées, des chars enlevés à l'ennemi, des boucliers (*clypei*), des casques à aigrettes, comme les armes homériques qu'on a exhumées sur la côte occidentale de l'Italie, à Corneto, à Cœré, à Cumes, à Prœneste, et qui datent vraisemblablement du viie ou viiie siècle. Il est curieux de constater que Virgile, qui travaillait sur une histoire évidemment altérée, n'en a pas moins retenu, par une sorte de divination, les traits les plus significatifs, les points les plus lumineux; et il le fait avec un art qui, si nous n'y regardions de près, nous donnerait l'illusion de la fantaisie.

Il en est de même quand, à la fin du septième Livre, il passe la revue des guerriers italiques qui marchent contre les Troyens. C'est un dénombrement dont Homère a pu lui inspirer l'idée, bien qu'il fût de force à la trouver tout seul; mais, par la variété de ses peintures et leur intérêt ethnographique, il a incontestablement surpassé son devancier. Rappelons-nous aussi, avec Boissier, que c'était une façon de soutenir la politique d'Auguste. Il groupait sous les yeux de son lecteur toutes les races qui avaient fourni des soldats aux armées romaines et qui, après des conflits séculaires, venaient enfin de s'unir sous l'hégémonie de Rome. Les portes du temple de Janus se sont ouvertes, non sous la main d'un homme, car le seul qui eût le droit de les ouvrir, Latinus, s'est dérobé à cet odieux ministère, mais sous la main de Junon. Et les peuples accourent. Origines, forme des armes, traits de mœurs, coutumes et légendes, Virgile utilise tout dans ce tableau vivant de l'ancienne Italie.

D'abord Mézence. Il n'est pas mauvais qu'à la tête des ennemis du pieux Énée marche un homme que son monstrueux orgueil met au-dessus des lois humaines et divines. Il est suivi d'Aventinus, fils d'Hercule et de la prêtresse Rhéa. On suppose que ce personnage est de l'invention de Virgile. S'il l'a inventé et s'il lui a donné le nom de l'Aventin, c'est qu'il a voulu qu'en ce défilé des ancêtres figurât le nom de la colline d'où Romulus prit les auspices qui lui assurèrent la royauté. Du reste il se plaira à nommer quelques-uns de ses guerriers du nom des hauteurs et des cours d'eau de l'Italie, comme pour mieux les enraciner dans la terre italienne. Aventinus est armé d'une courte épée et du javelot sabin, *veru sabello*, une des armes les plus anciennes qui disparut à l'époque historique. Derrière Aventinus, les jumeaux Catillus et Coras arrivent de Tibur, tous deux d'origine argienne. Tibur en effet se flattait d'avoir reçu les Argiens, et l'archéologie moderne en ferait volontiers une de ces colonies occidentales dont la capitale des Pélopides, Argos, aurait été la métropole.

Præneste, qui fut une grande ville et dont Auguste aimait le séjour, est représentée par son fondateur Cœculus. Virgile, en l'appelant fils de Vulcain, fait allusion à des légendes locales. Il y avait une fois une jeune fille qui, assise devant son feu, fut touchée d'une étincelle et en conçut un fils. L'enfant fut nommé « petit aveugle » ou Cœculus, parce qu'il se fourrait toujours dans le foyer et que la fumée lui rendit les yeux malades. Après des années de brigandage, il fonda Præneste au milieu des montagnes, et il invita les gens des bourgades voisines à venir peupler sa ville, en faisant sonner très haut que Vulcain était son père. Personne ne voulait le croire, mais aussitôt la foule fut entourée de flammes et s'empressa de lui obéir. Ses soldats sont des paysans des bords de l'Anio et de l'Apennin. La plupart lancent avec la fronde des balles de plomb. Ils sont coiffés d'un bonnet de peau de loup; leur pied droit est grossièrement chaussé, et « leur pied gauche imprime sur le sol la marque d'un pied nu ». Macrobe croyait que Virgile avait imaginé d'attribuer aux Herniques un usage étolien décrit par Euripide. Virgile n'a rien imaginé. La coutume d'aller le pied gauche nu et l'autre chaussé était une coutume pélasgique qu'on retrouvait aussi bien chez les Samnites et chez les Apuliens que chez les Herniques. Et elle s'explique, dit-on, par ce fait qu'un homme qui demande beaucoup à sa main droite a besoin d'avoir le pied gauche libre pour mieux agripper la terre.

Par opposition à ces rudes campagnards, voici les Falisques, les habitants du Soracte et de Capène sous la conduite de Messape. L'ordre dans lequel ils s'avancent, leur marche rythmée au son des louanges qu'ils chantent à leur roi, dénotent une civilisation plus avancée. En cela, Virgile est d'accord, une fois de plus, avec l'archéologie, dont les fouilles ont prouvé que ce pays de Faléries et de Capène avait jeté un assez vif éclat au temps où Rome montrait à peine sa tête au-dessus des bois sauvages. Mais, quand il compare ces beaux soldats à des nuées de cygnes blancs qui reviennent de la pâture et tirent de leurs longs cous des sons mélodieux, peut-être lui souvient-il que le poète Ennius se vantait de descendre du héros Messape.

Puis viennent les guerriers d'Amiterne et de Cures, tous ceux qui boivent aux eaux du Tibre ou que séparent les flots de l'Allia, et les Samnites de la Campanie : ils ne se distinguent que par leurs armes, ces vieilles armes étranges comme on en voit dans les musées, dont les plus barbares ressemblent à celles des Germains et où les glaives d'airain, selon la remarque de M. Fowler, nous inclinerait à croire que Virgile savait qu'il y avait eu un âge de bronze[1]. Et voici les Marses. Un prêtre les conduit, Umbro. Son nom est celui de sa race, les Ombriens, un des plus anciens peuples de l'Italie, qu'on a crû d'origine celtique, refoulé de la Toscane par l'invasion des Étrusques. Son casque est couronné d'une branche d'olivier. « Il connaît l'art d'endormir par son chant et sous sa main les vipères et les hydres dont le souffle tue. Il apaise leur fureur et guérit leur morsure ; mais il n'a point de charmes contre les blessures du fer troyen. Ni les herbes cueillies aux collines des Marses, ni ses incantations ne lui seront d'aucun secours. Umbro, les bois d'Angitie, le Fucin aux eaux transparentes et les lacs limpides t'ont pleuré[2] ! » Les Marses étaient en effet de grands

----

1. *Virgil's Gathering of the Clans* (Oxford, 1918).
2.   Vipereo generi et graviter spirantibus hydris
        Spargere qui somnos cantuque manuque solebat,

charmeurs de reptiles et le sont restés à travers les âges. Leur déesse Angitia avait le serpent pour emblème. On l'assimilait même à Médée qui aurait fui jusqu'en Italie et qui aurait reçu ce nom du pouvoir qu'elle avait d'engourdir les reptiles par ses paroles magiques. (*Angitia*, de *angere*, signifie : celle qui suffoque.) « Dans son temple de Luco, dont l'enceinte est intacte, nous dit M. Piganiol, c'est aujourd'hui une Madonna delle Grazie qui joue avec le serpent. »

J'admire dans ce dénombrement la solidité de l'érudition, la vérité du coloris, le choix du détail caractéristique, mais qui ne tire jamais l'œil et qui ne nuit jamais, par l'importance pittoresque que le poète lui donnerait, à l'harmonie de l'ensemble. Virgile manie avec une dextérité charmante son lourd amas de documents. Sa marche n'en est point gênée. Il parcourt cette forêt de légendes et ces ruines confuses de l'histoire d'un pas agile, et le flambeau qu'il tient à la main ne secoue ses étincelles qu'aux bons et beaux endroits. Niebhur, qui a poussé l'inintelligence de sa poésie jusqu'à la stupidité, n'a pu s'empêcher de reconnaître « sa grande science en fait d'antiquités et d'histoire ». Comparez cette évocation d'un historien poète, si brillante et si souple, et, chaque fois que c'est possible, si exacte, aux fantastiques résurrections du moyen âge de Victor Hugo. Je ne parle pas de Leconte de Lisle toujours rigide et dont l'érudition, faussée par sa philosophie de

Mulcebatque iras et morsus arte levabat.
Sed non Dardaniæ medicari cuspidis ictum
Evaluit, neque eum juvere in vulnere cantus
Somniferi et Marsis quæsitæ montibus herbæ
Te nemus Angitæ, vitrea te Fucinus unda,
Te liquidi flevere lacus.

Enéide, VII, 753-760.

l'histoire, est assez souvent aussi peu humaine que voyante et superficielle. Le génie de Virgile a produit la plus heureuse conciliation de l'esprit classique et de l'esprit romantique, car il aimait autant la couleur que Leconte de Lisle et Hugo. Les Anglais ont raison de rapprocher son dénombrement des peuples italiques de celui des Démons, au premier chant du *Paradis perdu*. Milton a su se servir de la Bible et de l'histoire comme Virgile des anciennes traditions ; et les puritains connaissaient ses héros comme les Romains les Cœculus et les Mézence. Mais la matière de Milton était plus impressionnante et d'un intérêt plus général : l'effort de création poétique a été plus grand chez Virgile.

Il ne l'a pas renouvelé au dixième Livre, quand il passe de l'armée de Turnus à la flotte d'Énée et qu'il nous énumère les chefs étrusques et ligures alliés des Troyens. Là, son désir d'associer à l'*Énéide* l'Italie tout entière, jusqu'à l'île d'Elbe, jusqu'à sa chère Mantoue, l'a emporté sur la vraisemblance. Et, la vraisemblance lui manquant, il a perdu, sinon de son éclat, du moins de sa force. Je ne vois, dans ce défilé beaucoup plus court, que deux traits à noter pour leur vérité archéologique. Le premier intéresse les Ligures. Leur chef, Cynire, porte à son casque des plumes de cygne qui rappellent la métamorphose de son père Cycnus ; et il est très probable, en effet, que les Ligures ont eu le culte du cygne. L'autre concerne les Étrusques. Asilas de Pise est un interprète des dieux. « Les entrailles des victimes, les astres du ciel, le langage des oiseaux, les feux de la foudre n'ont point de secret pour lui. » Nous savons que les Romains tenaient des Étrusques l'art augural dont les quatre divisions sont marquées dans ces vers. « Profondément imbus d'esprit religieux, dit Cicéron, ils étudièrent les entrailles des nombreuses victimes qu'ils immolaient; et, comme la pesanteur de l'air en Étrurie cause les phénomènes les plus variés, ils acquirent une vaste expérience dans l'interprétation des prodiges. » Il est tout naturel aussi que l'aruspice Asilas soit un prince et entraîne mille guerriers au combat, car les aruspices et les prêtres étruriens se recrutaient dans les familles les plus aristocratiques.

Un autre caractère des Étrusques nous est fourni un peu plus loin, au milieu d'une bataille où leur chef Tarchon arrête leur débandade : « Vous êtes moins lâches, quand Vénus vous provoque à des combats nocturnes ou quand la flûte recourbée de Bacchus vous donne le signal des danses et que vous vous bousculez devant des tables bien servies. Voilà votre plaisir et votre passion! Il vous suffit d'entendre l'aruspice proclamer que les entrailles annoncent d'heureux présages et qu'une grasse victime vous appelle au fond des bois sacrés ! » La décadence de la mystérieuse civilisation étrusque, qui avait commencé au ^{e} siècle de la fondation de Rome, avait laissé des souvenirs de vie dissolue; et les historiens, surtout les Grecs, avaient fait aux Étrusques une réputation d'immoralité que leur avaient value sans doute leurs richesses et leur luxe asiatique. Songez au contraire à l'éloge de la jeunesse sabine dont le Sabin Numanus outrage les Troyens : « Que viennent faire en Italie ces Phrygiens qui ne se plaisent qu'aux danses, ces beaux porteurs de tuniques à longues manches et de mitres enrubannées?... Chez nous, la jeunesse sait endurer les fatigues et se contenter de peu. Elle dompte la terre avec la charrue et renverse les villes avec ses armes. Toute notre vie se passe à manier le fer, et, quand nous retournons nos lances, c'est pour en aiguillonner les taureaux! » Chose curieuse, Virgile semble avoir moins de sympathie pour les auxiliaires d'Énée que pour ceux de Turnus. Mais je crois qu'il vaut mieux louer son impartialité.

III

L'habileté de cette peinture des anciens peuples italiques pâlit devant la beauté du huitième Livre où Énée foule l'emplacement de Rome. Virgile a visité par l'imagination et par le cœur la Rome qui n'existait pas encore et nous en a fait pressentir la majesté devant son sauvage berceau. Elle était alors habitée par le roi Évandre, venu d'Arcadie. Évandre, nous dit Denys d'Halicarnasse, était fils de Mercure et d'une nymphe arcadienne, Carmenta, ou la Prophétesse. (Carmenta est une divinité pélasgique, originaire de Crète.) L'accueil amical de Faunus, roi des Aborigènes, lui avait permis de s'installer sur une colline près du Tibre, le Palatin. Les Arcadiens y bâtirent un petit bourg qui pouvait contenir juste autant de monde que deux vaisseaux en avaient amené. Ils l'appelèrent Pallantée; et les oracles assuraient que cette bourgade deviendrait dans la suite des temps plus considérable qu'aucune ville grecque ou barbare. Selon Denys, ces Arcadiens apportèrent les premiers en Italie les lettres grecques et les instruments de musique comme la lyre. Tite-Live nous dit qu'Évandre avait moins d'autorité réelle que d'ascendant, et qu'il le devait à ses vertus,

à sa connaissance de l'écriture, merveille toute nouvelle pour ces nations grossières, et à la divinité de
sa mère Carmenta. Virgile n'emprunte à ces légendes
que le caractère vénérable et hospitalier d'Évandre
et la simplicité de ses mœurs.

Énée, conseillé par le dieu du Tibre et porté par
ses eaux, débarque au pied du Palatin, un des plus
beaux sites de la ville, à l'endroit qui sera plus tard
le *Forum Boarium*, le Marché aux Bœufs, et d'où
partira la limite de la Rome primitive. Ce jour-là,
Évandre, son fils Pallas, l'élite de sa jeunesse et son
pauvre Sénat (c'est déjà le Sénat romain composé de
laboureurs) brûlaient de l'encens sur *l'Ara Maxima*,
l'autel maxime d'Hercule. Les Romains du temps de
Virgile le vénéraient autant que leurs ancêtres et y
voyaient un des monuments les plus authentiques de
leur lointain passé. Leur vieux poète Pacuvius, le
neveu d'Ennius, auteur tragique et peintre, en avait
enluminé les murs. Les jours de triomphe on y célé-
brait de grands sacrifices. La statue d'Hercule, si
vieille qu'on l'attribuait à Évandre, était revêtue des
ornements triomphaux. C'était à cet autel, resté très
humble malgré son nom, qu'on jurait les traités,
qu'on s'engageait, tête nue et un silex à la main, par
les serments les plus sacrés et que les citoyens venaient offrir aux dieux la dime de leurs biens.

A l'arrivée des deux birèmes d'Énée, les Arcadiens quittent les tables où les victimes leur étaient
partagées et saisissent leurs armes. Mais les Troyens
se font connaître ; et le jeune Pallas les conduit à
son père. Les paroles d'Énée, obligé d'avoir recours
à des Grecs, sont aussi dignes qu'adroites : « Vous
êtes Grec, Arcadien, et uni par les liens du sang aux
deux Atrides, dit-il en substance à Évandre. Cependant je n'hésite pas, moi Troyen, à vous présenter

ces rameaux ornés de bandelettes. Vous descendez de Mercure, fils de Maia, qui était fille d'Atlas. Nous descendons de Dardanus, fils d'Électre, qui était, elle aussi, fille d'Atlas. Ainsi nos deux familles sont issues de la même tige. Les Rutules veulent nous chasser; je suis venu vous demander votre alliance. » Ici, Énée soutient, si j'ose dire, la même thèse que Denys d'Halicarnasse qui faisait des Troyens un des peuples les plus helléniques. La légende pouvait aussi bien servir à réconcilier les descendants des Grecs et ceux des Troyens qu'à justifier leur hostilité. Et il est probable qu'au cours des siècles ils en ont usé, selon leur intérêt, dans un sens ou dans l'autre. Évandre ne paraît pas très sensible à cette généalogie; mais le visage d'Énée le reporte aux jours de sa jeunesse où Priam et les principaux chefs d'Ilion vinrent visiter l'Arcadie. Le vieillard revoit Anchise qui lui semblait plus grand, plus beau que les autres et qu'il promena dans la ville de Phénée. « Cette alliance que vous souhaitez, lui répondit-il, ma main l'a déjà scellée dans la main de votre père. » Que tout cela est simple et vrai ! C'est ainsi que s'exprime la nature traduite noblement par un grand poète.

Aussitôt les Troyens sont invités à s'asseoir à la table de leurs nouveaux alliés. On ne les considère plus comme des intrus dont la présence et la participation aux cérémonies religieuses seraient interdites. Ils s'asseyent sur un banc de gazon, Énée sur un trône d'érable. Ils s'asseyent, car on mangeait assis, et non couché, aux sacrifices d'Hercule, et jamais il n'y avait à l'*Ara Maxima* de repas où l'on représentait le dieu étendu, de lectisterne. Lorsque l'appétit des convives est calmé, Évandre raconte à ses hôtes l'origine de cette solennité : « Ne croyez pas, dit-il, qu'elle soit l'effet d'une vaine superstition ou de l'oubli des anciens dieux. C'est par reconnaissance que nous honorons chaque année un dieu qui nous a sauvés de cruels périls. » Qu'entend-il par « l'oubli des anciens dieux » ? Énée ne peut encore savoir quel est ce dieu ni s'il est récent ou antique. Mais Évandre parle ici comme un Romain. Tite-Live prétend que le culte d'Hercule est le seul que Romulus ait emprunté aux étrangers, et Varron, qu'il est le seul où l'on ait adopté le rite grec de voiler la tête du dieu et de sacrifier la tête découverte.

Ce dieu est donc Hercule. Et voici l'histoire, aussi merveilleusement contée que celle d'Orphée. Sur l'Aventin, — que voit Énée à sa droite en tournant le dos au fleuve, — vivait dans un antre un fils de Vulcain, Cacus, dont la bouche vomissait des flammes. Des têtes humaines, livides et sanglantes, étaient suspendues à sa porte ; et de tous les environs, on suppliait les dieux de débarrasser le pays d'un tel monstre, quand Hercule, vainqueur de Géryon, passa par là, poussant devant lui d'énormes taureaux. Pendant qu'il les laissait paître, Cacus en détourna quatre et autant de génisses et les traîna par la queue dans sa caverne, afin de ne pas être trahi par la trace de leurs pas. Mais, au moment où Hercule s'éloignait, ses taureaux mugirent et les génisses volées répondirent à leurs mugissements. Le héros, armé de sa massue, gravit en courant la colline. Cacus se sauve dans son antre où il se barricade au moyen d'un énorme rocher. « Trois fois Hercule fait le tour de l'Aventin ; trois fois il essaie de forcer la porte de pierre ; trois fois il se rassied dans le vallon, fatigué ». (J'aime ce *ter fessus valle resedit*. ce geste de découragement, cette humanité lasse dans le plus fort des dieux.) Mais sur le dos de la caverne se dressait un rocher pointu dont le sommet s'inclinait vers le fleuve. Hercule le déracine, et le souterrain royal de Cacus paraît au grand jour, « comme si la terre s'entr'ouvrait et nous découvrait le gouffre infernal et les mânes effarouchés sous la lumière ». Cacus vomit en mugissant un torrent de fumée mêlé de flammes. Le héros, qui ne craint pas l'incendie, le saisit, l'étreint, lui fait jaillir les yeux des orbites, l'étouffe et traîne dehors son cadavre difforme. « Les pâtres accourus ne se lassent point de contempler ces yeux terribles, cette face, cette poitrine velue de bête et les feux éteints dans cette gorge. » Un autel fut élevé près du champ où les bœufs d'Hercule paissaient (*Forum Boarium*) et un sacrifice fut institué.

Cette légende d'Hercule a fourni à Michel Bréal le sujet d'une étude de mythologie comparée. Il y reconnaît une très ancienne légende latine qui, à partir du quatrième siècle de Rome, a pris le vêtement grec du mythe de Héraclès et de Géryon ravisseur des bœufs du Soleil. Mais ce mythe, la Grèce l'avait reçu de l'Inde. Dans l'Inde, au lieu d'une aventure fabuleuse, nous sommes en présence d'un fait naturel ; au lieu d'un événement qui ne s'est produit qu'une fois, nous trouvons un phénomène périodique ; et nos héros sont simplement le Ciel qui combat le Nuage, le frappe de sa foudre, en fait jaillir des flammes et délivre les eaux que ce monstre tenait enfermées. L'histoire d'Hercule et de Cacus descend du firmament. C'est un mythe solaire. Nous n'avons pas à discuter la théorie brillante que Michel Bréal a présentée avec un art qui, s'ils avaient le sens de l'art, ferait sécher d'envie tous les mythologues allemands. Seule, en ce moment, sa conclusion nous intéresse : « Il y a, dit-il, d'heureuses rencontres

dans l'histoire des mythes. Un esprit poétique, amoureux du passé, peut rendre la vie à ces créations du
premier âge de l'humanité. Pour les ranimer, il n'est
pas nécessaire qu'il les comprenne : il suffit qu'il
suive exactement les contours de la narration populaire et qu'il y mette quelque chose de la foi et de la
naïveté des croyances primitives. Virgile a raconté
l'histoire de Cacus et d'Hercule comme l'aurait pu
faire un poète des temps védiques. » Ainsi le poète,
qui, dans la quatrième Bucolique, soulevait les voiles
de l'avenir, semble, dans cette vieille fable, le contemporain des plus anciens chanteurs de la race
aryenne. Il est comme un dieu Janus dont une face
s'éclairerait au rayon de la nouvelle étoile et dont
l'autre refléterait, par delà la nuit des siècles, l'émer-
veillement dramatique des hommes aux premiers
orages.

Revenons sur la terre où Cacus représente sans
doute les habitants des cavernes sur l'Aventin, ceux
que les Romains nommaient les *Casci*, et Hercule
le génie venu de Grèce, qui, comme Saturne, comme
Évandre, comme Énée, apporte un peu plus de civilisation. Lorsque Évandre a terminé son récit, le
front couronné de peuplier, il prend à pleines mains
la vaste coupe sacrée et fait des libations. L'amie
des *Bucoliques*, l'étoile du soir, se montre. Les
prêtres, et Potitius à leur tête, vêtus de peaux de
bêtes, allument des flambeaux. Le banquet recommence, et les Saliens se rangent autour des feux
sacrés : les plus âgés chantent les exploits d'Hercule ; les jeunes miment sa victoire en dansant. Il
n'y a pas un mot dans tout ce passage, d'une poésie
si pure, qui ne soit d'une rigoureuse exactitude. Si
Virgile ceint la tête d'Évandre et des prêtres dan-
seurs, les Saliens, d'une couronne de peuplier, alors

qu'autour de l'*Ara Maxima* officiants et assistants se couronnaient de lauriers, c'est qu'en ce temps-là, les lauriers de l'Aventin n'avaient pas encore poussé et que le peuplier est l'arbre consacré à Hercule. La vaste coupe, que soulève Évandre, est le *scyphus* que les sculpteurs mettaient dans la main puissante du héros et qui était proportionnée à son énorme soif. Peut-être aussi rappelait-elle la coupe d'or du Soleil dont il se servit comme d'une barque pour aborder à l'île d'Érythie, où Géryon gardait ses rapines mugissantes. Quant à Potitius, c'est à lui qu'Hercule avait enseigné les rites de son culte, et très longtemps la famille Potitia s'en était transmis l'intendance.

La fête terminée, tous retournent au village. Le vieux roi marchait en s'appuyant sur Énée et sur son fils. Énée regarde autour de lui, et, saisi par la beauté des lieux, il interroge Évandre qui lui raconte l'ancienne histoire du pays. Et, pendant qu'ils suivent le même chemin qu'Hercule après sa victoire, Évandre indique à son hôte sur la pente du Palatin le bois que Romulus nommera *Asyle*, et sous de frais rochers le *Lupercal* ou temple de Pan, et, entre le Palatin et le mont du Capitole, la gorge marécageuse qui deviendra le *Forum* et, plus loin, la forêt de l'*Argilète*. Ils parviennent ainsi au sanctuaire élevé par Évandre en l'honneur de sa mère et à la porte que les Romains appelleront *Carmentale*. Les voici au pied de la roche Tarpéienne et du Capitole. « Ce bois, dit Évandre, cette colline ombragée, je ne sais pas quel dieu, mais un dieu les habite. Nos Arcadiens ont cru plus d'une fois y voir Jupiter secouant son égide et rassemblant les orages[1]. » Rien de tout ce

---

1. « Hoc nemus, hunc, inquit, frondoso vertice collem
    (Quis deus, incertum est) habitat deus. Arcades ipsum

que les écrivains romains nous ont dit de Jupiter
Capitolin et du Capitole et des longues processions
triomphales qui y montèrent, ne nous donne une
aussi forte impression de grandeur religieuse que ce
pressentiment, cette vague apparition sur la pauvre
hauteur hérissée de pierres et de ronces. Plus loin,
on aperçoit les débris de deux villes, l'une de Janus,
l'autre de Saturne. Ainsi, la première fois qu'elle se
découvre aux yeux des ancêtres de sa gloire, cette
terre sans âge a déjà des ruines émouvantes.

Enfin, Évandre conduit Énée dans sa demeure,
une hutte couverte de chaume ou de roseaux.
M. Fowler la situe, très justement, je crois, à trois
cents mètres de l'Esquilin, sur le flanc nord-ouest du
Palatin, au lieu même où s'élevait la très modeste
demeure d'Auguste[1]. C'est le seul endroit d'où l'on
pouvait voir en même temps « les bœufs qui mugis-
saient sur le Forum et dans le riche quartier des
Carènes ». La bienvenue qu'Évandre souhaite à
Énée quand il l'introduit sous son toit a une simplicité biblique : « Voici le seuil que franchit Hercule
vainqueur ; voici le palais qui le reçut. Osez, mon
hôte, mépriser les richesses. Faites-vous une âme
digne de la divinité, et entrez ici sans rudesse pour
notre pauvreté. » Énée n'y dormira point. Évandre
l'a logé dans une demeure plus retirée. Le matin, ils
se réveilleront au chant des oiseaux. Le roi met sa

Credunt se vidisse **Jovem,** cum sæpe nigrantem
Ægida concuteret **dextra,** nimbosque cieret.
Énéide, VIII, 351-354.

1. *Æneas at the site of Rome* (Oxford, 1917).
    « Hæc, inquit, limina victor
Alcides subiit, hæc illum regia cepit.
Aude, hospes, contemnere opes, et te quoque dignum
Finge deo, rebusque veni non asper egenis. »
Énéide VIII. 363-366.

tunique et ses chaussures à courroies, le *calceus* romain d'origine étrusque. Il sort avec son fils, escorté de ses deux chiens, et il va retrouver son hôte qu'il rencontre sur sa route.

Nous avons maintenant un aperçu de tout ce que les vers de Virgile supposent de science et d'érudition. Mais, dans ses investigations sur les antiquités, l'archéologue ne tient pas compte du facteur moral. Ce n'est pas son rôle. C'est celui du poète dont les intuitions vont plus loin que les monuments en ruines et descendent plus profondément que les fosses funéraires. Ces deux hommes, qui se serrent la main dans un sous-bois solitaire du mont Palatin, symbolisent toutes les vertus sur lesquelles s'est fondée la cité romaine, la piété, le courage, l'esprit d'entreprise, le respect du malheur, la simplicité de la vie et l'honorable pauvreté. Je vois sur le visage d'Évandre la majesté du Sénat des Cincinnatus et sur le visage d'Énée le grand sérieux des Scipion. Virgile en fouillant dans l'histoire avait retrouvé et remis au jour les assises de l'Empire.

CHAPITRE VII

L'ÉNÉIDE ET L'EMPIRE

I. L'anachronisme dans Virgile. — La nature. — Les villes. — Les sports et les arts. — II. Le personnage d'Énée. — Son amour pour Didon. — Sa descente aux Enfers et les Mystères d'Éleusis. — L'évolution de son caractère. — III. La piété de Virgile. — Ses dieux. — Sa conception religieuse.

I

Il est évident que nous ne sentirons jamais l'*Énéide* comme un contemporain de Virgile. Nous pouvons en prendre d'autant plus aisément notre parti qu'elle ne perd rien à ce que nous la sentions avec notre âme d'aujourd'hui et que nous y apportions un esprit critique plus large et plus averti que celui des Anciens. Si la signification romaine et, pour ainsi dire, domestique du poème s'est forcément appauvrie, tout ce qu'y ont découvert les siècles, tout ce qu'ils en ont tiré nous a rendu plus riche la substance humaine. Sous l'action du temps et des changements du goût, certaines beautés sont mieux ressorties. Et, par exemple, les Anciens étaient fort peu exigeants en fait de couleur locale. Un Tite-Live, écrivant l'histoire des Guerres Puniques, nous racontait la chute de Carthage sans se soucier de nous peindre sous des couleurs réelles cette ville et cette civilisation qui disparaissaient de la surface du monde. Les anachronismes volontaires de Virgile ne risquaient donc pas de les choquer ; et ils n'ont pas admiré, comme nous, qu'il ait su si bien les fondre avec les vraisemblances de l'histoire et les données de l'archéologie. Je sais que pour nous, qui le lisons à deux mille ans de distance, ces anachronismes sont moins visibles, et que nous nous exagérons peut-être son habileté à ménager les passages entre ce qu'il y a de plus antique dans l'*Énéide* et ce qu'il y a de plus moderne. Mais je ne le crois pas. Le génie de Virgile est essentiellement créateur d'harmonie. Il combine et assortit les éléments les plus disparates, aussi bien dans les emprunts qu'il fait à ses devanciers que dans ses peintures de la vie. Il nous promène du monde d'Homère à celui d'Auguste, et nous n'en éprouvons ni étonnement, ni heurt. Il mêle les civilisations, et l'unité du poème n'en est pas plus altérée que l'intérêt n'en est compromis. Du reste, la conception de l'*Énéide* justifiait ces hardiesses dont son art se chargeait d'éviter les effets discordants. Son personnage principal est Rome considérée *sub specie æternitatis*. Dès le commencement, nous avons l'imagination si frappée et si remplie de sa grandeur et de sa puissance, elle préexiste si magnifiquement à sa fondation, que la notion de la différence des époques en est, sinon abolie, du moins atténuée, et que nous ne sommes point surpris d'être transportés dans un monde où les rois couchent sous des toits de roseaux comme aux premiers jours des sociétés humaines, et où se dressent des temples comme ceux qu'on édifiait sous les premiers Césars. L'*Énéide*, c'est le poème de Rome avant sa naissance et celui de l'Empire romain d'Auguste.

Ces deux inspirations se pénètrent intimement. Tantôt Virgile prête aux anciens peuples du Latium des coutumes romaines dont l'origine ne remontait pas aussi haut, mais restait incertaine ou inconnue. Ainsi, nous avons vu s'ouvrir à Laurente le temple de Janus, au moment où les hostilités vont éclater, et se lever les faisceaux consulaires devant les rois laurentins. Ainsi, Turnus, avant d'attaquer les Troyens, lance contre leur camp le javelot, que le président du Collège des Féciaux, le *pater patratus*, lançait sur le territoire des ennemis à qui l'on déclarait la guerre. Les uns attribuaient cette institution au roi Ancus, d'autres à Numa, d'autres à Tullus Hostilius. Il y avait un proverbe à Rome qui disait « aussi vieux qu'Évandre » de toutes les très vieilles choses. Virgile a pris souvent ce proverbe à la lettre. Tantôt au contraire il lui plaît d'oublier l'antiquité ; il appartient tout entier à son époque et ne voit plus qu'elle. Il vieillissait les institutions ; il modernise les hommes.

Comme la nature est ce qui change le moins ou le plus lentement, nous pouvons encore aujourd'hui retrouver les décors où s'est déroulée l'*Énéide* et où il a fait lui-même des « promenades archéologiques ». Il me semble que ceux de nos contemporains qui les ont faites à leur tour ont un peu trop voulu être payés de leur peine et ont un peu trop insisté sur l'exactitude de ses descriptions. Mon Dieu, nous reconnaissons les paysages de l'*Énéide* comme nous reconnaissons le lac d'Elvire, parce que nous savons que c'était là. L'imagination y a plus de part que la précision du poète. Virgile s'en tient d'ordinaire à son impression générale qui est toujours vraie. Mais, sauf dans deux ou trois passages, il ne recherche pas la singularité géographique qui permet d'identifier un lieu. Il n'oublie jamais ses personnages, et ses personnages ne s'oublient jamais dans la contemplation de la nature. G. Boissier regrette que trois vers lui suffisent pour dépeindre la côte de l'Apulie et de la Calabre, une des plus belles de l'Italie : « Je suppose, dit mélancoliquement cet aimable compagnon de voyage, qu'il a dû lui en coûter d'être si sobre. » Lorsqu'il l'est un peu moins, nous n'entrevoyons dans son poème que la Sicile et l'Italie de son temps. Il ne s'est affranchi des spectacles modernes que sur l'emplacement de Rome.

Laissons de côté les voyages d'Énée en Thrace, à Délos, en Crète, aux îles Strophades, en Épire, pays que Virgile n'a point connus, qu'il se proposait de connaître et que, dans son troisième Livre, le plus faible, le seul faible, il se contente de nommer. La Sicile que côtoie sa flotte n'est pas l'île préhistorique qu'Orion, d'un coup de sa massue, vient de séparer du continent ni celle même où règne le Baal des Phéniciens. Si elle est encore habitée au pied de l'Etna par les fabuleux Cyclopes, Énée découvre de son navire les cités dont Virgile a contemplé les murs ou les ruines : la ville grecque de Camarine ; Géla, la ville dorienne qui porte le nom de son violent fleuve ; Sélinonte, la ville des palmes ; Agrigente, la ville escarpée, la plus belle des cités humaines selon Pindare, celle dont Empédocle disait que ses habitants, qui mangent comme s'ils devaient mourir demain, construisent comme s'ils devaient vivre éternellement. Elle montre à celui qui navigue ses immenses remparts. *Ostentat maxima longe mœnia.* Nous les admirons encore. Au-dessus de Drépanum s'élève le mont Éryx si célèbre dans toute l'antiquité par son temple de Vénus. On ignorait quels en étaient les glorieux fondateurs; mais nous savons aujourd'hui qu'ils furent des Phéniciens. Il était naturel qu'Énée héritât de cette gloire tombée en déshérence. Du temps de Virgile, l'édifice était délabré; et cinquante ans plus tard les Ségestains, l'ancienne colonie troyenne, demandèrent à Tibère de le rebâtir. Le prince s'en chargea, nous dit Tacite, comme d'un devoir de famille. Le poète ne nous l'a pas décrit. Mais il avait séjourné sur cette côte, car tout le paysage où se passent les jeux en l'honneur d'Anchise est un de ceux qu'il a le plus fidèlement rendus.

Lorsque les Troyens entrent en Italie par l'embouchure du Tibre, le fleuve les reçoit entre ses rives ombragées. Virgile s'est-il donc imaginé qu'autrefois des forêts recouvraient ses bords si nus, si tristes sous l'ardente lumière? Il aurait eu contre lui la tradition, et il connaissait certainement l'ancien annaliste Fabius Maximus dont les scholiastes nous ont conservé une seule phrase; mais cette phrase nous dit qu'Énée fut très mécontent d'être tombé sur une terre aussi aride, aussi sablonneuse[1]. Nous aurions peut-être préféré que Virgile respectât la tristesse du vieux fleuve et que cette terre tant convoitée donnât tout d'abord à Énée la déception presque inséparable du rêve qu'on étreint. Le poète en a jugé autrement. Le Tibre qu'il avait sous les yeux ne se ressemblait plus, bien que je doute que son embouchure ait jamais eu beaucoup d'ombrage. Mais il baignait depuis un demi-siècle des jardins et des

---

1. Il est très probable que Fabius Maximus, comme Denys d'Halicarnasse, faisait aborder Énée au-dessous de l'embouchure du Tibre, et précisément sur un rivage qui manquait d'eau douce. Par conséquent sa phrase ne prouverait pas que Virgile a eu tort.

villas, et **Properce** regardait passer les bateaux d'une berge « où les cimes des arbres nouvellement plantés se pressaient aussi nombreuses que sur le Caucase ». C'est ce beau fleuve paré et rajeuni par les Césars qui porte les Troyens à Pallantée.

Si le berceau de Rome, au centre de l'immense fresque, garde saintement ses ronces, ses bois, ses rocs, son marécage, et si Pallantée n'est qu'un pauvre bourg, les autres villes sont des villes modernes. Je devrais dire : l'autre ville, Carthage, car de Laurente Virgile ne nous décrit que le palais et les remparts. Carthage vient de naître ; et c'est déjà une Alexandrie romaine. On n'y voit plus de huttes indigènes, de gourbis (*magalia*) que dans les faubourgs. Des rues pavées, des rues romaines conduisent aux basiliques et à la curie. Pendant que les uns creusent le port, d'autres jettent les fondements d'un théâtre et taillent les énormes colonnes qu'on dressera sur la scène. Le temple de Junon, au centre de la ville, a des escaliers de bronze et des battants de bronze qui roulent en grondant entre des jambages de bronze. Il est construit comme un temple romain et, au-dessus de la statue, la voûte s'arrondit en forme de carapace. Des panneaux le décorent, où sont peints les principaux épisodes du siège de Troie. Il n'est point question de peinture dans Homère ; mais l'Italie possédait des fresques plus anciennes, nous dit Pline, que Rome elle-même. Les temples d'Ardée en conservaient qui n'avaient rien perdu de leur fraîcheur. On admirait à Lanuvium une Hélène et une Atalante encore intactes et si belles que Caligula les eût fait enlever si la nature du revêtement l'avait permis. Ici Virgile songe plutôt aux panneaux de bois mobiles qu'on promenait dans les pompes triomphales et qu'on suspendait aux murs des temples. Le palais est d'une

magnificence digne de Cléopâtre. Partout des tapi.
de pourpre, et, sur les tables du festin, ces pièces
d'argenterie et d'or qui étaient devenues une véritable passion à Rome et qui sortaient pour la plupart
des ateliers d'Alexandrie. Les exploits des ancêtres
de Didon sont ciselés sur les vases d'or et d'argent,
comme sur les orfèvreries des Ptolémées l'étaient
ceux de Dionysos, leur ancêtre divin. L'aède qui se
lève à la fin du banquet, Iopas, n'est plus le Démo-
docus d'Homère, chantre des héros et des batailles :
il vient tout droit de la cour de ces mêmes Ptolémées.
Les muses savantes lui ont enseigné « le cours de la
lune, les éclipses du soleil, l'origine de la race
humaine et des animaux, la cause des pluies et des
éclairs, et l'Arcture, et les Hyades pluvieuses, et les
deux Ourses, et pourquoi les soleils d'hiver mettent
une telle hâte à se plonger dans l'Océan et ce qui
retarde les lentes nuits d'été ». Il ne tient pas ces
chants d'Atlas, comme il le prétend, mais du Silène
des *Bucoliques* et des Alexandrins.

Virgile semble avoir avoir voulu que l'*Énéide*, ne
fût-ce qu'en quelques vers, reflétât les préoccupations
littéraires de son temps. Elle en reflète aussi le
goût de ce que nous appellerions aujourd'hui les
sports. Au nombre des jeux que les Troyens célèbrent
près du tombeau d'Anchise, le poète a placé un
combat du ceste. Homère en avait bien décrit un
aux funérailles de Patrocle. Mais les Romains étaient
restés très longtemps réfractaires aux jeux helléniques des athlètes ; et Cicéron nous rapporte que
Pompée, en ayant offert au peuple, avouait qu'il y
avait perdu sa peine et son huile. César avait été
plus heureux que Pompée et Auguste plus heureux
que César. Il ne dissimulait point le vif intérêt qu'il
y prenait, et il goûtait surtout, au dire de Suétone,

les combats du ceste. Il avait étendu les privilèges des athlètes, et, même dans les spectacles dont il ne faisait pas les frais, il leur distribuait, à ses propres dépens, des couronnes et des récompenses considérables, — comme Énée. L'épisode de l'athlète Entelle et du gigantesque Darès, admirable par le mouvement et par la vérité du détail, et qui, détaché, me paraît supérieur aux plus belles scènes de genre d'un Théocrite, contribuait à populariser les fêtes athlétiques dont la vogue commençait.

Les amateurs d'art étaient encore mieux partagés en lisant l'*Énéide*. Le temple d'Apollon que visite Énée aussitôt qu'il débarque à Cumes est une œuvre magnifique du Crétois Dédale; et, malgré ses soucis, le héros troyen ne peut s'empêcher d'admirer sur les bas-reliefs des portes l'histoire du Minotaure, un des sujets les plus souvent traités par les artistes grecs. Cette fois, il n'est plus retenu, comme devant le temple carthaginois, par une émotion personnelle, mais par son sentiment de la beauté. La Sibylle est obligée de le tirer de sa contemplation : « Ce n'est pas le moment, lui dit-elle brusquement, de t'attarder à de pareils spectacles. » On objectera que les héros d'Homère sont aussi sensibles à l'art. Mais, bien qu'ils ne nous parlent ni de statues ni de tableaux, ses poèmes nous peignent une civilisation déjà raffinée, dont les goûts artistiques ne se sont répandus à Rome qu'au dernier siècle de la République. Virgile conciliait ainsi son imitation d'Homère et son sens de la vie moderne.

Il nous en donne un exemple assez frappant dans sa description du bouclier d'Énée, forgé par Vulcain comme celui d'Achille. Des scènes d'histoire y remplacent les scènes homériques de la moisson, de la vendange, des fiançailles, et des danses autour d'un joueur de lyre. Or, le bas-relief historique était aussi moderne que romain. « Tout le bas-relief romain, écrit M. Courbaud, avec ses caractères et son style, est contenu dans le bas-relief historique. Tout le bas-relief historique est contenu dans l'époque qui va de César aux Antonins[1] ». Virgile est bien le contemporain de l'artiste inconnu qui décora la cuirasse de la statue d'Auguste trouvée à Prima-Porta. Assurément un artiste humain n'aurait pu faire tenir sur l'orbe d'un bouclier tout ce que nous voyons sur celui d'Énée, même avec les simplifications qui personnifient un peuple dans un personnage, un épisode dans une allégorie. Mais Vulcain savait l'art de ciseler « un combat de géants au pomneau d'une dague » et de plus il était dieu. La bataille d'Actium forme le centre de la composition, comme, au centre de la cuirasse, un Parthe restituant à un Romain les aigles de Crassus symbolise la victoire pacifique du règne d'Auguste dont Rome éprouva une si grande fierté. Sur le bouclier, comme sur la cuirasse, les nations vaincues sont figurées par des hommes ou des femmes dont les attributs et le costume servent d'emblème à leur pays; et la cuirasse, pas plus que le bouclier, n'oublie Apollon protecteur de Troie et d'Auguste.

Je n'ai pas besoin de dire que le poète l'emporte de beaucoup sur le sculpteur, et qu'il n'y a point de bas-reliefs au monde qui nous fasse passer sous les yeux les visions éclatantes du bouclier divin : Auguste, « dont les tempes vomissent une double flamme, » entraînant l'Italie au combat avec le Sénat, le Peuple, les Pénates et les Grands Dieux; en face de lui, Antoine, l'Égypte, l'Orient, Cléopâtre qui

---

1. Edmond Courbaud, *le Bas-relief romain à représentations historiques.* (Paris 1899.)

anime ses troupes de son sistre égyptien et qui ne voit pas les deux serpents derrière elle ; les divinités monstrueuses et l'aboyeur Anubis combattant entre Neptune, Vénus et Minerve ; Apollon du haut de son temple d'Actium bandant son arc ; et la fuite des galères royales, et le Nil ouvrant aux vaincus les pans de sa robe et son sein bleu ; puis Rome en liesse : des chœurs de femmes dans les temples, des taureaux égorgés devant tous les autels. On n'a jamais mieux célébré qu'en ces vers triomphaux la victoire des dieux raisonnables sur les dieux qui sont des monstres, de la civilisation sur la barbarie. On y sent le jaillissement d'allégresse d'un peuple qui a craint pour son existence et qui est enfin délivré de son cauchemar.

L'étude du bouclier d'Énée ne nous prouve pas seulement que Virgile s'intéressait à l'art de son temps ; elle nous le montre encore rivalisant par le verbe avec le ciseau du sculpteur. Le splendide héritage que fit Rome en 133 du royaume de Pergame, ce grand foyer d'art, exerça une très forte influence sur les artistes romains. Ils reproduisaient continuellement, nous dit M. Courbaud, les œuvres pergaméniennes et surtout celles qui représentaient la déroute des Gaulois à Delphes. Or Vulcain a ciselé sur le bouclier d'Énée l'assaut du Capitole par les Gaulois. « Une oie au plumage argenté voltigeait sous les portiques d'or et ses cris annonçaient la présence des ennemis... On les reconnaissait à leurs cheveux d'or, à leurs vêtements d'or, à l'éclat de leurs sayons rayés et aux colliers d'or qui entouraient leur cou d'une blancheur laiteuse. » Les nus étaient donc exécutés en ivoire, le reste en or, et cela suivant la technique des artistes pergaméniens. Ajoutez que les contemporains de Virgile pouvaient reconnaître dans les descriptions du poète les traits et l'attitude des dieux tels que les avaient modelés leurs sculpteurs. Le Neptune qui calme la tempête et dont le char vole sur les eaux ressemblait à celui du célèbre groupe de Scopas placé dans le cirque Flaminien et que Pline nous cite parmi les œuvres les plus vantées. Et l'on peut supposer que le Tibre qui apparaît à Énée, couvert d'un léger voile glauque et la tête ceinte d'une couronne de roseaux, reproduisait l'image du *Pater Tiberinus* qu'on adorait dans la sainte ville d'Ostie[1]. C'est ainsi qu'à chaque instant l'*Énéide* nous ramène du passé le plus légendaire au siècle d'Auguste.

II

Tout nous y ramène et, plus que tout peut-être, l'âme du héros. Énée m'apparaît comme une des créations les plus originales et les plus hardies de la poésie. Il rompt la tradition des héros épiques. Il n'a pas leurs qualités brillantes, leur esprit d'aventure, leur témérité, leur séduction, ou du moins il ne les a pas au même degré qu'eux. Il n'a pas non plus le défaut qu'on peut leur reprocher presque à tous : de vivre en dehors. Énée est le premier en qui nous sentions une vie intérieure. Nous voyons jusqu'au tréfonds de ce Grec intelligent et brave, pas malhonnète mais rusé, qui se nomme Ulysse. Les violences et les revirements d'Achille respirent l'en-

---

1. Carcopino. *Mélanges de l'École de Rome. Ostiensia III. Les Inscriptions Gamaliennes* (1911).

fance du monde. Énée plus complexe est venu au jour dans un siècle plus vieux.

Selon la méthode que nous avons vu Virgile appliquer pour ses autres personnages Turnus, Latinus, Mézence, il a gardé les traits dont les historiens et particulièrement Homère avaient marqué son héros. On a même tout lieu de croire que ce fut le récit d'Homère qui éveilla sa sympathie créatrice. Mais je crains que Sainte-Beuve, dont l'étude sur l'*Énéide* est si juste et si pénétrante, n'ait subtilisé en faisant de l'Énée homérique un personnage « qu'une sorte de prestige et de mystère religieux environne ». Il le voit déjà à travers l'imagination de Virgile. Dans l'*Iliade*, le fils d'Anchise et de Vénus est un homme de bon conseil, très courageux, le plus vaillant et le plus honoré des Troyens après Hector, et un homme très pieux. Blessé par Diomède, abandonné par Vénus qui est elle-même blessée, Apollon l'enlève et le dépose au fond de son temple dans la sainte Ilion, où sa mère et sa sœur, Latone et Diane, le guérissent. Quand il court risque de succomber sous les coups d'Achille, Neptune s'écrie : « Pourquoi, lui qui est innocent, paierait-il par d'injustes douleurs des fautes qu'il n'a pas commises? Il ne cesse d'offrir d'agréables présents aux dieux qui habitent le vaste ciel. » Et le dieu ajoute (ce qui devrait le rassurer) : « Il est dans sa destinée d'échapper à la mort, afin que cette race de Dardanus ne disparaisse pas sans laisser de prostérité, car la famille de Priam est maintenant odieuse à Jupiter, et c'est Énée qui régnera sur les Troyens, lui et les fils de ses fils. » Et, comme l'avait fait Apollon, Neptune le prend dans ses bras et l'emporte à l'extrémité du champ de bataille. Là, il le gourmande de s'être attaqué à Achille. « Attends qu'il soit mort, lui dit-il, et tu pourras alors combattre au premier rang, car aucun autre Grec n'emportera ta dépouille. » Ainsi Énée est soigné par des déesses et sauvé deux fois de la mort par des dieux qui, du reste, en le sauvant ne font que se conformer aux ordres du destin, puisqu'il est appelé à gouverner les Troyens et à perpétuer la race de Dardanus. Cette prophétie devait être connue d'Achille qui s'était écrié : « Espères-tu donc en me combattant régner sur les Troyens avec les mêmes honneurs que Priam? Mais, même si tu m'ôtais la vie, Priam ne mettrait pas son pouvoir entre tes mains. » Priam doit aussi la connaître, ce qui explique le mécontentement d'Énée qui se plaint qu'on n'ait pas suffisamment honoré son courage et qu'on le tienne à l'écart. « Un chef de branche cadette! » dit spirituellement Sainte-Beuve. Mais n'insistons pas sur ces légères indications dont Virgile n'a point tenu compte. Énée est cher aux dieux, et, comme les dieux, Virgile l'a aimé à cause de sa piété qui le distingue bien plus que sa valeur ou sa prudence. Chez Denys d'Halicarnasse, il m'a semblé qu'elle se nuançait de tristesse et d'irrésolution.

C'est sur cette figure assez pâle que Virgile a travaillé; c'est ce personnage semblable par tant de côtés aux autres personnages homériques qu'il a fortement individualisé dans un siècle où l'individualisme de plus en plus accentué invitait le poète à creuser les caractères. Et précisément il a voulu nous montrer comment un caractère se forme. Grande nouveauté. Achille, Agamemnon, Ménélas, Ulysse, Hector, Pâris demeuraient d'un bout à l'autre de l'*Iliade* et de l'*Odyssée* constants avec eux-mêmes. Énée, lui, évolue. Il n'est pas le même homme dans les derniers livres du poème que dans les premiers. Je me suis demandé, en lisant Denys d'Halicarnasse, pourquoi Virgile n'avait pas adopté la version d'Hellanique, si glorieuse pour son héros dont elle fait, pendant la nuit du sac de Troie, le défenseur de la citadelle, l'organisateur de la résistance, le chef qui sauve tout ce qui peut être sauvé et qui se retire de la ville avec armes et bagages. Mais cet Énée n'aurait pas été l'exilé douloureux et incertain que des oracles mal compris et les tempêtes promènent sur les mers. Il serait parvenu du premier coup au terme où Virgile désirait lentement l'amener. Les plus hautes vertus se conquièrent. Le poète en avait, près de lui et au-dessus de lui, un illustre exemple : Octave n'avait point reçu de naissance la modération et la magnanimité d'Auguste.

Au milieu de l'incendie de Troie, Énée se comporte bravement ; mais il ne domine pas le malheur. Il ne cherche qu'à mourir, en homme de cœur, les armes à la main. *Una salus victis, nullam sperare salutem.* (L'unique salut des vaincus est de n'en espérer aucun.) Ceux qu'il entraîne sont tués ou l'abandonnent. Il se sent enveloppé d'une sombre horreur. Devant le cadavre de Priam, il songe à son père, à sa femme, à son fils ; mais sa fureur désordonnée l'emporte. Il faut que Vénus, en l'empêchant d'égorger Hélène, lui rappelle que, sans sa protection maternelle et divine, il n'aurait plus ni père, ni femme, ni enfant. Il court vers eux. Le refus obstiné de fuir que son père oppose à ses prières le replonge dans le désespoir. « Rendez-moi aux Grecs ! s'écrie-t-il. Laissez-moi reprendre le combat. Nous ne mourrons pas tous aujourd'hui sans vengeance ! » Il manque de cette maîtrise des grands chefs qui s'exerce d'abord sur leurs passions, puis qui s'impose à leur entourage, et même aux événements. Ce n'est pas

lui qui persuade son père : ce sont les dieux. Et ce
n'est pas lui, non plus, qui en réalité dirige l'émigration troyenne : c'est son père. Anchise a toute
l'autorité du père de famille romain, rehaussée encore
d'une expérience amère et glorieuse. Enfant, il a vu
Hercule, frustré de son labeur, détruire une première
fois les remparts d'Ilion. Jeune homme, il a tenu
dans ses bras une déesse. Partout où il a passé, il a
laissé ce souvenir de noblesse et de majesté qui vit
au cœur d'Évandre. Quand les Troyens abordent à
Délos, le roi du pays, Anius, est heureux de revoir
son vieil ami. Le grand mérite d'Énée aux yeux de
leurs hôtes est d'honorer dignement son père. En
effet, il ne prend aucune décision sans ses avis et son
consentement. Anchise est le conseiller suprême,
l'interprète des songes et des oracles ; il étend sur les
suppliants sa main protectrice ; il invoque les grandes
divinités ; il donne l'ordre des départs. S'il avait vécu,
vous pouvez être sûrs que la flotte troyenne serait
repartie de Carthage le lendemain du banquet de la
reine.

Sa mort est si vivement ressentie par son fils qu'à
la première tempête qu'il essuie en quittant la Sicile,
sa première pensée est de regretter le sort de ceux
qui sont tombés devant les murs d'Ilion, sous les
yeux de leurs parents.

> *O terque quaterque beati*
> *Quis ante ora patrum, Trojæ sub manibus altis,*
> *Contigit oppetere !*

Comme les mêmes mots peuvent avoir des sens
divers ! Cet *ante ora patrum*, Virgile l'avait déjà
écrit dans l'épisode d'Orphée ; mais, appliqué aux
ombres des fils dont leurs parents ont vu brûler les
os, il signifiait alors le renversement des lois de la

vie qui veulent que les parents meurent avant leurs enfants, et il aggravait la douleur des funérailles. Appliqué, comme dans Homère, aux guerriers qui succombent en combattant, il adoucit au contraire la cruauté de leur mort ; il fait planer sur leur tête la fierté de la famille ; il leur assure les honneurs funèbres. Ici, Énée qui vient d'ensevelir son père y ajoute l'expression de l'isolement où le laisse la perte d'Anchise. Il ne sait pas encore que les pires orages ne sont pas sur la mer et combien cette perte le désarme en face des tentations.

Jusque-là, Énée avait été soutenu, protégé. Sa mère lui reste : elle peut écarter de lui les périls de mort ; mais elle est si loin de lui ! Quand il la rencontre dans les forêts de Carthage sous la figure d'une chasseresse et qu'il ne la reconnaît qu'au moment où elle le quitte, il lui reproche avec une tendresse attristée de l'abuser par de fausses apparences : « Pourquoi ne m'est-il pas donné de te presser la main et de t'entendre et de te répondre sans déguisement ? » L'aimable déesse n'est point femme à craindre les passions amoureuses, et elle déteste trop Junon pour épargner la jeune veuve de Carthage. Quand Junon lui propose de marier Énée et Didon, Vénus sourit. La ruse et la vertu de cette grave matrone la font sourire ; et elle se garderait bien d'arrêter son fils au seuil de la grotte. Elle ne voit aucun mal à ce qu'il oublie quelque temps ses ennuis et se délasse de ses courses errantes. Du moment que la reine s'est donnée à lui, elle se retire discrètement de la scène ; et son fils, au plus fort de ses tourments, ne songe même pas à se tourner vers elle.

Il est seul aux prises avec la passion et sans autres secours que ceux qu'il peut tirer de lui-même. Mais chez cet homme qui, depuis six ou sept ans, a mené sous l'autorité paternelle une existence précaire et dure, il est naturel que la volonté se détende. Il appartient aussi à une race qui ne hait pas les voluptés; il vient d'une ville où l'on comprenait qu'on fît la guerre pour garder une femme et où l'on pardonnait à Hélène tous les maux soufferts à cause de sa beauté. Ce n'est pas sans raison que les Sabins se moqueront de ces étrangers qui se parent comme des femmes, de ces Phrygiens ou plutôt de ces Phrygiennes ! La tempête a jeté Énée dans un palais où il retrouve le luxe des plus riches palais de Troie. Au lieu d'une ville à fonder, en voici une déjà prospère qui s'offre à lui. La reine est sa maitresse ; la sœur de la reine, son amie, une amie à qui l'on confie tout et pour laquelle on a même plus d'égards que pour une amante, peut-être parce que l'amante exige trop et qu'on a le cœur moins disposé aux ardeurs de la passion qu'aux douceurs de l'amitié. Énée est heureux. Il croit l'être. Il préside aux embellissements de Carthage ; il se promène sous un manteau de pourpre que Didon a brodé d'or ; il porte une épée qu'elle lui a donnée et dont le fourreau est constellé de jaspe fauve. C'est la première fois qu'il peut ne penser qu'à lui. A-t-il envisagé la possibilité de demeurer à Carthage et d'y être le mari de la reine ? Non point. Il n'a nulle envie d'allumer les torches nuptiales ; et, si les destins lui permettaient d'arranger sa vie selon son désir, il retournerait en Troade où il s'occuperait de relever le palais de Priam. Sa liaison avec Didon n'est dans son esprit qu'une aventure passagère, mais dont il n'est pas pressé de voir la fin.

L'arrivée de Mercure l'arrache à la tranquillité où s'endormait son égoïsme. L'heure est grave : sera-t-il l'Antoine ensorcelé par l'amour et les présents d'une reine étrangère et ne vivant que pour des parties de chasse et des festins, ou sera-t-il Auguste, le père de la nation romaine? Il s'épouvante de son inconsciente trahison. A ce moment, sa maîtresse ne lui inspire plus d'amour. Il comprendra seulement plus tard combien il l'aimait encore. Il ne songe qu'à fuir et il redoute moins l'affliction qu'il va causer que les embarras de la rupture. Sa soumission aux ordres des dieux le dispense de remords. Il est dur sans savoir cependant à quel point il l'est. Il ne se doute pas que Didon a engagé toute sa vie dans ce qui n'est pour lui qu'un instant de la sienne. Il se raidit; il ne prononce pas les mots qu'il pourrait, qu'il devrait dire, qu'il essaiera de prononcer un jour chez les morts, hélas! chez les morts qui ne veulent plus rien entendre. Mercure lui réapparait dans la nuit, pendant qu'il dort à la poupe de son vaisseau: « Crains les ruses et les crimes que médite une femme décidée à mourir... » Énée croit-il vraiment qu'elle y est décidée ? Il laissera entendre plus tard qu'il ne pouvait le croire. Mais sa terreur est telle qu'il tire son épée et tranche les amarres.

Le poëte le ramène en Sicile, à la tombe d'Anchise. Énée revient aux affections et aux devoirs de la famille. C'est la volonté des dieux que, jour pour jour, au bout d'un an, il dépose sur le sépulcre de son père, selon le rite romain, le vin, le lait, le sang consacré et les fleurs. Il semble que désormais la majesté familiale d'Anchise soit passée en lui. Il est plus calme, plus digne, avec ce je ne sais quoi de distant qui indique la reprise de soi-même et la souffrance silencieuse. Elle perce quelquefois dans ses paroles. Quand, au combat du ceste, le malheureux Darès vomit ses dents brisées sous les coups d'Entelle, Énée fait cesser le combat. « Ne vois-tu pas, lui dit-il, que les dieux sont contre toi? Cède à la divinité. » Il a appris à lui céder. On soupçonne aussi qu'il n'a pas la conscience tranquille, lorsqu'il s'écrie à la vue de ses vaisseaux en feu : « Jupiter, sauve de la ruine les faibles restes de Troie ou, si je suis coupable, écrase-moi de ta foudre ! » Et son irrésolution ne l'a pas abandonné. Il faut que le vieux Nautès l'éclaire sur le seul parti à prendre. Il faut que son père lui apparaisse en songe et l'y encourage. D'ailleurs, il restera toujours, sinon défiant, du moins très circonspect, comme ceux qui ont traversé de longues épreuves. Il ne fera jamais un trop large crédit aux sourires de la fortune. Il craindra toujours de mal comprendre les dieux ou de ne pas accomplir assez strictement ses obligations religieuses pour les bien comprendre.

Nous touchons à l'instant le plus solennel de son existence et qui va hâter son évolution. Il ne sera plus le Troyen fugitif, ballotté par les vents et les flots, par la nostalgie et les passions, le conducteur d'une petite troupe d'émigrés : il sera celui qui vit dans l'avenir, celui pour qui le présent n'a d'intérêt qu'en tant qu'il prépare les jours futurs, celui qui se dévoue de toute son âme aux générations à naître. Mais il ne peut dépouiller le vieil homme ni mourir à ce qui lui reste d'égoïsme qu'en s'élevant par la pensée ou par une sorte de révélation à la certitude absolue que seuls possèdent les morts. Il est nécessaire qu'il soit instruit du beau secret qui nous vient des Bienheureux et qu'il reçoive la promesse d'une existence enviable au delà du tombeau. Une seule religion la donnait à ses initiés, la religion d'Éleusis. La descente d'Énée aux enfers est une libre transposition poétique de l'initiation à ces Mystères d'Éleusis, dont l'attirance a été si forte « sur tous les grands personnages de Rome et sur la plupart des empereurs, d'Auguste à Marc-Aurèle[1]. » *Sit mihi fas audita loqui!* « Qu'il me soit permis par les dieux de dire des choses révélées ! » s'écrie Virgile au moment où la Sibylle et son héros s'enfoncent sous les ténèbres.

Dans l'*Hercule furieux* d'Euripide, le héros déclare qu'il n'a réussi à descendre aux Enfers que parce qu'il avait assisté aux Mystères, aux orgies des mystes ; et la légende racontait qu'Hercule et Dionysos ne s'étaient aventurés dans les demeures infernales qu'après s'être fait initier par la déesse d'Éleusis. Il y avait donc un intime rapport entre les Mystères éleusiniens et la descente chez Pluton. Dans la salle d'initiation, les épreuves figuraient un voyage aux Enfers qui était pour les initiés comme la répétition du rôle qu'ils joueraient à leur mort, la reconnaissance de l'itinéraire funèbre, la garantie des bonheurs réservés aux hommes purs.

« L'âme, disait Plutarque dans un fragment
« célèbre, l'âme, au moment de la mort, éprouve la
« même impression que ceux qui sont initiés aux
« grands Mystères. Ce sont d'abord *des courses au*
« *hasard, de pénibles détours, des marches inquié-*
« *tantes et sans terme à travers les ténèbres.* Puis, *avant*
« *la fin, la frayeur est au comble,* le frisson, le
« tremblement, la sueur froide, l'épouvante. Mais

1. Paul FOUCART, *les Mystères d'Eleusis.* (A. Picard, 1914.) L'idée que Virgile avait dans l'esprit les Mystères d'Éleusis a été lancée au xviii⁰ siècle par le théologien anglais W. Warburton. Je l'avais totalement oublié, quand j'ai lu le livre de M. Foucart. Aux lumières nouvelles qu'il projette sur les Mystères, l'intention de Virgile me paraît évidente. On en jugera par les textes que j'emprunte à ce curieux et savant livre. Je note aussi que, dans les *Argonautiques* d'Apollonius de Rhodes, où Virgile a puisé, les Argonautes, sur le conseil d'Orphée, abordent dans l'île de Samothrace, « pour se faire initier aux Mystères sacrés et parcourir ensuite les mers avec moins de danger. »

« ensuite *une lumière merveilleuse s'offre aux yeux*,
« on passe dans *des lieux purs et des prairies où*
« *retentissent les voix et les danses;* des paroles
« sacrées, des apparitions divines inspirent un res-
« pect religieux. Alors l'homme, dès lors parfait et
« initié, devenu libre et se promenant sans con-
« trainte, célèbre les Mystères, une couronne sur la
« tête; il vit avec les hommes purs et saints... »

Si Virgile avait pu connaître ce texte, on jurerait
qu'il y a pris la composition même de son sixième
livre. Les *courses au hasard*, les *pénibles détours*, les
marches inquiétantes : c'est la première étape que le
poète compare à une route dans les forêts, sous un
ciel sombre et une lune avare. La frayeur, Énée la
ressent à l'aspect des fantômes de monstres qui han-
tent les sinistres vestibules. Il fondrait l'épée haute
sur ces Centaures et ces Chimères, si la Sibylle ne
l'arrêtait. On s'est demandé pourquoi elle lui avait
enjoint précédemment de dégainer, puisque, la première et seule fois qu'il veut se servir de son arme,
elle l'en empêche. Mais l'initié doit croire à la réalité
des fantômes qui se dresseront devant lui; il doit
« s'avancer d'un cœur ferme ». Énée prouve son
courage, et la Sibylle l'avertit de son illusion comme
le hiérophante, sans doute, arrêtait et avertissait les
mystes. Ce n'est pas seulement Plutarque qui nous
parle d'apparitions; Platon, dans le *Phèdre*, compare
les Idées que l'âme a contemplées durant sa vie anté-
rieure aux Apparitions des Mystères. Virgile ne s'en
est pas tenu à ces spectres difformes. Il y en a de plus
angoissants, et le beau fantôme de Didon met le
héros à une plus rude épreuve. Il ressent alors jusqu'au fond de l'âme l'implacable amertume des passions. Devant cette victime de l'amour qu'il inspira,
la Sibylle ne lui dit pas de sécher ses larmes...

Mais *sa frayeur est au comble*, quand il entend l'horrible fracas du Tartare. Sa compagne et lui laissent à gauche l'enceinte aux trois murailles où gémissent les grands criminels et où veille devant la porte la Tisiphone court vêtue dans sa robe sanglante. Le chemin de droite les conduit au séjour des justes. Nouvelle allusion aux Mystères empruntée à un passage du *Gorgias*. Platon retrace les courses de l'âme descendue aux Enfers : « Là est un carrefour d'où partent les deux routes, l'une qui conduit vers les Bienheureux, l'autre vers le Tartare. » Et sur les tablettes orphiques retrouvées dans des tombeaux, sur ces lamelles d'or où l'on gravait pour le voyageur de l'autre monde des instructions probablement semblables à celles d'Éleusis et très secrètes, on lit plus d'une fois : « Prends *à droite* vers les prairies et les bois sacrés de Proserpine. » Quant à la *lumière merveilleuse* qui s'offre aux yeux des initiés, quant aux *lieux purs* et aux *prairies où retentissent des voix et des danses*, n'est-ce pas là le résumé du tableau de Virgile et la sérénité même de sa poésie lumineuse comme les nuits lumineuses d'Éleusis, « comme ces saintes nuits aussi éclatantes que la lumière du soleil ? » Énée est arrivé dans ces lieux de joie, résidence des Bienheureux : « Le jour qui les baigne n'a point d'ombre et les revêt d'une lumière de pourpre. Les habitants ont leur soleil et leurs astres. Les uns se plaisent sur le gazon aux exercices de la palestre ou jouent en luttant sur un sable doré... Orphée, le prêtre des dieux, en longue robe, tire une gamme harmonieuse de sa lyre dont il touche les cordes alternativement avec ses doigts et son plectre d'ivoire... Des ombres prenaient leur repas sur l'herbe et chantaient en chœur un joyeux Péan sous des lauriers odorants... Là étaient ceux qui mouru-

rent pour leur patrie, et les prêtres qui observèrent saintement les rites, et les poètes pieux dont la voix fut digne d'Apollon, et ceux qui rendirent la vie plus belle par l'invention des arts, et ceux dont les bienfaits leur ont valu de vivre dans la mémoire de quelques hommes. Et leurs tempes à tous étaient ceintes d'une bandelette blanche comme la neige[1]. »
Énée sait maintenant, et pour l'avoir vu, quelle félicité attend aux Enfers ceux qui ont vénéré les dieux et fait du bien aux hommes. Il est dans le même état de sécurité que le myste au sortir de son initiation.

Évidemment, Virgile ne s'est jamais proposé de nous révéler quoi que ce fût des mystères d'Éleusis. Les connaissait-il? S'il les connaissait, il l'eût osé moins que personne; et personne ne l'a osé. Il ne convient pas non plus d'exagérer le symbolisme mystique de sa poésie. Dans sa peinture des Enfers il s'est inspiré d'Homère, d'Hésiode, d'une élégie de Pindare, où l'admirable poète lyrique évoquait « le brillant soleil qui éclaire les justes aux Champs Élyséens pendant que la nuit enveloppe la terre ; ils

1.
Largior hic campos æther et lumine vestit
Purpureo ; solemque suum, sua sidera norunt.
Pars in gramineis exercent membra palæstris,
Contendunt ludo et fulva luctantur harena...
Nec non Threicius longa cum veste sacerdos
Obloquitur numeris septem discrimina vocum,
Jamque eadem digitis, jam pectine pulsat eburno...
Conspicit ecce alios dextra lævaque per herbam
Vescentes lætumque choro Pæana canentes...
Hic manus, ob patriam pugnando vulnera passi;
Quique sacerdotes casti, dum vita manebat;
Quique pii vates, et Phœbo digna locuti;
Inventas aut qui vitam excoluere per artes,
Quique sui memores aliquos fecere merendo :
Omnibus his nivea cinguntur tempora vitta.
Énéide, VI, 640-664, *passim*.

vivent devant le palais de Pluton sur des prairies émaillées de roses éclatantes, sous des bosquets chargés d'encens et de pommes d'or. L'équitation ou les jeux du gymnase, les échecs ou la musique charment leurs doux loisirs... » *Sa Seconde Olympique* exprimait la même idée : « Les justes contemplent un pur soleil durant la nuit. » Enfin la poésie de Virgile a butiné sur les lèvres de Platon : il s'est rappelé le voyage que fit dans l'autre monde l'âme de Er l'Arménien qui, laissé pour mort au champ de bataille, fut retrouvé intact dix jours après et, le douzième jour, se réveilla sur le bûcher funèbre. Et à ces imitations, en somme assez superficielles, il a mêlé des souvenirs de son pays natal. Impuissance de l'imagination et charme du cœur ! Nous ne pouvons rien concevoir de plus beau, de plus divin, au delà de cette vie, que les paysages où nous avons pour la première fois admiré la douce lumière. Les justes de Virgile se promènent sur des rives herbeuses, dans de fraîches prairies que les ruisseaux arrosent, comme celles où chantaient ses pâtres, sous des bois que baigne un large fleuve paisible, comme le Mincio ; et les âmes y bourdonnent comme les abeilles de son enfance. Nous n'en croyons pas moins qu'il a été dominé par la pensée des Mystères d'Éleusis, — auxquels Auguste s'était fait initier, — et qu'il a conçu la descente de son héros aux Enfers sous la forme et dans le cadre d'une magnifique initiation.

Du moment où ils pénètrent aux Champs Élyséens, la Sibylle se tait. C'est à Anchise de tenir le rôle du hiérophante et de tirer des spectacles qu'ils ont sous les yeux l'enseignement moral dont son fils a besoin. Il ne fait qu'une allusion rapide à Carthage : « Que j'ai craint pour toi, lui dit-il, le royaume de Libye ! »

Il a hâte de lui montrer, à la faveur de la doctrine pythagoricienne sur la métempsycose, les âmes qui s'incarneront en Romains, et dont la vue le guérira de son inquiétude et de ses hésitations. Remarquons d'abord qu'il ne suit pas l'ordre des temps et que le désordre même où se présentent les personnages donne à la scène plus de mouvement et plus de naturel. De Romulus il passe à Auguste, de Camille chargé des aigles romaines à César et Pompée, « deux âmes qui resplendissent des mêmes armes et dont l'accord durera seulement tant que la nuit des Enfers pèsera sur elles ». Mais tous sont des hommes d'action, guerriers et législateurs. Il s'arrête même plus complaisamment devant Romulus que devant Numa, qu'il ne nomme pas, mais que nous reconnaissons à ses cheveux blancs, à sa barbe blanche et aux insignes sacrés qu'il porte dans ses mains. L'éloge d'Auguste est celui d'un conquérant qui ramène la paix, il est vrai, et l'âge d'or, mais qui a étendu l'empire jusqu'aux confins du monde. Une seule tristesse se mêle à tant de triomphes. Près de Marcellus chargé de dépouilles opimes, s'avance un jeune homme qui lui ressemble, mais dont les ailes de la mort couvrent déjà le front de leur vol noir. « Hélas, malheureux jeune homme, cause de tant de larmes, ah, si tu pouvais rompre la rigueur du destin! Tu seras Marcellus. *Heu, miserande puer, si qua fata aspera rumpas ! — Tu Marcellus eris.* C'est le fils de la charmante et triste Octavie, une des plus nobles femmes de cette Rome qui en a tant compté. Jamais enfant issu de la race troyenne ne porta si haut l'espoir de ses ancêtres. « Personne n'eût impunément bravé ce jeune guerrier, soit qu'il marchât d'un pas ferme à l'ennemi ou qu'il enfonçât l'éperon dans les flancs de son cheval écumant. » C'est encore le guerrier qu'Anchise regrette dans cette jeune victime du destin. Parmi tous les Scipions, les Gracques, les Fabius, les Memmius qui vengeront sur Argos la Minerve d'Ilion outragée dans son temple, je cherche vainement l'ombre d'un poète ou d'un orateur. On a reproché à Virgile de ne pas avoir mis Homère près de Musée et d'Orphée. Il aurait pu répondre qu'Homère n'était pas né au temps d'Anchise et que la doctrine de Pythagore ne valait ici que pour les âmes qui renaîtraient à Rome. Mais pourquoi ce silence sur Ennius, sur Lucrèce, sur Catulle, ce Marcellus de la poésie latine, même sur Cicéron, qu'il eût été facile de désigner sans le nommer?

L'idée de Virgile est très nette et d'autant plus remarquable que son intérêt personnel, son amour-propre, eût été d'en avoir une différente. La gloire de Rome n'est pas dans les lettres ni dans les arts; elle est toute dans les armes et les lois. « D'autres, je le crois, seront plus habiles à donner aux statues d'airain le souffle de la vie et à faire sortir du marbre des figures vivantes; d'autres plaideront mieux et sauront mieux mesurer au compas le mouvement des cieux et le cours des astres. A toi, Romain, qu'il te souvienne d'imposer aux peuples ton empire. Tes arts à toi sont d'édicter les lois de la paix entre les nations, d'épargner les vaincus, de dompter les superbes [1]. » On raconte que l'empereur Alexandre Sévère fut confirmé dans sa résolution de renoncer

---

[1].   « Excudent alii spirantia mollius æra,
         Credo equidem; vivos ducent de marmore vultus;
         Orabunt causas melius, cælique meatus
         Describent radio et surgentia sidera dicent :
         Tu regere imperio populos, Romane, memento;
         Hæ tibi erunt artes, pacique imponere morem,
         Parcere subjectis, et debellare superbos. »
                         Énéide, VI, 847-853.

à l'étude de la musique et de la philosophie par cet oracle d'Anchise. Énée en sera fortifié. Il voit clair désormais dans sa mission. Ce qu'il pouvait y avoir encore en lui de mollesse phrygienne fait place à l'austérité d'un chef aussi terrible au combat que généreux après la victoire. Ajoutons qu'Anchise n'a pas jugé sans appel les artistes romains. « D'autres, *je le crois*, seront plus habiles... » Il le croit ; il n'en est pas certain. Et maintenant la chose a si peu d'importance ! On en reparlera plus tard, quand « les autres », les Grecs, seront devenus les sujets de Rome. Pour l'instant, il s'agit de régner par la justice sur les nations, de dompter les rebelles, d'épargner les vaincus. C'est la tâche à laquelle se dévouera le héros des six derniers livres. Il peut maintenant sans péril longer les rivages de Circé et entendre dans la nuit le chant de la magicienne.

Mais quelque assurance que nous ayons d'une récompense immortelle, il est amer de se dire qu'on ne verra pas l'édifice dont on pose la première pierre. Le sourire est absent du visage d'Énée. Sa gravité confine à la tristesse. Quand, sur le point d'affronter Turnus, il presse Ascagne dans ses bras et, par l'ouverture du casque, le baise du bout des lèvres : « Mon enfant, lui dit-il, apprends de moi la vertu et les seuls labeurs qui méritent la gloire : d'autres t'enseigneront à être heureux. » Ces mots nous éclairent la résignation douloureuse qui est au fond de son âme et peut-être aussi son pressentiment d'une fin prochaine, puisqu'il ne survivra que trois ans à sa victoire. Et comme la destinée est ironique à son endroit ! Il semble qu'elle attache toujours aux pas des Troyens des histoires de femmes. Cet homme, si durement éprouvé par la passion et qui n'a pu revoir l'ombre de Didon sans verser des larmes, est obligé de recommencer en Italie une aventure du genre de celle de Pâris. Il faut qu'il enlève sa fiancée à Turnus comme l'autre sa femme à Ménélas, avec cette différence peu avantageuse que l'Hélène latine ne désire pas le suivre. Du moins elle et lui ne se connaissent pas; ils ne se sont jamais aperçus. Le regard d'Énée n'a pas rencontré celle pour laquelle les dieux le forcent de combattre. Virgile n'a pas voulu que le moindre attrait personnel se glissât dans les mobiles désintéressés qui lui faisaient ambitionner cette union. Et Vénus a compris qu'elle n'avait point à s'en mêler.

Énée se bat en héros, comme Turnus, mais en héros qui n'aime pas la guerre. Il se bat parce que la guerre lui est imposée; mais, à l'exception des arrogants et des cruels, il ne hait pas ses ennemis. Lorsqu'il voit étendu à ses pieds avec la pâleur de la mort le noble fils du sauvage Mézence, il gémit amèrement. Les mêmes mots qu'Anchise avait adressés à Marcellus lui montent aux lèvres : « *Miserande puer !* Malheureux jeune homme, cause de tant de larmes, comment récompenser tes exploits? Que te donnera le pieux Énée qui soit digne de ta générosité? Ces armes qui te charmaient, je te les laisse. » Et il soulève le jeune homme dont les cheveux, peignés à la mode étrusque, trempaient dans le sang. Turnus au contraire, que la bataille enivre, ne craint pas de presser du pied le cadavre du jeune Pallas pour arracher son baudrier; et il insulte à la douleur de son père. Il est vrai que Turnus ne sait pas ce qu'est le sentiment paternel et qu'Énée, devant ces jeunes gens qui tombent sur leur blessure, pense aussitôt à son Ascagne. Mais il n'est pas seulement père; il est humain. Il l'est par sa piété envers les dieux qui lui fait sans cesse mesurer le peu que nous sommes et

quelle part leur revient dans nos triomphes ; il l'est
par son expérience de la vie, par le souvenir de ses
défaillances, par cette tendresse que ses larmes
trahissent si souvent. Il pourrait en toute occasion
reprendre à son compte le mot dont Didon l'accueillit
et qui dut lui aller au cœur : *Non ignara mali mi-
seris succurrere disco.* « Le malheur m'a appris à se-
courir les malheureux. » Les prières de Turnus
vaincu lui feraient tomber l'épée des mains ; il accor-
derait la vie à son dangereux ennemi, si la vue du
baudrier de Pallas ne renouvelait sa douleur et son
indignation. Enfin il est modéré dans la victoire : il
n'exigera pas que les Troyens commandent aux
Latins ; il ne réclamera pas pour lui la royauté ; il
ne veut qu'unir à jamais les deux nations latine et
troyenne, et assurer aux peuples pacifiés l'ordre
et la sécurité. C'était aussi le programme d'Auguste.

Si Virgile avait vécu six ans de plus, il aurait pu
voir s'élever au Champ de Mars l'*Ara Pacis*, l'Autel
de la Paix, dont le Sénat avait décrété l'érection pour
fêter le retour d'Auguste après une absence de trois
années. Il n'en subsiste que des débris disséminés à
Rome, à Paris, à Florence. Sur un des plus beaux
fragments s'avance une procession d'hommes, de
femmes et d'enfants. Le personnage qui les précède
« la tête couverte d'un pan de sa toge, les rides
accentuées, le regard profond, l'œil enchâssé sous
l'arcade sourcilière, a une puissante expression
de gravité pensive et réfléchie[1]. » Mais il paraît
âgé. Plus jeune — le Troyen n'avait pas plus de
trente-cinq ans — avec des rides moins creuses,
c'est ainsi que je me représente Énée. Il est regret-
table que le poète n'ait pas accusé davantage ses

---

1. COURBAUD, *ouvrage cité.*

traits. Soit que le temps lui ait manqué ou que les conventions du genre l'aient gêné ou qu'il ne l'ait découvert qu'à mesure qu'il le faisait vivre en lui donnant chaque jour un peu plus de son âme, la figure du héros n'est pas arrivée à tout le relief désirable. On s'en aperçoit aux jugements qu'on a portés sur lui. Les uns ont traduit l'impression de complexité qu'ils en recevaient, et qui était juste, par le terme injuste d'équivoque. D'autres l'ont trouvé faible et trop souvent en oraison. Pour d'autres c'est un automate hiératique que les dieux ont mis en marche. Et puis les cœurs romanesques ne lui ont pas pardonné l'abandon de sa maîtresse[1]. Pourtant ce qu'une analyse attentive distingue en lui, Virgile l'a indiqué. Mais il n'a fait que l'indiquer. Les grands coups d'épée et les attitudes un peu théâtrales du vainqueur des Rutules nous cachent son âme toute en demi-teintes. A son casque splendide forgé par Vulcain, je préfèrerais un pan de toge sur sa tête ; et je lui mettrais dans les mains, comme au roi Numa, les symboles sacrés : *sacra ferens ;* je dirais même, reprenant une inscription du règne de Claude : *sacra principia populi romani*, les symboles sacrés qui sont comme les fondements du peuple romain.

1. « L'inqualifiable Énée ! » s'écrie un critique du xix° siècle. Lamartine parlera de « la froide galanterie du ridicule et pieux Énée ». Voltaire, dans son *Essai sur le Poème Épique*, a beaucoup mieux compris Énée : « Énée, dit-il, passe auprès de bien des gens plutôt pour un dévot que pour un guerrier ; mais leur préjugé vient de la fausse idée qu'ils ont du courage. Ils ont les yeux éblouis de la fureur d'Achille et des exploits gigantesques des héros de roman. Si Virgile avait été moins sage, si, au lieu de représenter le courage calme d'un chef prudent, il avait peint la témérité emportée d'Ajax et de Diomède qui combattent contre les dieux, il aurait plu davantage à ces critiques, mais il mériterait peut-être moins de plaire aux hommes sensés. »

III

Cette inscription désignait les Pénates et les Grands Dieux avec lesquels Énée voyageait, *Penatibus et Magnis Dis*, et qui, déposés dans la ville de Lavinium, étaient adorés par les Consuls et les Dictateurs à l'entrée et à la sortie de leur charge. Ils l'étaient également à Rome au temple de Vesta. Virgile ne précise point si les Grands Dieux sont distincts des Pénates. M. Lejay pense qu'il ne le savait pas lui-même, ce qui est fort possible, car un mystère aussi épais que celui d'Éleusis a enveloppé cette arche sainte de la religion romaine. Les Anciens qui en ont parlé l'ont fait en gens qui ne les avaient pas approchés, et ils se contredisent. Denys d'Halicarnasse nous dit bien qu'au temple des Pénates, dans la rue qui allait du Forum aux Carènes, il a vu deux jeunes dieux armés, en qui nous croyons reconnaître les Dioscures Castor et Pollux; mais lui ne les a pas reconnus. D'ailleurs ces images, accessibles à tous, n'avaient peut-être rien de commun avec les statues et les objets enfermés si jalousement aux sanctuaires de Vesta et de Lavinium. Nous ne saurons donc jamais quels symboles Énée apporta d'Ilion. Cependant nous les connaissons aussi bien que lui. L'un représentait le sacrifice de l'individu à l'État et la tristesse qu'il entraîne et qui le rend si méritoire; l'autre la force disciplinée que fut la cité romaine; l'autre la patience qui conquit le monde; l'autre enfin, la piété.

L'*Énéide* a été écrite dans le même esprit que les

Géorgiques. Virgile a mis tout son génie au service de la restauration religieuse poursuivie par Auguste. *In primis venerare deos*, avait-il dit au laboureur; et l'exemple de son héros le repète à toute la société de son temps. Cette piété, qu'il propose de ranimer, est d'abord une piété rituelle, celle que Cicéron, très fier de sa science augurale, nous expose au second livre du *De Legibus* et qui se résumerait ainsi : les plus anciennes institutions religieuses sont les meilleures parce qu'elles sont les plus proches des dieux; la stricte observance des rites constitue notre première obligation envers la divinité, et elle est toujours efficace, car la religion nous remplit l'âme lorsque nous nous appliquons à rendre aux dieux ce que nous leur devons et sous la forme prescrite. Les prières de ses personnages, les détails de leurs sacrifices nous prouvent que Virgile possédait les livres des Rites. Macrobe exalte sa science dans la doctrine sacrée. Il exagère lorsqu'il prête à Virgile des intentions inutilement ingénieuses, et, par exemple, je doute qu'en écrivant : « La colombe frappée d'une flèche tombe inanimée et laisse sa vie parmi les astres », il ait pensé au traité de Hyginus sur les Dieux et à sa prescription d'immoler des oiseaux aux étoiles. Mais Macrobe n'exagère pas, lorsqu'il loue l'exactitude des expressions sacramentelles dont le poète se sert et ses connaissances précises dans la peinture des cérémonies religieuses. Il y a encore plus de sympathie que de curiosité au fond de son érudition théologique. Il aime les vieux cultes; et ce qui n'est qu'une férule entre les mains des autres et de l'augure Cicéron redevient entre les siennes un rameau d'ombre et de fleurs. Je croirais volontiers que les lecteurs de l'*Énéide* en sortaient plus attachés aux rites. Comment l'imagination n'aurait-elle pas été prise, surtout quand on sentait que le poète était moins séduit par le pittoresque qu'ému par le mystère? Voyez le roi Latinus qui va consulter l'oracle de son père Faunus dans le bois d'Albunée, au pied des cascades de Tibur. Le mode de divination qui y est en usage se nomme l'incubation. Le roi immole des brebis, s'allonge et s'endort sur les peaux étendues à terre, car c'est ainsi que, dans la nuit silencieuse, le dormeur entend des voix et jouit de l'entretien des dieux et des mânes.

Lorsque de la piété rituelle nous nous élevons à la conception de la divinité, le malheur est qu'il faille nous arrêter d'abord aux dieux. Il est assez bizarre que les dieux nous gênent dans un poème dont le sentiment religieux est une des grandes beautés. Mais Virgile ne pouvait répudier les dieux de l'épopée grecque au moment où ils triomphaient à Rome dans le marbre et l'or. Il ne pouvait non plus les mettre en scène avec cette familiarité plaisante et presque gouailleuse de *l'Iliade*. Quand Polybe disait que les Romains étaient plus pieux que les dieux mêmes, je suppose qu'il ne pensait pas aux dieux d'Homère. Les Zeus, les Aphrodite, les Athéna, les Apollon sont en moralité très inférieurs aux hommes. Leur exemple, suivi par ceux qui les invoquent, rendrait le monde inhabitable. Il est vrai que, de temps en temps, sous son personnage de mari bafoué et de despote lunatique, et comme s'il en était las, le Zeus d'Homère prend un visage de dieu juste et bon et que le poète rencontre des accents dignes de la divinité. Cette contradiction passagère et peu sensible choque davantage dans l'épopée virgilienne, où les dieux, mieux élevés et d'apparence plus corrects, n'en ont pas moins gardé les vices de leur rôle.

Virgile a essayé d'y parer en élargissant la dis tance entre eux et nous. Ils ne se compromettent plus sur le champ de bataille. Dans leurs rapports avec leurs clients humains ils se servent volontiers d'intermédiaires, augures, devins, sibylles ; et les oracles, si rares chez Homère, sont un de leurs moyens les plus fréquents de communiquer aux hommes leurs volontés. Le poète a donné aux uns quelques traits du caractère romain, aux autres un peu plus de spiritualité. Ni Minerve, ni Diane, ni Mars, ne tiennent une grande place dans l'*Énéide*, et Virgile ne les a point marqués d'un trait personnel. Mars n'est plus l'ancien dieu italique de l'agriculture et de la végétation. Dieu de la guerre, comme l'Arès des Grecs, et frère, mari ou père de Bellone, vieille divinité sabine, il symbolise la fureur des combats et répand impartialement chez les Rutules et les Troyens le deuil et la mort. *Jam gravis œquabat luctus et mutua Mavors — Funera.* Mais Neptune, maître souverain de la mer, qui d'un mot, d'un geste, fait rentrer les vents dans leur devoir d'obéissance et qui apaise les flots déchaînés, passe sur son char avec une majesté toute romaine de triomphateur. Apollon protecteur de Troie, dieu troyen, dont les oracles soutiennent et conduisent Énée, est aussi un dieu italien, puisqu'Énée en abordant à Cumes y trouve un temple magnifique où le dieu se révèle par la bouche de la Sibylle comme il le fait à Délos par celle de la Pythie. Il est surtout le dieu de l'Empire, le divin archer vainqueur d'Actium, l'objet de la vénération particulière d'Auguste qui, en lui édifiant un temple sur le mont Palatin et en y déposant les Livres de la Sibylle, accomplit enfin les promesses d'Énée.

Sainte-Beuve a très heureusement noté sur la figure d'Éole, « dieu subalterne, sombre, centurion divinisé », la ride qu'y a gravée la rude discipline romaine. Junon est plus intéressante. Virgile n'a pas substitué à la Junon d'Homère l'antique Junon italienne qui n'était pas encore la femme de Jupiter, mais qui était tout de même la reine du ciel. Du moins, il s'est souvenu de cette âpre déesse indigène qui jusque dans son nom, — s'il est, comme on le croit, l'équivalent féminin de *Genius*, — représente le génie et la nature de la femme. Elle a toute la ténacité, tous les emportements d'une femme vindicative. Son âme se découvre dans le monologue irrité que lui arrache la vue des vaisseaux troyens cinglant vers l'Italie : « Moi renoncer à mon projet et m'avouer vaincue !... Moi qui m'avance reine des dieux, femme et sœur de Jupiter, c'est contre un seul peuple que je mène la guerre depuis tant d'années ! Qui désormais adore la volonté de Junon? Qui viendra en suppliant honorer ses autels[1]? » Et il faut voir avec quelle hauteur cynique elle achète la complicité d'Éole : « Déchaîne les vents, submerge, engloutis leur flotte ou disperse-les et sème la mer de leurs cadavres. J'ai quatorze Nymphes belles de corps ; et Déiopée en est la plus admirable. Je l'unirai à toi d'un lien indissoluble et je te la donnerai pour toujours. Ce sera la récompense de tes services, qu'elle te consacre toute sa vie et qu'elle te fasse le père de beaux enfants[2]. » Même quand elle suborne, elle

---

1. Mene incepto desistere victam,
. . . .
Ast ego, quæ divum incedo regina, Jovisque
Et soror et conjux, una cum gente tot annos
Bella gero! Et quisquam numen Junonis adorat
Præterea, aut supplex aris imponet honorem? »
Énéide, I, 46-50.

2. Incute vim ventis submersasque obrue puppes,
Aut age diversos et disjice corpora ponto.
Sunt mihi bis septem præstanti corpore Nymphæ.

n'oublie pas qu'elle est la déesse de l'union conjugale. *Connubio jungam stabili.* Cependant, pour satisfaire ses ressentiments, elle ira jusqu'à flatter une ancienne maîtresse de son mari : « O Juturne, tu le sais, je te préfère à toutes les filles du Latium que le magnanime Jupiter a fait entrer dans sa couche infidèle [1]... » La plupart des peuples qui s'arment contre Énée ont bâti des temples à cette *Juno Saturnia* qu'on adore dans Ardée, à Gabies, sur le Mont Albain. Avec elle et par elle la moitié de l'Italie, *terre Saturnienne*, se soulève. Cette déesse est un caractère.

Ni Grecque, ni romaine, sa rivale Vénus est femme, et elle est mère. Le sentiment maternel l'a purifiée. Il lui donne tout au moins une exquise modestie et l'éloquence du cœur. Ses beaux yeux humides, ses craintes, ses plaintes, son attitude de suppliante en face de Jupiter et de Neptune, la transfigurent ; et le poète par la délicatesse de son art a encore ajouté à sa grâce féminine. Il a su nous faire accepter une scène qui aurait pu jeter une ombre fâcheuse sur cette jeune mère immortelle. Elle vient demander à son mari Vulcain une armure pour le fils qu'elle a eu d'Anchise ; et, comme Vulcain hésite, — ce qui se conçoit d'autant mieux qu'au premier rang des ennemis d'Énée s'avance son propre fils Cœculus, — la déesse l'embrasse et le pénètre d'une

Quarum quæ forma pulcherrima Deiopea,
Connubio jungam stabili propriamque dicabo,
Omnes ut tecum meritis pro talibus annos
Exigat et pulchra faciat te prole parentem. »
Énéide I, 69-75.

1.   Scis ut te cunctis unam, quæcumque Latinæ
Magnanimi Jovis ingratum ascendere cubile,
Prætulerim.
Énéide, XII, 143-149.

amoureuse langueur, riant de sa ruse et consciente de sa beauté, *lœta dolis et formœ conscia*. Cette scène, la seule voluptueuse de tout le poème, a un coloris si tendre et les paroles des deux époux sont encore si nobles que nous oublions la crudité de la situation pour ne plus voir que le tableau mythologique d'un grand peintre. Mais nous sommes loin du sentiment religieux de Virgile.

C'est dans son Jupiter, où il se manifeste, qu'éclate le désaccord entre sa conception de la divinité et la convention poétique. L'Empire reconnait en lui l'Empereur du ciel; le stoïcisme, son dieu; l'humanité pressent déjà le Père. Virgile se le représente très beau, dans la maturité de l'âge, pareil sur son trône au Zeus que Phidias avait sculpté dans l'ivoire et l'or. Mais son pouvoir n'est point illimité. Par rapport au destin, au *fatum*, « il est comme le magistrat romain par rapport à la loi[1]. » Il veille à l'application des décrets. Il peut quelquefois retarder les catastrophes; il ne peut jamais les empêcher. Observateur rigoureux des lois qui le dominent, le souverain des dieux est l'arbitre impartial et juste que les héros prennent à témoin des actes solennels de leur vie et en qui ils mettent tous leur recours. Mais il est compatissant. La mort de Pallas mouille de larmes les yeux d'Hercule, et Jupiter le console par ces mâles paroles : « Chacun a son jour marqué : la vie est brève et irréparable; mais étendre sa renommée par de belles actions, c'est l'œuvre de la vertu[2]. » Cela dit, il détourne ses regards du

---

1. *Apollonius de Rhodes et Virgile*. H. de La Ville de Mirmont (Hachette 1894).

2.　　　« Stat sua cuique dies; breve et irreparabile tempus
　　　Omnibus est vitæ; sed famam extendere factis,
　　　Hoc virtutis opus.

Énéide, **X, 467-469.**

champ de bataille pour ne pas voir tomber le jeune homme. Ce geste si simple, ce geste du Père des hommes, voilà du sublime virgilien. Mais comment, le lendemain, le même Jupiter se laisse-t-il gagner par l'ivresse du massacre jusqu'à exciter la fureur des combattants? Pourquoi faut-il qu'il s'autorise des faiblesses du Zeus homérique pour permettre à sa femme, malgré ses serments, de soustraire Turnus à la colère d'Énée? Et je ne parle pas de ses infidélités conjugales qui augmentent le nombre des déesses. Le Jupiter de l'Énéide n'a pas la même valeur dramatique que la Junon. Il ne vit pas; mais une pensée religieuse vit en lui qui vaut mieux que lui.

Cette pensée irradie du monde souterrain qu'a créé Virgile, car ses Enfers sont sa création. Bien qu'il y ait juxtaposé des conceptions qui ne s'accordaient pas plus que celles du Jupiter stoïcien et du Zeus homérique, il en a fait une réalité vivante et agissante, parce qu'elle est l'image de ce que pensaient et imaginaient ses contemporains; et, que tous les éléments hétéroclites qu'il a rassemblés concourent au même but qui est de nous préparer à une vie future, dont le bonheur ou le malheur dépendra de notre conduite sur la terre; enfin et surtout à cause de sa puissance d'émotion. Il n'y a aucun archaïsme dans sa mythologie. Cicéron a beau nous dire qu'on ne trouverait pas une vieille femme assez radoteuse pour s'effrayer encore du Tartare et, plus tard, les Sénèque et les Juvénal, que personne n'est assez enfant pour avoir peur de Cerbère : la grande masse devait croire, pendant longtemps encore, à ces fantasmagories. Le poète a su les choisir, les fixer, leur donner plus de force sur les âmes et, si les âmes les repoussaient, les imposer davantage aux imaginations. Il est incontestable que ses Enfers ont exercé dans les derniers siècles du paganisme une influence supérieure à celle de la *Divine Comédie* au moyen âge. Les plus anciennes superstitions du temps d'Homère et d'Hésiode, les superstitions plus récentes de la Grèce adoptées par les Étrusques, comme le hideux passeur des morts Charon, ont emprunté de ses vers un accroissement de vie. Mais çà et là sa peinture s'éclairait d'une lueur pensive que ce vieux royaume matériel de la terreur n'avait pas connue. Parmi les fantômes horribles des Euménides, des Centaures, des Gorgones, des Harpies, au milieu des figures allégoriques de toutes les douleurs inhérentes à la nature, on en apercevait qui ne viennent que de nos passions. A l'entrée du gouffre infernal, les Remords vengeurs avaient dressé leur lit, et, à côté de la Maladie et de la Faim, le poète avait placé les Joies coupables de l'âme.

En même temps ses Enfers semblaient ouvrir à ceux dont les anciens cultes n'étanchaient pas la soif de mysticisme de nouvelles perspectives et comme une religion nouvelle. Il n'y avait pourtant rien d'original dans sa philosophie. L'immortalité de l'âme était généralement acceptée, sauf des Épicuriens; et Rome connaissait depuis longtemps les doctrines de Pythagore sur la métempsycose qu'Ennius avait déjà chantées. Venu de Samos dans la Grande-Grèce sous le règne de Tarquin ou sous le consulat de Brutus, Pythagore avait reçu des Romains le droit de cité. Caton l'Ancien le considérait presque comme un compatriote; et, pendant la guerre des Samnites, Apollon Pythien ayant ordonné aux Romains d'élever deux monuments, l'un au plus brave, l'autre au plus sage des Grecs, ils avaient choisi Alcibiade, et non Aristide, Pythagore, et non Socrate. Sa statue, érigée sur la place des Comices, était restée debout

jusqu'à Sylla. Virgile n'apportait donc aucune révélation. Et le *Songe de Scipion*, dans la *République*
de Cicéron, avait développé majestueusement ces
belles idées.

Il ne se souciait même pas d'introduire un peu
plus de justice chez les morts dont l'inégalité de traitement semble effrayante, comme s'ils étaient soumis dans l'autre monde non aux mêmes lois divines,
mais aux dieux particuliers que leur ont forgés leurs
croyances ou leurs superstitions. Pourquoi ceux qui
ont expié des crimes qu'ils n'avaient pas commis
sont-ils relégués près des limbes où vagissent les
enfants morts à leur naissance? Pourquoi les victimes innocentes de l'amour ne peuvent-elles pas
s'approcher des eaux du Léthé? Et, si elles sont
coupables, leur expiation consiste-t-elle à se promener sous des bois où elles rencontrent l'objet de leur
tendresse? Pourquoi parmi les justes, les purifiés, y
en a-t-il qui jouissent d'une félicité sans ombre et
sans fin et qui ne retournent pas sur la terre? Mais le
sentiment est plus fort que la logique. Ces morts,
nous les voyons, nous les entendons, nous nous
entendons en eux. L'atmosphère morale qui les enveloppe est faite d'une immense compassion pour
les misères et les souillures de la vie. Le poète con-
damne leurs crimes sans s'y appesantir. Il plaint surtout leurs erreurs et leurs faiblesses. Il sait combien
nous sommes défaillants et toujours exposés. Avez-
vous remarqué le passage où il parle des Justes
« dont les bienfaits leur ont valu de vivre dans la
mémoire de quelques hommes? » Quelques hommes
seulement! A quoi bon s'irriter que l'humanité soit
ingrate? La vie est si dure. Aucun poète de l'antiquité n'a penché sur elle un front plus chargé de
mélancolie. « C'est de la tristesse et non de la colère,

a dit très justement M. Guiard, qu'il met dans l'âme du vieil Anchise devant sa postérité fratricide[1]. » Il nous présente la nécessité de l'expiation avec des larmes dans les yeux. Il ne tente pas d'expliquer ce mystère : il laisse à un plus grand que lui le soin d'en dissiper les ténèbres. Quand Origène nous dira que les justes après leur mort descendent dans un lieu souterrain où leur purification s'achève par un baptême de feu, notre pensée se reportera naturellement de cette première ébauche du purgatoire chrétien aux Enfers de Virgile.

Il y avait près du temple de Saturne une colonne dorée qu'Auguste avait élevée et qu'on nommait le Milliaire d'or. Toutes les routes de l'Empire y aboutissaient et toutes les rues du Forum s'y rejoignaient pour se diriger ensemble vers les hauteurs du Capitole. L'*Énéide* est dans la poésie latine ce Milliaire d'or. Tous les vieux chemins y aboutissent et toutes les voies qui en partent montent vers des hauteurs nouvelles, *nescio quid majus « Capitolio »*.

1. Amédée Guiard, *Virgile et Victor Hugo* (Bloud, 1910).

CHAPITRE VIII

L'ART ET L'AME DE VIRGILE

I. L'imagination de Virgile. — La couleur. — Les sons. — Le lyrisme et l'éloquence. — II. L'âme virgilienne. — Les pères et les enfants. — III. Les femmes : Camille, Andromaque, Didon. — IV. La mort de Virgile.

I

L'*Énéide* ne serait pas le grand poème de Rome et de la civilisation latine, si elle n'avait un intérêt universel. Nous n'en comprenons toutes les beautés et toute la majesté qu'en nous reportant aux Antiquités romaines et à l'Empire ; mais, en dehors des circonstances historiques que nous pourrions ignorer, elle est du petit nombre de ces œuvres où, à moins de se renier, l'humanité se reconnaît et la nature avec elle, et où nous prenons un merveilleux plaisir à contempler le spectacle de nos propres misères. Elle nous procure, unies aux jouissances d'art les plus fines et les plus fortes, des émotions profondément humaines.

On dit le doux, le tendre Virgile. L'épithète de tendre l'accompagne comme celle de pieux accompagne Énée. On dirait aussi bien le mâle Virgile, le

puissant Virgile, le savant et mystérieux Virgile et
même l'éclatant Virgile, car l'harmonie peut être
éclatante. Le plus docte des poètes en est un des plus
sensibles au monde extérieur, un des plus impres-
sionnés par les couleurs et les sons. Voyez comme
il aime le rouge, l'or rouge de la lune, le soleil rouge,
la teinte rougissante de Vesper, les rouges aurores,
les rouges crépuscules, les rouges aigrettes sur les
casques d'or, et les armes couleur de sang, et la lumière de pourpre, la plus belle, puisqu'il en baigne
ses Champs Élyséens. Son imagination se complaît
dans toutes les splendeurs. Le banquet de Carthage,
au milieu de la nuit, en ruisselle et en éclate : lambris d'or, tapis de pourpre, lustres étincelants, torches
enflammées, et, dominant le bruit des convives, le
chant d'Iopas dont la lyre dorée retentit fortement
sous ses doigts. Le casque de Turnus porte une chimère aussi vivante que l'aigle du Tiphaine de Hugo :
elle lance par la gueule des flammes de volcan et
plus le sang coule, plus elle vomit ses feux sinistres.
Les Cyclopes polissent l'égide de Pallas où des serpents entrelacent leurs écailles d'or et où la tête
coupée de la Gorgone roule ses yeux. Il peint en
quelques vers des tableaux qui, devançant les âges,
nous font songer à la somptuosité lumineuse des
peintres italiens de la Renaissance. Dans le défilé
des alliés étrusques et ligures, qui fendent les mers
derrière le vaisseau d'Énée, Aulestès s'avance sur
un navire dont l'emblème est un Triton.

> Un Triton dont la conque épouvante l'eau bleue,
> Corps d'homme jusqu'aux reins et monstre par la queue,
> Le porte sur son dos de demi-bête et tend
> Son torse que le flot éclabousse en grondant[1].

1.   Hunc vehit immanis Triton et cærula concha
       Exterrens freta ; cui laterum tenus hispida nanti

On peut croire que, plus d'une fois, il s'est inspiré, comme Ronsard et nos poètes modernes, et
aussi comme les Alexandrins, de l'œuvre d'un peintre
et qu'il l'a transposée dans des vers plus brillants
que la peinture. Il l'a fait certainement pour la Fureur impie enchaînée au temple de Janus, et, d'après
une hypothèse fort vraisemblable, pour le fameux
passage des supplices du Tartare où Thésée est condamné à rester éternellement assis et où le père
d'Ixion, Phlégyas, crie à toute sa postérité de La-
pithes : « Apprenez par mon exemple à respecter la
justice et les dieux[1] ! » Phlégyas est dans l'ombre.
« Un rocher noir qui glisse et qui va tomber menace
de l'écraser. Sur de hauts lits de fête luisent des
accoudoirs d'or; et devant lui des tables sont servies
avec un luxe royal. Mais l'aînée des Furies est cou-
chée à ses côtés, et, dès qu'il fait mine de toucher
aux plats, elle se dresse, secoue sa torche et le remplit d'épouvante. » C'est la composition d'un peintre
avec ses effets d'ombre et de lumière que Virgile a
sous les yeux; et il a vu, dans un coin du tableau,
Thésée cloué sur son siège, comme un paralytique.
Ailleurs, il fera luire l'impassible éclat des astres
d'or sur le massacre de Troie. Il notera des reflets de
pourpre sur l'ivoire, des ombres roses sur les lis.
Mais il est aussi épris de clair-obscur que de pourpre
et d'or. Les cinq premiers vers, où il nous peint la
descente aux Enfers de la Sibylle et d'Énée, nous en
offrent un exemple saisissant : « Ils allaient sombres,
par la nuit déserte, à travers l'ombre et les demeures

> Frons hominem præfert, in pistrim desinit alvus ;
> Spumea semifero sub pectore murmurat unda.
>
> *Énéide*, X, 209-212.

[1]. L. HAVET, *Revue de Philologie* (1888), et J. MARTHA, *même Revue*,
(1889).

vides de Pluton et les royaumes de simulacres, comme, sous la lune incertaine et sa clarté douteuse, des voyageurs dans la forêt lorsque Jupiter a couvert le ciel d'ombre et que la noirceur de la nuit a tout décoloré[1]. » Il accumule ainsi les sensations d'obscurité et de ténèbres. Mais, pour nous mieux faire sentir l'horreur de ces ténèbres, il y glisse une pauvre lueur qui tombe on ne sait d'où et qui ressemble à celle de la lune. La nuit complète ne permettrait pas de distinguer les deux voyageurs à la forme et à l'épaisseur de leur ombre. Et pourtant c'est une affreuse nuit noire, *nox atra*. L'épithète *atra*, qui résume l'impression, a surtout ici un sens moral.

Cette poésie si pleine de couleurs et d'effets lumineux l'est aussi de sonorités et du murmure des fleuves et du fracas des rochers battus par les mers et du craquement des forêts et du retentissement des armes. M. Roiron, qui a fait un long et minutieux travail sur *l'Imagination auditive* de Virgile, constate que le poète, assez indifférent à la nature et à la qualité des sons, n'est vraiment attentif qu'à leur intensité. Nous en connaissons en effet le timbre et la tonalité : à quoi bon nous les décrire, étant donné que les mots ont gardé pour Virgile leur valeur primitive? Seules, l'intensité ou la durée varient selon les circonstances. Énée, Pallas et leur troupe s'éloignent de Pallantée. « Debout sur les remparts et tremblantes, les mères suivent des yeux le nuage de poussière et le scintillement des armes. Un cri part :

1.
    Ibant obscuri sola sub nocte per umbram,
Perque domos Ditis vacuas et inania regna :
Quale per incertam lunam sub luce maligna
Est iter in silvis, ubi cælum condidit umbra
Juppiter, et rebus nox abstulit atra colorem.

Énéide, VI, 268-272.

on serre les rangs; le galop des sabots retentit sur la plaine poudreuse. » *Quadrupedante putrem sonitu quatit ungula campum.* « Rien ne frappe, dit M. Roiron, comme le rythme d'un bruit qui grandit ou qui meurt. Entre la variation de l'intensité et la constance du rythme s'établit un contraste énergique où les deux sensations se font valoir l'une par l'autre. Qui n'a entendu le galop d'un cheval se perdre sur la route et n'a retenu très vive l'image sonore de la cadence inflexible dans le son décroissant? C'est le détail qu'a fixé Virgile. » En somme, il décrit moins qu'il ne définit; et c'est non seulement vrai des sons, mais des heures de la journée qu'il indique par la couleur du ciel et la place des astres. On reconnaît la méthode des observateurs, des hommes de la campagne et des augures.

A de rares exceptions près, tous les sons qui traversent l'*Énéide* provoquent des émotions de crainte ou d'horreur. Si Virgile avait vécu à une autre époque, il aurait peut-être mérité le reproche que lui adressait Agrippa de forcer la note ou de rechercher des effets violents. Les mots *ingens, immanis,* « énorme, monstrueux », reviennent souvent dans ses vers. Exilez-le loin de l'Italie, d'Auguste, d'Horace, de cette société polie dont il n'a jamais perdu le contact; qu'il s'abandonne orgueilleusement et librement à son génie solitaire : vous aurez un poète plus proche de Hugo que de Racine. Mais précisément la critique d'Agrippa, — d'ailleurs d'un naturel ombrageux et peut-être malveillant envers les protégés de Mécène, — nous prouve que l'esprit du temps répugnait aux exagérations verbales et que la société, soucieuse avant tout d'équilibre, demandait aux grands artistes de répondre à son besoin d'ordre par ce que nous appelons le goût. Et Virgile était

homme à le comprendre. Je ne dirai pas que ses
modèles grecs le retenaient, car, s'il savait par cœur
Homère et Pindare, il ne possédait pas moins Apollonius de Rhodes et la littérature alexandrine ; et
les Romains, comme nos poètes du xvi° siècle, ont
souvent confondu dans leur admiration de l'hellénisme toutes les époques et imité aussi bien un Pindare qu'un obscur Lycophron. Mais son sens critique, son amour de la perfection, le rendaient sévère.
On nous a dit comment il travaillait. Le matin, il
dictait un assez grand nombre de vers qu'il corri-
geait, réduisait, pendant tout l'après-midi et, sans
doute, les jours suivants. Il les comparait lui-même
aux petits des ourses d'abord informes et à qui leurs
mères donnent figure peu à peu à force de les lécher.
Aussi, règne-t-il une telle harmonie de sentiment
dans sa poésie que ses qualités d'imagination ardente et sombre en rehaussent seulement la variété
sans en interrompre le charme.

Çà et là, nous rencontrons bien quelques passages
qui nous paraissent écrits sinon du matin, du moins
de la veille. Je ne parle pas de ceux où se présentent
des contradictions ou des obscurités, mais de ceux
qui accusent une tendance à l'excès de couleur ou
de bruit. Le poète les aurait-il retouchés ? Nos conjectures dépendent de notre impression ; et la plupart
de ces passages, il faut le dire, ont trouvé des défen-
seurs. Comparez cependant sa description de l'Etna,
admirée de Sénèque, critiquée d'Aulu-Gelle, à son
évocation de Circé. Elles sont toutes deux très
courtes. La première aurait dû l'être encore davantage. « Les nuages de fumée noire et de cendre brûlante, les tourbillons de flammes *qui vont lécher les
astres*, les entrailles de la montagne arrachées et
vomies par le volcan, les bouillonnements de son

gouffre et les jets mugissants de ses laves », tout ce
fracas de mots me fait penser au char et aux torches
de Salmonée qui croyait en passant sur un pont d'airain imiter la foudre et l'éclair. Ce n'est pas virgilien. Le vrai Virgile reparaît aux derniers vers : « Les
feux des astres ne se montraient pas ; le ciel n'avait
point de clarté là où brillent les étoiles ; mais l'obscurité était chargée de vapeurs, et la lune de minuit
ensevelie sous un nuage. » Il suffisait donc qu'Énée
nous dît que l'Etna retentissait et flamboyait dans
les ténèbres ; sa description était d'autant plus inutile qu'elle ne correspond pas aux circonstances où
les Troyens assistent à ce monstrueux prodige, *imma-
nia monstra*, et que, si le ciel était noir, ils ne pouvaient voir les flammes du volcan *lécher les astres*.

Au contraire, voici la flotte d'Énée qui longe dans
la nuit l'île de Circé :

> Les vents avec la nuit soufflent sur les vaisseaux.
> La lune suit son cours calme et pure ; les eaux
> Brillent sous sa splendeur en frissons de lumière.
> Ils côtoyaient les bords de Circé, cette terre
> Au bois inaccessible où sous de hauts lambris
> La fille du Soleil chante jusqu'à l'aurore,
> Brûle un cèdre odorant pour éclairer ses nuits,
> Et lance à son métier sa navette sonore.
> On entendait gémir fort avant dans les soirs
> Et rugir des lions qui tiraient sur leur chaîne.
> Des sangliers, des ours s'agitaient pleins de haine
> Dans leurs cages ; et des formes de grands loups noirs
> Hurlaient. C'étaient tous des hommes, dont ses breuvages,
> La cruelle ! avaient fait des animaux sauvages[1].

1.   Aspirant auræ in noctem, nec candidà cursus
       Luna negat, splendet tremulo sub lumine pontus.
       Proxima Circææ raduntur litora terræ,
       Dives inaccessos ubi Solis filia lucos
       Assiduo resonat cantu, tectisque superbis
       Urit odoratam nocturna in lumina cedrum,
       Arguto tenues percurrens pectine telas.

Sauf le cèdre odorant, tout ce qui concerne Circé est emprunté à Homère. Mais les Troyens ne la voient pas, ne pénètrent pas dans son palais; ils ne font qu'entendre son chant et le bruit de sa navette et ils aperçoivent peut-être sur le rivage les formes des grands loups. Ils éprouvent de leurs navires ce que Virgile ressent au souvenir de ce qu'il a lu. Il y a identité d'impression et d'image entre eux et lui. Et l'éclairage de la scène, qui lui appartient comme toujours, ce clair de lune étincelant sur les eaux, en double le caractère fantastique. Voilà qui est virgilien.

D'un mot, d'une épithète, il saura communiquer à l'imagination un long ébranlement. Comme la propriété des termes qu'il emploie est absolue et que ces termes n'ont rien perdu de leur vertu originelle, l'adjectif n'en vient pas renforcer le sens et garde toute sa valeur indépendante de sentiment ou de sensation. Dans la mêlée, Énée poursuit et atteint le blond Camertès. De ce héros, Virgile nous dit seulement qu'il posséda les plus riches domaines de l'Ausonie et qu'il régna sur la silencieuse Amyclée, *tacitis Amyclis*. Pourquoi silencieuse ? Varron, dont Pline cite le témoignage, et que Virgile n'a point cessé de consulter, raconte qu'Amyclée avait été détruite par les serpents. Il faut donc traduire : Amyclée devenue silencieuse. Quelle intensité prend cette épithète ! Et que de silences! Le silence des reptiles envahisseurs ; le silence de la ville morte ; et ces silences rappelés au moment où

> Hinc exaudiri gemitus iræque leonum
> Vincla recusantum et sera sub nocte rudentum,
> Sætigerique sues atque in præsæpibus ursi
> Sævire, ac formæ magnorum ululare luporum;
> Quos hominum ex facie dea sæva potentibus herbis
> Induerat Circe in vultus ac terga ferarum.
>
> *Énéide*, VII, 8-20.

le roi de cette ville va se taire à jamais : *tacitis regna-*
vit Amyclis. Le verbe est au passé. Il a déjà fini de
régner. Et immédiatement après cette demi-pause
de rêverie, un torrent de fer et de feu : c'est Énée
partout à la fois, furieux, formidable, pareil au
Titan Égéon qui avait cent bras, cent mains, vomissait la flamme par cinquante bouches et cinquante
poitrines et, combattant contre Jupiter, choquait autant de boucliers et brandissait autant d'épées. Je ne
dis pas que cette comparaison soit du meilleur Virgile. Mais le torrent passe, et nous gardons dans
l'esprit le souvenir de la silencieuse Amyclée. Ce
mot *tacitus*, un de ceux que Virgile a particulièrement aimés, se retrouve dans un autre vers aussi
émouvant. La furie Alecto, sur l'ordre de Junon,
descend au Latium avec sa torche funèbre et son
fouet pour allumer et exciter la guerre. Elle commence par s'établir au seuil silencieux de la reine
Amata, *tacitum obsedit limen Amatœ*. Dans cet
appartement où la mère de Lavinia couve sa colère,
ce n'est pas un silence de mort : c'est le silence qui
précède les grands orages, le calme étouffant où,
comme la nature, les âmes se tendent pour se dé-
chaîner en tempête. L'impression physique enveloppe
une effrayante signification morale.

Ces appels rapides à l'imagination, ces éclairs
qui jaillissent des mots les plus simples, ces
paysages qui tiennent en un ou deux traits, ce mouvement qui entraîne les contrastes et qui les fond en
lui, constituent les plus beaux dons d'un poète
lyrique ; et Virgile en est un chaque fois que son
sujet l'y invite. Il en est un quand le cadavre de
Priam lui fait toucher le néant des grandeurs
humaines. Il en est un aux Enfers devant l'ombre de
Marcellus et sous les murs de Laurente à la première

apparition de Camille. Il en est un quand il nomme, dans le fourmillement des âmes, les héros futurs et quand il dénombre les guerriers de l'antique Italie. L'ordre qu'il suit n'est ni chronologique ni géographique. Ce sont ses mystérieuses associations de couleurs, de sons, de sentiments et d'idées qui le créent. Le lyrisme soulève sa poésie épique comme les éléments épiques soutiennent le lyrisme de Pindare. Et que de fois, dans ses récits, il aurait pu s'écrier, lui aussi : « La route des chars est longue : je sais un chemin plus court. » Le chemin par les airs ! Si on l'admire pour ce qu'il dit, on l'admirera aussi pour ce qu'il ne dit pas. Il marche, il court, et brusquement, d'un coup d'aile harmonieux, il s'est posé plus loin. C'est à vous de combler la distance.

On compte parmi les inadvertances qu'il a laissées dans l'*Énéide* des oublis qui n'en sont pas. *De minimis non curat vates.* Le poète inspiré n'a pas à se soucier des infimes détails. On se demande comment Andromaque savait que Créuse était morte, puisqu'elle n'avait pas revu Énée depuis l'entrée des Grecs à Troie? Elle le savait comme Énée avait appris qu'Andromaque était redevenue la femme d'un Troyen. — On se demande de qui Énée avait reçu la nouvelle que Didon s'était tuée ? Mais se figure-t-on que le monde méditerranéen se composait de petits mondes hermétiquement fermés les uns aux autres? Et aurait-on voulu que Virgile perdît son temps à faire intervenir un nouveau personnage ou eût encore dérangé un dieu à seule fin d'instruire Énée d'un événement qu'il nous est si facile de supposer connu de lui? — Comment Énée, qui, en débarquant aux bords du Tibre, ignorait tout des habitants du pays, pouvait-il, le lendemain, envoyer

au roi Latinus des ambassadeurs déjà très renseignés
sur sa généalogie? C'est que probablement il avait
interrogé, la veille au soir, un de ces paysans que
nous verrons un peu plus tard, quand leur présence
sera nécessaire. Questions insignifiantes! Mais il est
bon de noter que Virgile se fraye un passage rapide
à travers les petites circonstances et les petites vraisemblances où tant d'autres s'embarrassent et s'attardent. Il a hâte d'arriver aux points essentiels où
l'on a devant soi de l'espace et de la lumière.

Les discours en sont un. Ses qualités oratoires,
qui s'étaient déjà manifestées dans les *Bucoliques* et
les *Géorgiques*, se déploient à leur aise dans un
poème où, comme chez les historiens, l'analyse psy-
chologique se traduit en discours. Parmi tous ceux
que prononcent les héros de l'*Énéide*, je n'en vois pas
un qui ne soit un modèle d'éloquence ; et l'on ne
saurait reprocher au poète que sa complaisance à en
faire naître l'occasion. Une perfection continue enlève
du prix à la perfection ; et nous apprécions moins une
beauté qui, par sa répétition même, ne semble pas
avoir coûté beaucoup d'effort. Qu'Énée, abordant en
Sicile, harangue du haut d'un tertre « les magnanimes Troyens issus du sang des dieux » ;
qu'Ilionée, le porte-parole de l'ambassade, sollicite
l'alliance du roi Latinus ; que Turnus, 'après la
métamorphose des vaisseaux d'Énée en nymphes,
raffermisse le courage de ses soldats ; que, dans le
conseil de l'Olympe, Junon dresse un réquisitoire
contre les Troyens et que Vénus présente leur
défense ; que, dans le conseil de Laurente, Drancès
attaque Turnus et que Turnus riposte à Drancès : on
distinguera seulement les discours officiels et ceux
où les personnages expriment leurs propres sentiments ; mais l'éloquence est la même, et tous ceux

qui parlent ont cette maîtrise de soi qui fait le grand orateur et qui lui laisse la tête libre au milieu de ses deuils, des intérêts qui l'agitent, de ses angoisses et du tumulte de ses passions. Les mouvements de leur cœur se transforment et se hiérarchisent en arguments. Ne nous plaignons pas de cet art si latin, qui, au détriment du naturel extérieur, descend si avant dans la nature humaine. L'ordre qu'il introduit dans les âmes les illumine. Chaque phrase est un trait et tous ces traits dessinent une figure. Et la figure est quelquefois un type.

Drancès, par exemple. Chose curieuse, ce Drancès est partisan de la paix que souhaite Virgile. Chef de l'ambassade envoyée à Énée, il a témoigné de son admiration envers le héros, et, revenu à Laurente, il plaide la cause troyenne, qui est celle de Rome et des dieux. Pourtant le poète laisse percer à son égard un mépris qu'aucun autre de ses personnages ne lui inspire. C'est un homme abondamment pourvu de biens et plus riche encore de beau langage ; mais sa langue vaut mieux que son bras. Son opinion a du poids dans les assemblées ; mais personne n'est plus habile à soulever les colères et les émeutes. Virgile ne se contente pas de rabaisser son caractère : il le marque d'une sorte de tare familiale. « Il était d'une illustre race du côté de sa mère ; mais on ne savait pas qui était son père et cette incertitude pesait sur lui. » Virgile les avait rencontrés et entendus au Forum, les Drancès. Ils se servent de tout, et même des plus justes causes, pour assouvir leurs haines et rassasier leur appétit de séditions. Avec les Turnus, dont on espère assouplir et discipliner la farouche humeur, la conquête du monde est possible ; avec les Drancès, on ne peut rien édifier. Mais qu'ils sont experts dans l'art de la parole !

Écoutez Drancès. Les Latins et les Rutules ont été battus. Les Troyens marchent sur Laurente. Il veut la paix à tout prix, parce qu'il veut l'abaissement et la ruine de Turnus. Il loue d'abord le roi disposé à faire aux Troyens toutes les concessions, dans l'intérêt de son peuple. Tous pensent comme lui, mais personne n'ose le dire. Pourquoi? C'est qu'on craint un homme, l'homme dont le mauvais génie a causé la mort de tant de chefs et plongé la ville dans la consternation. A ce moment, Turnus, que Drancès n'a pas nommé, ébauche peut-être un geste de protestation. Et Drancès de s'écrier : « Je parlerai, bien que cet homme me menace de ses armes et de la mort ! » Une assemblée politique est toujours favorablement impressionnée par ce facile étalage de courage et de haute conscience. « C'est un homme, continue Drancès, qui, se confiant à la fuite, attaque le camp troyen et qui effraie le ciel du bruit de ses armes ! » Ainsi Turnus n'est pas seulement un lâche ; il est un sacrilège. Ce coup droit porté, Drancès se retourne vers Latinus qui n'avait pas osé parler de sa fille. « A tous les présents que vous offrez aux Troyens, ô le meilleur des rois, ajoutez encore un don : faites d'Énée votre gendre. » Alors, quittant le ton provocateur, et comme si son émotion l'emportait, il revient à Turnus que cette fois il appelle de son nom ; il le prie, il le conjure de renoncer à Lavinia, de leur accorder cette grâce. « Tu me crois ton ennemi ; je le suis, je l'avoue ; et voici que je m'adresse à toi en suppliant : prends pitié des tiens : dépose ta colère. Tu es vaincu. Va-t'en ! » Quel redressement d'injure sous ces feintes supplications ! Mais, si son amour de la gloire rend Turnus sourd à l'humanité, qu'il ait donc le courage d'affronter seul son rival. « Eh ! quoi, pour assurer à Turnus une royale épouse, nous autres, vile engeance, tourbe qu'on n'enterre ni ne pleure, nous joncherions la plaine ! Allons, si tu as quelque force d'âme, si tes pères t'ont transmis une parcelle de vertu martiale, regarde en face le héros qui te provoque ! » Turnus répond à cette ironie, dont tous les mouvements sont calculés en vue de la surprise et de l'effet, par une ironie altière et méprisante ; et sa fougue essaye de rompre les rets qu'a jetés sur lui l'insidieuse émotion de l'agitateur.

De semblables discours où la parole modèle l'attitude de l'orateur, vous n'en trouverez en poésie, mais avec moins d'images, que chez Corneille et chez Racine, qui est « tendre » comme Virgile. La plus belle louange qu'on ait adressée à l'éloquent Tite-Live a été de le nommer le Virgile de l'Histoire ; et Martial pouvait soutenir sans paradoxe que Virgile n'aurait eu qu'à le vouloir pour être un grand poète dramatique. Mais ne nous demandons point ce qu'il aurait fait, s'il n'avait pas fait l'*Énéide ;* et ne nous posons pas la question qu'un historien du IIe siècle, Florus, traitait dans un opuscule aujourd'hui perdu : *Virgilius orator an poeta ?* Virgile est-il orateur ou poète ? Son éloquence est sortie du sanctuaire des Muses, et ce sont leurs regards qui resplendissent dans ses éclairs. Le poète qui, au second livre de l'*Énéide,* nous a représenté la tragique comédie de Sinon devant Priam, qui a chanté la dernière nuit de Troie, qui nous en a raconté les horreurs, qui nous en a peint l'éblouissant incendie et nous en a fait entendre l'écroulement, possédait à valeur presque égale toutes les facultés poétiques. Macrobe a beau nous dire que le second livre est traduit littéralement d'un poème de Pisandre. Il ne nous en apporte aucune preuve, pour la bonne raison qu'il ignore ce poème. Je ne connais à l'avoir cru que le Des Esseintes de Huysmans. Le garant est de choix! Nous savons comment Virgile traduit : avec son âme.

II

Chez lui, l'âme et l'art ne se séparent pas. Il n'y a pas d'art plus pénétré d'âme. L'œuvre des artistes créateurs reflète plus souvent la vie dont ils poursuivaient ou caressaient le rêve que celle qu'ils ont vécue. Voici un homme, un citoyen romain, qui n'a jamais voulu se marier, qui a chéri la solitude, tout en thésaurisant comme un bon fils de campagnard, car je ne vois aucune raison sérieuse de supposer que la petite ode où Horace l'exhorte gentiment à oublier son amour du gain s'adresse à un autre Virgile, et nous savons qu'en mourant il a laissé une fortune de deux millions. Si nous ne connaissions rien de son existence, nous pourrions nous imaginer aux accents de sa poésie qu'il a été le père le plus sensible et le plus éprouvé, qu'il a goûté toutes les douceurs d'un foyer fondé par lui et qu'il ne s'est jamais consolé de les avoir perdues. Assurément, les souvenirs de ses parents, de son frère mort si jeune et de la douleur de sa mère lui sont demeurés présents. Mais il semble qu'il ait fait lui-même l'expérience des inquiétudes et des souffrances que nous donne la chair de notre chair. Il a un sentiment tout moderne de la famille et des rapports entre les pères et les enfants. Térence nous produit quelquefois le même effet. (Il n'y a guère de « modernité » qui ne soit très vieille.) Mais Térence écrivait des comédies où il essayait de réagir contre la sévérité des mœurs et où les fils avaient besoin de l'indulgence et même de la faiblesse des pères. Virgile au contraire, dans le sujet le plus grave, avec sa pieuse admiration des vertus d'autrefois et son désir d'en restaurer la pratique, maintient l'autorité du *paterfamilias* en la fondant sur la tendresse.

Ses pères, Anchise, Évandre, Énée, ont pour leur fils des paroles maternelles : « Mon fils, plus cher que ma vie tant que je vivais ! » Ce sont les premiers mots d'Anchise après sa mort, lorsqu'il apparaît en songe à Énée ; et, aux Champs Elyséens, il s'écrie en le revoyant : « Enfin il m'est permis de contempler tes traits et d'entendre ta voix et de te répondre. Que de terres et de mers tu as parcourues avant de m'arriver ! Que de périls tu as traversés, mon enfant ! » Devant l'ombre du Brutus qui fit mettre à mort ses fils pour avoir conspiré le retour des Tarquins : « Malheureux père ! soupire-t-il. Quel que soit le jugement des générations à venir, l'amour de la patrie triomphera dans ton âme et une immense passion de la gloire. » Aux yeux d'Anchise, l'amour de la patrie ne suffit pas à expliquer un tel acte : il y faut la passion de la gloire, moins généreuse, moins désintéressée ; et son cœur proteste. Énée tremble constamment sur Iule. « L'amour paternel ne lui laisse point de repos. » Il n'aime pas seulement en lui l'héritier de ses labeurs, mais le gage d'une heureuse union. « Conserve ta tendresse à l'enfant de notre amour ! » lui a dit l'ombre de Créuse. Évandre n'hésite pas à envoyer au combat son Pallas, l'unique joie de sa vieillesse. Mais, au moment du départ, son courage l'abandonne : il s'évanouit. Et, quand on lui ramène son cadavre : « O ma chère et sainte femme, s'écrie-t-il, que tu es heureuse d'être morte et de ne pas avoir vécu pour une si grande douleur ! »

Même dans un cœur aussi dénué d'humanité que celui de Mézence, l'amour paternel subsiste, et il a une vertu purificatrice. Lausus mort, ce barbare, qui n'a eu pitié de personne et qui hait sa patrie, souille de poussière ses cheveux blancs et lève ses mains vers le ciel. « Ai-je donc assez aimé la vie, s'écrie-t-il, pour souffrir que l'enfant de ma chair s'offrît à ma place aux coups de l'ennemi ? Moi, ton père, devoir mon salut à tes plaies et vivre par ta mort ! Je sais maintenant la profondeur de ma misère ; maintenant le sang coule de ma blessure ! C'est moi, mon enfant, qui ai mis de l'opprobre sur ton nom, moi que mes crimes ont chassé du trône et dépouillé du sceptre de mes pères. » Ce repentir se rattache à l'idée d'expiation qui n'a jamais cessé de hanter Virgile, et pose sur cette âme féroce une lueur de noblesse. Les derniers mots de Mézence, en tombant sous le fer d'Énée, demandent un peu de terre, afin que ses restes soient dérobés à la haine des siens, et une place dans la tombe de son fils.

Mais aussi quels fils ont tous ces pères ! Nous savons ce que fut Énée à l'égard d'Anchise. Son médecin, le vieil Iapyx, paraît à peine : cependant Virgile n'a pas manqué de nous raconter sa touchante histoire. Dans sa jeunesse, aimé d'Apollon, il ne tenait qu'à lui d'obtenir du dieu « la science augurale, la lyre et les flèches rapides. » Seulement son père était malade et désespéré. Pour prolonger ses jours, il renonça à la gloire du poète et aux honneurs des augures ; il choisit, avec la connaissance des simples, l'art de guérir. Par amour filial, il préféra cet obscur métier, (car les médecins étaient peu considérés à Rome). Lausus, dès qu'il voit son père blessé, pousse un gémissement et se jette entre Énée et lui. Au milieu de la bataille, les Rutules s'écartent à la voix de leur chef, et Turnus s'avance seul à la rencontre de Pallas dont il s'est promis la mort. Le jeune homme ne le connaissait pas : il mesure sa haute taille et le parcourt d'un regard farouche : « J'aurai la gloire de remporter des dépouilles opimes, s'écrie-t-il, ou je mourrai d'une belle mort. L'une ou l'autre issue est égale à mon père. Cesse tes menaces ! » Corneille n'aurait pas mieux dit ; mais Pallas a un charme que n'ont pas les héros cornéliens, le charme de la première jeunesse. La veille, pendant la nuit, sur le navire d'Énée, assis à la gauche du héros, tantôt il l'interrogeait sur le cours des astres, tantôt sur ses longs voyages. Il éprouve pour lui la même admiration que jadis son père Évandre pour Anchise. Qu'est-ce qu'un jeune homme qui n'admire pas et qui n'a pas soif de connaître toutes les lumières du monde ? Regarder et nommer les étoiles et se sentir près d'un grand homme : oh ! la belle, belle nuit dont les heures rapides l'emportent à la mort !

Dans l'ombre, à la porte du camp, Nisus s'ouvre à son ami de son désir de gloire : « Euryale, sont-ce les dieux qui m'inspirent cette ardeur, ou chacun de nous se fait-il un dieu de son violent désir ? Depuis longtemps j'ai dans l'esprit de combattre ou d'entreprendre quelque chose de grand. J'en ai assez de ce tranquille repos[1]. » Et il lui expose son projet de

---

1. Tous les jeunes gens de Virgile ont l'âme possédée par l'amour de la gloire, peut-être plus encore que ceux d'Homère. Je n'en vois pas un qui prononcerait au séjour des morts les paroles découragées de l'Achille homérique, qui fait si bon marché des honneurs presque divins qu'on lui rend sur la terre et qui aimerait mieux être au service d'un pauvre cultivateur que de régner sur toutes les ombres de ceux qui ne sont plus.

traverser les lignes rutules. Il n'ambitionne aucune récompense pour lui : tout ce qu'on lui donnera reviendra à son ami. Euryale s'indigne que Nisus ne l'associe pas à son entreprise. « Le cœur qui bat dans ma poitrine sait mépriser la vie et ne croirait pas payer trop cher par la mort l'honneur où tu cours ! » Nisus s'efforce de le convaincre. « Si je meurs, tu seras là pour relever ou racheter mon cadavre, et, si tu ne le peux, du moins tu offriras des libations à mon ombre et tu m'élèveras un tombeau. Et puis tu as ta mère qui, seule parmi tant de mères, t'a suivi jusqu'ici... » Par la brusquerie de sa réponse Euryale nous prouve qu'il a été touché. L'émotion durcit sa voix : « Tu veux m'embarrasser de vains prétextes. Ma résolution est prise, inébranlable. Hâtons-nous. » Je reconnais là ce beau masque d'insensibilité des jeunes gens qui se défient de leur émotion comme d'une lâcheté, tant qu'on peut s'en servir pour les retenir au rivage ; mais le masque tombe, dès qu'ils sont embarqués. Nisus et Euryale vont trouver les chefs troyens « qui tenaient conseil appuyés sur leurs longues piques, le bouclier à leurs bras, au centre de la plaine et du camp ». (Remarquez en passant la vigueur du dessin.) On les approuve ; on les félicite ; on leur promet de riches présents. Alors seulement Euryale ose parler de sa mère : « La malheureuse, dit-il à Iule, a quitté pour me suivre la terre d'Ilion et les murs du roi Aceste. Elle ignore le péril où je m'expose, et je m'en vais sans lui dire adieu. J'en atteste la Nuit et ta main droite : je ne supporterais pas les larmes de ma mère. Mais toi, je t'en supplie, console-la dans sa misère, secours-la dans son abandon. Laisse-moi emporter cette espérance : j'affronterai plus hardiment tous les dangers. » Et nul en effet ne sera plus hardi, ni

plus imprudent. Les belles armes et les brillantes
aigrettes, ô jeunesse! lui feront oublier la modération
que devrait lui imposer la pensée de la vieille femme.
Nisus pourrait se sauver. L'intérêt des Troyens le
lui commanderait même. Mais il n'obéit qu'à son
amitié passionnée. Quand il tombe percé de coups
sur le cadavre d'Euryale : « Ce fut alors, dit le
poète, qu'il se reposa dans la tranquillité de la mort. »
Placidaque ibi demum morte quievit. Deux heures
plus tôt, il s'écriait : « J'en ai assez de ce tranquille
repos : » *Nec (mens) placida contenta quiete.* Il y a
bien de la mélancolie dans ces mots qui se font écho :
placida quiete, placida quievit.

Nisus, Euryale, Lausus, Pallas, si jeunes, si
beaux, si généreux, si amoureux de la gloire et si
prodigues des longs jours qu'ils avaient devant eux :
vous les avez aimés, Virgile, et vous avez trouvé
pour les peindre un coloris de Raphaël qui ne craint
rien des siècles; mais à aucun d'eux vous n'avez
fait grâce. Votre tendresse n'a point désarmé votre
génie. Dur comme la vie qui était votre grande
Muse, *maxima Musarum*, il vous a fallu ces victimes
et les larmes de leurs parents. Nous répétons les
divines paroles d'Anchise sur la mort de Marcellus :
Manibus date lilia plenis... « Jetez des lis à pleines
mains; je répandrai des fleurs de pourpre... » Octavie,
en entendant ces vers lus par le poète, s'évanouit.
Mais aujourd'hui, comme il y a deux mille ans,
quelle est la mère qui, ayant dans son passé et dans
sa mémoire cette jonchée funèbre, ne fondrait en
larmes? Ainsi, d'âge en âge, un homme se lève et prononce sur nos communes misères des mots très simples, mais qu'avant lui il ne nous semblait pas avoir
entendus. Il se nomme Homère, Sophocle, Pindare,
Racine, Bossuet, Hugo, Virgile; et nous l'appelons

inspiré parce qu'il s'inspire du fond permanent de nos douleurs.

III

Turnus meurt comme Lausus, comme Pallas; mais il ne fait point partie de leur groupe. Il est violent, impitoyable, et, malgré son rôle de premier plan, très peu original. La sympathie qu'on a souvent éprouvée pour lui n'était que le revers de l'antipathie qu'on ressentait pour Énée. On l'aimait contre Énée dont les conventions épiques et théâtrales empêchaient de comprendre le caractère. Il combat l'envahisseur, mais par intérêt personnel, et, s'il s'agit de Lavinie, par dépit plutôt que par amour. Cependant il chérit ses amis; il invoque avec un serrement de cœur le souvenir de son cher Murranus qui tomba sous ses yeux et qui l'appela en mourant; il est très brave; et nous ne pouvons refuser notre pitié à ce beau combattant qui méritait mieux que son âpre destinée et que défendent si mal la faveur de Junon et l'affection de sa sœur. Évidemment la Saturnienne et Juturne ne se font pas une idée très nette de l'honneur d'un soldat. Elles ne retardent sa mort qu'en risquant de le déshonorer. Il se sauve du champ de bataille à la poursuite d'un fantôme que Junon lui a forgé; et ses accents nous émeuvent lorsque l'illusion se dissipe et qu'il gémit de son infamie involontaire. « Quel abîme assez profond s'ouvrira sous mes pas? » Une seconde fois, sa sœur lui donne toutes les apparences d'une fuite honteuse devant Énée. « La mort est-elle donc un

si grand mal? » s'écrie-t-il. *Usque adeone mori mise-*
rum est? C'est ce qu'on dit quand on en a peur.
Mais Jupiter s'acharne lui-même à l'épouvanter.
Turnus est le héros le plus infortuné de l'*Énéide.* •

Si je ne le compte pas au nombre des jeunes gens
de Virgile, j'y placerais volontiers Camille. On dirait
que le poète craignait qu'on oubliât la femme dans
la guerrière, car il a plus insisté sur sa beauté
féminine que sur celle de Didon. Ses cheveux
sont d'un blond doré, ses épaules délicates, ses
mains fines, sa démarche légère. J'avoue que d'ordinaire les Penthésilée et les Clorinde ne me charment point. S'il me plaît qu'une jeune fille ou une
jeune femme, dans une nécessité impérieuse, s'arme
et se batte avec un courage viril, autant je répugne
à concevoir qu'elle en fasse son métier et qu'elle
cherche sa gloire dans la tuerie. Je n'accepte Clorinde que du moment où l'amour la ramène à sa
condition ; et j'entre mal dans la passion de Tancrède. Achille du moins ne s'éprend de Penthésilée
que lorsque la mort a éteint sur son visage la fureur
de la bataille et lui a donné ou rendu la calme
beauté d'une déesse. Virgile, si peu romanesque et
si grand artiste, a éloigné l'amour du cœur de son
héroïne, et il a écarté d'elle le désir des hommes. Les
mères étrusques souhaiteraient de l'avoir pour bru ;
aucun de leurs fils n'a souhaité de l'avoir pour
femme. Elle leur inspire comme à Turnus, comme à
nous, un sentiment voisin de l'horreur sacrée. On
ne peut même pas attribuer sa mort au goût féminin
de la parure, — ce qui serait pourtant d'un joli symbolisme, — car en poursuivant Chlorée, l'ancien
prêtre de Cybèle, le Phrygien tout couvert d'or et tout
bruissant de soie, elle commet le même genre d'imprudence qu'Euryale, et pour les mêmes raisons. Mais

elle unit en elle la grâce de la vierge et l'impétueuse
fierté du jeune homme, et je ne serais point surpris
que Virgile eût entouré d'une prédilection singulière
cette créature de son imagination qui incarnait tout
ce qu'il y a de pur et d'héroïque dans la jeunesse.

Cependant sa pureté si glaciale ne nous émeut
guère à côté de celle d'Andromaque. La transfigura-
tion de l'Andromaque du théâtre grec est un des
miracles de l'art virgilien. Songez à ce qu'est devenue
la veuve d'Hector au moment où Énée la rencontre.
Réduite en servitude, elle a été l'esclave de Pyrrhus
dont elle a conçu un fils et qui l'a bientôt mariée à
Hélénus esclave comme elle et, comme Hector, fils
de Priam ; mais l'assassinat du fils d'Achille lui a
redonné son rang de princesse, puisqu'une partie
du royaume est échue à son dernier mari. Non
seulement elle n'est plus la femme d'Hector et la
mère d'Astyanax ; non seulement elle a vécu dans
la déchéance ; mais encore — et c'est ce qu'il y a de
pire peut-être, — le retour de fortune dont elle
profite aujourd'hui diminue notre compassion, et sa
nouvelle couronne met de l'ombre sur ses malheurs.
Virgile, sans rien nous dissimuler, a voulu que nous
ne vissions en elle que la mère d'Astyanax, la veuve
désespérée d'Hector, et que de ses hontes subies
elle sortît encore plus pure.

Près de la ville, au bord d'un cours d'eau qui lui
rappelle le Simoïs, devant un tombeau vide, elle faisait des libations et invoquait l'ombre d'Hector,
quand tout à coup, dans l'ombre du bois sacré, elle
aperçoit le resplendissement prodigieux des armes
troyennes et reconnaît Énée. Son émotion est si
forte qu'elle s'évanouit, et revenue à elle : « Est-ce
bien toi que je vois ? Es-tu un messager qui ne
trompe pas, fils de déesse ? Vis-tu ? Et, si tu n'es

qu'une ombre, où est Hector? » Et elle fond en larmes ; elle éclate en gémissements comme au jour où, du haut des remparts d'Ilion, elle aperçut le cadavre de son mari traîné devant la ville et emporté sans pitié vers les vaisseaux grecs. Des années ont passé : sa douleur est la même et pousse les mêmes cris. Énée l'interroge. On lui a reproché de le faire maladroitement, d'être trop pressé de savoir jusqu'à quel point les bruits qui courent sont vrais, de lui demander avec une cruauté inconsciente si elle est toujours la femme de Pyrrhus. La critique est juste. Mais nous lui pardonnons une maladresse plus excusable chez l'homme antique, et qui nous vaut la réponse d'Andromaque.

Lorsque, dans les Enfers, Déiphobe, les mains coupées, les oreilles arrachées, le nez mutilé, aperçoit le héros troyen, son ancien compagnon d'armes, il tremble, il cache ses horribles blessures ; et il faut qu'Énée aille à lui et lui adresse la parole d'une voix amie. Andromaque ne cache point ses blessures qui sont plus terribles ; mais elle baisse les yeux et la voix. « Heureuse avant toutes, dit-elle, la fille de Priam condamnée à mourir devant le tombeau d'Achille, sous les hauts murs de Troie : elle n'a pas eu à subir le tirage au sort des captifs et n'a pas approché, en esclave, du lit d'un vainqueur et d'un maître ! Nous, après l'incendie de Troie, entraînées à travers les mers, nous avons supporté l'orgueil et l'insolence du fils d'Achille et nous avons enfanté dans la servitude. » Elle dit *nous* ; elle souhaiterait qu'on ne la distinguât pas de la foule des captives, qu'on n'arrêtât pas sa pensée sur ce qui lui fut personnel dans l'indignité du traitement commun. « Puis, dit-elle, lorsqu'il a suivi Hélène, la petite-fille de Léda, et qu'il a rêvé un hymen lacédémonien, il m'a passée, moi son esclave, à son esclave Hélénus, comme une chose. » *Transmisit habendam*[1]. Ici le moi reparaît sous la violence de l'amertume. Il semble qu'elle en veuille autant à Pyrrhus du peu de cas qu'il a fait d'elle après l'avoir possédée que de son orgueil à la prendre.

Pas un soupir de soulagement à l'idée qu'elle est redevenue Troyenne et la compagne d'un Troyen, d'un fils de Priam. Rien n'existe pour elle que l'image d'Hector et l'abominable souvenir du vainqueur qui l'a profanée et qui l'a encore humiliée dans ce qui lui restait de fierté féminine. Pas un mot non plus de l'enfant qu'elle a eu de Pyrrhus; mais elle s'enquiert d'Iule qui lui rappelle Astyanax. Et quand les Troyens quittent Buthrote, elle le couvre de présents, habits brodés d'or, chlamydes phrygiennes : « Reçois, cher enfant, ces ouvrages de mes mains; qu'ils soient le gage de la longue tendresse d'Andromaque, la femme d'Hector. » Elle s'exprime ainsi devant le sage Hélénus, son mari et l'interprète des dieux, qui doit respecter son deuil et la considérer dans son palais plein des souvenirs de Troie comme une ombre sacrée. Et son cœur se brise. Ce n'est pas l'enfant d'Énée qu'elle regarde, c'est Astyanax. « Voilà ses yeux, ses mains, les traits de son visage. Il aurait ton âge; il serait un adolescent

---

1.   « Dejecit vultum, et demissa voce locuta est :
O felix una ante alias Priameia virgo,
Hostilem ad tumulum, Trojæ sub mœnibus altis,
Jussa mori, quæ sortitus non pertulit ullos,
Nec victoris heri tetigit captiva cubile !
Nos, patria incensa, diversa per æquora vectæ,
Stirpis Achilleæ fastus juvenemque superbum,
Servitio enixæ, tulimus; qui deinde, secutus
Ledæam Hermionen Lacedæmoniosque hymenæos,
Me famulo famulamque Heleno transmisit habendam. »
                                        Énéide, III, 320-329.

comme toi... » Ainsi, c'est en prononçant le nom
d'Hector qu'elle accueille Énée; c'est en évoquant
l'image d'Astyanax qu'elle lui dit adieu. Entre le cri
de l'arrivée et l'effusion du départ, cette âme s'est
entr'ouverte à nous, pudique dans ses plus tristes
aveux, si pure que sa déchéance ajoute encore à son
intangible dignité. Je ne partage point l'opinion de
Chateaubriand. L'Andromaque de Racine n'est pas
plus chrétienne que celle de Virgile, à moins que
son projet de suicide ne soit chrétien. Elle n'est pas
même plus complexe; et sa douceur n'existe que
dans son attitude et sa voix. Seulement, quand on
passe de l'épopée romaine à la tragédie française, sa
condition et les conventions sociales ont changé.
Un héros racinien ne lui aurait point parlé de
Pyrrhus...

Le grand poète ne mesure pas la vie à ses personnages selon leur importance. Andromaque,
simple apparition, est aussi vivante que la reine de
Carthage. J'en dirai presque autant de cette Juturne
qui s'efforce désespérément de sauver son frère
Turnus. Elle a dans tout son être je ne sais quoi de
si brusque, de si farouche, de si angoissé que nous
oublions sa qualité de déesse et que l'ancienne
favorite de Jupiter ne nous paraît plus que la sœur
très humaine d'un héros dont elle achèterait le
salut au prix de son sang. Quand sur le champ de
bataille, où elle s'est dépensée en vaines ruses pour
retarder le combat de Turnus et d'Énée, elle reconnait la Furie céleste au battement de ses ailes et à
son cri funèbre qui lui annonce que son frère est
perdu, la vie sans fin, qu'elle a payée de sa virginité, s'étend devant elle comme le désert d'une
immortelle douleur : « Pourquoi m'a-t-on privée
d'être soumise à la mort? Je verrais du moins le terme

de ma souffrance ! » *Cur mortis adempta est — Conditio ? Possem tantos finire dolores !* Dans une idylle grecque de Bion, Vénus se plaignait aussi de ne pouvoir suivre son Adonis chez les ombres. Plainte aimable ! Les gémissements de Juturne ont une poignante âpreté [1]. On sent que le poète lui communique cette amère tristesse, ce goût de la mort, que plus d'une fois il a laissé percer dans ses vers. Et c'est assez pour que la figure de sa Juturne soit inoubliable.

Mais Didon demeure la création la plus moderne de Virgile. L'espèce de dualité que nous distinguons chez le fils d'Anchise comme chez les dieux de l'*Énéide*, et qui vient de ce que le poète superpose à un type légendaire une conception moderne, ne se retrouve pas chez la reine de Carthage dont l'invention lui appartient tout entière. Je ne comprends même pas qu'on ose la rapprocher de la Médée d'Apollonius de Rhodes. Je viens de relire les *Argonautiques*. Ne les relisez pas ou ne les lisez pas, quand vous aurez vécu quelque temps en compagnie de Virgile. L'héroïne du poète alexandrin n'est qu'une belle fille sensuelle, impulsive et barbare ; et tout son attirail de magicienne ne lui compose pas une âme. Didon est la première des femmes amoureuses dont nous sachions pourquoi elles ont aimé.

---

1. Je ne serais pas étonné qu'Ernest Dupuy, qui aimait tant Virgile, s'en fût souvenu dans son poème *Les Parques*, un des plus beaux de la poésie contemporaine, un des plus assurés de vivre, lorsque son immortelle Atropos parle des dieux « altérés de trépas » et demande aux hommes que la mort épouvante :
De sonder le dégoût divin de toujours vivre...
Ils ne nous savent pas jaloux de l'hécatombe.
Vous mortels vous fuyez la douleur et l'ennui
En vous acheminant vers le trou de la tombe...
L'anéantissement n'est interdit qu'à nous...
(*Les Parques*. Société française d'imprimerie, 1908.

Les autres succombent à une fureur qui s'est abattue sur elles parce que tel était le bon plaisir des dieux. Mais l'histoire de Didon, sa situation, son caractère sont autant de chemins par où l'amour se précipite naturellement vers son cœur.

Elle a aimé son premier mari, non pas de l'affection profonde, aussi durable que la vie, d'une Andromaque, mais avec passion. Sa sœur a pu tout craindre à la mort de Sychée; et, si elle ne soupçonne pas, au départ d'Énée, le suicide qui se prépare, c'est qu'elle ne redoute rien de plus grave que ce qu'elle a déjà vu. *Non graviora timet quam morte Sychœi.* Obligée de fuir, mise à la tête d'une expédition, Didon a usé sa douleur dans toutes les difficultés dont elle a triomphé et qui ont développé son énergie de reine, j'allais dire de roi. Elle a fondé une ville; elle l'organise; elle y rend la justice; elle y établit des lois; et, quand Énée lui est envoyé par la tempête, elle ne porte plus le deuil de Sychée. Le poète la compare à Diane dont l'éclatante beauté réjouit le cœur de sa mère Latone; la joie illumine son visage. Seule, Anna sait bien que tous ses soins de reine et de législatrice ne remplissent pas sa solitude, et qu'elle souffre au fond d'elle-même de ne plus aimer et de n'avoir pas d'enfants. Elle a juré de rester fidèle à Sychée, et elle a repoussé, l'un après l'autre, les princes Gétules ou Numides qui prétendaient à sa main, mais dont aucun ne lui plaisait. Cependant il serait sage de songer que dans une ville aussi prospère, qui sera de plus en plus menacée, une reine a besoin d'un homme à ses côtés. Dès qu'Anna sentira la sympathie de sa sœur pour le Troyen et recevra ses confidences, loin de la mettre en garde contre une déception possible, elle travaillera de tout son cœur à cette union.

Et cette sympathie, qui va si vite se transformer en passion, s'explique plus encore par les qualités morales de Didon que par la beauté du héros. La surprise qu'elle a éprouvée a ébranlé son esprit romanesque ; et l'amour tout d'abord s'est manifesté chez elle par un surcroît de vie. Comme elle est heureuse à son premier banquet, lorsqu'elle fait des libations : « à Bacchus qui donne la joie et à la bonne Junon », et lorsqu'elle passe sa coupe d'or enrichie de pierreries au chef de ses vaisseaux, Bitias, qu'elle presse de boire en riant de plaisir : *tum Bitiæ dedit increpitans !* Et comme elle voudrait que tout le monde fût heureux autour d'elle — et surtout Énée ! Il est exilé ; il cherche une patrie, lui, le fils d'une déesse, le héros glorieux et vénéré de ceux qui lui obéissent. Comment ne s'abandonnerait-elle pas au charme puissant de cet homme et au prestige de ses malheurs? Tout l'y encourage : sa générosité, l'intérêt de sa ville, la souffrance silencieuse de son veuvage, sa sœur, les dieux et les entrailles palpitantes des victimes. Elle invoque Cérès la législatrice, qui a institué les lois du mariage, Phébus le dieu des augures, Bacchus qui représente à la fois la liberté de l'âme et la fécondité de la nature, et, avant tous, Junon, la protectrice des épouses. Mais sa passion devance l'heure des justes hymens. Son impatience la rend sourde à tout ce que les récits d'Énée et les oracles rapportés par lui contenaient de menaces pour son bonheur. L'étourdissement des fêtes, l'enivrement d'une partie de chasse, un orage, font de la reine de Carthage une amante aussi peu sûre du lendemain que la dernière fille de son royaume qui s'est livrée à son amant. Virgile nous a peint cette journée fatale avec la richesse et la vivacité de couleurs d'un peintre moderne. On me pardonnera d'en essayer une traduction :

L'aurore s'est levée au-dessus de la mer.
Les jeunes gens choisis sont sortis de la ville
Dès l'aube. Piaffements des cavaliers Massyles,
Filets à large maille, épieux au large fer,
Et panneaux, tout est prêt ; et les chiens hument l'air.
Mais la reine s'attarde encore à sa parure,
Et les Grands de Carthage attendent sur le seuil.
Son cheval, tout brillant de pourpre et de dorure,
Couvre d'écume un frein qu'il ronge avec orgueil.
Enfin elle paraît de sa suite entourée.
Sa chlamyde de Tyr à la frange dorée
Est de pourpre ; son carquois d'or ; d'or son bandeau ;
Et des agrafes d'or relèvent son manteau.
Puis viennent les Troyens et le riant Ascagne,
Et le plus grand de tous, son père, l'accompagne.
Énée aux cavaliers de la cour joint les siens
Et va prendre sa place à côté de la reine.
Quand loin des flots du Xanthe et des bords Lyciens,
Quittant le rude hiver pour sa Délos sereine,
Apollon vient revoir ces beaux lieux maternels
Et renouer les chœurs autour de ses autels,
Tous, Driope, Agathyrste à la figure peinte,
Crétois, frappent le sol dans un farouche accord.
Mais lui s'avance seul sur les hauts jougs du Cynthe.
Ses cheveux ondoyants où court un cercle d'or
Sont mollement pressés d'une couronne verte,
Et son carquois bruit par sa marche agité :
Énée allait ainsi du même pas alerte,
Le visage éclatant de la même beauté.

Quand on fut sur les monts où les chèvres grimpantes
Ont leur sauvage abri, le pas des rabatteurs
Les fit des pics rocheux dévaler sur les pentes ;
Et les troupeaux de cerfs désertant les hauteurs
Fendaient en poudroyant les plaines étalées.
Mais Ascagne au galop à travers les vallées
Les coupe tour à tour, s'enivre et fait des vœux
Pour qu'au milieu de tout ce bétail qui se sauve
Surgisse brusquement un sanglier baveux
Ou descendu des monts quelque grand lion fauve.

Un grondement soudain dans les cieux assombris
Éclate : c'est l'orage et la grêle. Surpris,

Effrayés, les chasseurs se dispersent. Ascagne
Ses compagnons troyens, leurs hôtes de Sidon,
S'abritent au hasard dans les champs. La montagne
S'écroulait en torrents. Le héros et Didon
Ont gagné tous les deux un antre solitaire.
Alors celle qu'on prie aux jours d'hymen, la Terre,
Et celle qui conduit vers le lit nuptial,
Junon, en même temps, donnèrent le signal.
Des feux au fond du ciel complice étincelèrent
Et les Nymphes du haut des montagnes hurlèrent.
Ce jour fut pour Didon sa mort et son malheur.
Indifférente au monde, insensible à l'honneur,
Elle cessa d'aimer secrètement son hôte,
Et l'hymen est le nom qu'elle donne à sa faute [1].

1.   Oceanum interea surgens Aurora reliquit.
       It portis jubare exorto delecta juventus;
       Retia rara, plagæ, lato venabula ferro
       Massylique ruunt equites et odora canum vis.
       Reginam thalamo cunctantem ad limina primi
       Pœnorum exspectant, ostroque insignis et auro
       Stat sonipes ac frena ferox spumantia mandit.
       Tandem progreditur, magna stipante caterva,
       Sidoniam picto chlamydem circumdata limbo ;
       Cui pharetra ex auro, crines nodantur in aurum,
       Aurea purpuream subnectit fibula vestem.
       Nec non et Phrygii comites et lætus Iulus
       Incedunt ; ipse ante alios pulcherrimus omnes
       Infert se socium Æneas, atque agmina jungit.
       Qualis, ubi hibernam Lyciam Xanthique fluenta
       Deserit ac Delum maternam invisit Apollo,
       Instauratque choros, mixtique altaria circum
       Cretesque Dryopesque fremunt pictique Agathyrsi,
       Ipse jugis Cynthi graditur, mollique fluentem
       Fronde premit crinem fingens, atque implicat auro.
       Tela sonant humeris : haud illo segnior ibat
       Æneas ; tantum egregio decus enitet ore.
       Postquam altos ventum in montes atque invia lustra,
       Ecce feræ, saxi dejectæ vertice, capræ
       Decurrere jugis ; alia de parte patentes
       Transmittunt cursu campos atque agmina cervi
       Pulverulenta fuga glomerant, montesque relinquunt.
       At puer Ascanius mediis in vallibus acri
       Gaudet equo, jamque hos cursu, jam præterit illos,
       Spumantemque dari pecora inter inertia votis
       Optat aprum, aut fulvum descendere monte leonem.

N'attendez pas de Virgile qu'il l'approuve ou qu'il l'excuse. Il la juge coupable ; mais il aura pitié d'elle. La reine qui rentre dans sa ville n'est plus celle qui, assise et trônant sous la statue de Junon, distribuait leur tâche à ses sujets et leur donnait des lois. Comme toutes les âmes passionnées, elle s'absorbe dans l'objet de sa passion. Il n'y a plus au palais de Carthage qu'une femme amoureuse qui brode des manteaux à son amant ou qui lui choisit de belles armes et qui tremble sur son amour et qui craint tout, sauf le mécontentement de son peuple, la jalousie de ses dangereux voisins et l'ombre de Sychée.

Et voici qu'elle apprend que l'homme dont elle est la maîtresse se dispose secrètement à fuir. Dix-sept cents ans s'écouleront avant que la passion trahie retrouve la voix de Didon. Un seul poète, un seul, celui d'Hermione et de Phèdre, saura donner aux sentiments les plus violents de l'âme une forme dont la beauté n'est que la réflexion de leur profondeur dans la conscience d'un grand artiste. Didon rencontre même des accents qui vont plus loin peut-être que ceux de Racine ou qui impriment à son amour un caractère d'intimité plus farouche. (Il est vrai qu'aucune des héroïnes raciniennes n'est censée avoir

> Interea magno misceri murmure cælum
> Incipit ; insequitur commixta grandine nimbus ;
> Et Tyrii comites passim, et Trojana juventus,
> Dardaniusque nepos Veneris diversa per agros
> Tecta metu petiere ; ruunt de montibus amnes.
> Speluncam Dido dux et Trojanus eamdem
> Deveniunt. Prima et Tellus et pronuba Juno
> Dant signum ; fulsere ignes et conscius æther
> Connubiis, summoque ulularunt vertice Nymphæ.
> Ille dies primus leti primusque malorum
> Causa fuit ; neque enim specie famave movetur,
> Nec jam furtivum Dido meditatur amorem ;
> Conjugium vocat ; hoc prætexit nomine culpam.
>> *Énéide*, IV, 129-172.

appartenu à l'amant qui l'abandonne.) « Du moins, s'écrie-t-elle, si tu me laissais en fuyant un enfant de toi! Si je voyais dans ma cour un Énée, un petit être qui aurait les traits de ton visage! Non, je ne me croirais pas tout à fait délaissée et trahie[1]! » Elle écoute la réponse de son amant en le regardant des pieds à la tête, d'un œil silencieux, *tacitis oculis*, — silencieux comme le seuil de la reine Amata où s'assied la Furie; — et cette froide réponse la jette hors d'elle-même : « Non, tu n'es pas le fils d'une déesse ! C'est un rocher du Caucase qui t'a engendré, et ce sont les tigresses d'Hyrcanie qui t'ont nourri de leur lait[2]. » Mais elle ne s'adresse plus directement à lui; elle ne le désigne qu'à la troisième personne, comme si elle le traînait à la barre de l'univers. « A-t-il gémi de ma douleur? Lui ai-je arraché une larme? A-t-il eu pitié de son amante? » Et par un mouvement naturel, hélas! elle va chercher dans le souvenir de ses bienfaits de quoi l'éclabousser d'injures : « Il n'était qu'une épave. Il manquait de tout : je l'ai recueilli. Dans ma démence, j'ai partagé mon trône avec lui. Sa flotte, ses compagnons étaient perdus : je les ai sauvés de la mort[3]. » Puis, voici les sarcasmes et les haussements d'épaule : « Maintenant c'est le dieu des augures, Apollon, ce sont les oracles

---

1.

Si quis mihi parvulus aula
Luderet Æneas, qui te tamen ore referret,
Non equidem omnino capta ac deserta viderer!

Énéide, IV, 328-330.

2.

Nec tibi diva parens, generis nec Dardanus auctor,
Perfide; sed duris genuit te cautibus horrens
Caucasus, Hyrcanæque admorunt ubera tigres.

Énéide, IV, 365-367.

3.

Ejectum litore, egentem
Excepi et regni demens in parte locavi;
Amissam classem, socios a morte reduxi.

Énéide, IV, 374-376.

de Lycie, c'est le messager de Jupiter et l'interprète des dieux qui lui apportent ces ordres abominables. Beau travail pour les Immortels! Soucis dignes en vérité de troubler leur quiétude! » Enfin, le geste furieux, le bras tendu, les mots d'Hermione : « Va, je ne te retiens plus, je n'ai rien à te répondre. Pars! Cherche l'Italie à la merci des vents; gagne ton royaume à travers les flots... Absente, je t'y poursuivrai, armée de sombres torches[1]!... » Si ce n'est pas là le langage éternel de la passion, où l'entendra-t-on?

De ce moment, et jusqu'à la fin du quatrième livre, notre angoisse grandit, et c'est presque une angoisse physique. Nous tremblons que, montée à ce diapason, la voix de la malheureuse ne s'éraille, ou qu'une monotonie violente n'en affaiblisse le pathétique. Mais, dans sa clairvoyante et implacable pitié, Virgile saura varier les tons de cette agonie. Didon espère que sa sœur fléchira Énée, et, un instant, elle s'apaise. Cet espoir trompé la livre aux présages funestes. Elle décide de mourir. Et, comme la passion, qui déchaîne en nous toutes les forces de l'instinct, en aiguise aussi les ruses, elle reconquiert assez de présence d'esprit pour abuser sa sœur et pour recouvrir les apprêts de son suicide sous les préparatifs d'une cérémonie magique. Elle affecte la confiance; elle raconte, presque en souriant, qu'une sorcière lui a ordonné de brûler tous les souvenirs de l'homme néfaste. Elle souriait, mais, à l'idée de détruire ce qui lui rappelle Énée « elle se tait et son visage pâlit ». Le bûcher s'élève, décoré de guirlandes et de sombre feuillage. On y place sur le lit de l'infidèle ses vêtements, son image, son épée. Et

1.   Neque te teneo, neque dicta refello;
I, sequere Italiam ventis, pete regna per undas...

la magicienne vient ; et les incantations commencent.
Didon ne croit pas à la magie. Virgile n'a pas voulu
que la douleur de son héroïne trébuchât dans l'ivresse
de ces fumées grossières. Mais l'intérêt dramatique
de la scène vient justement de ce qu'elle n'y croit pas.
Elle y assiste comme si elle y croyait. Pieds nus, la
robe dénouée, elle se prête aux rites prescrits. Les
teintes sinistres de la conjuration s'accordent à celles
de ses pensées. Qui sait même si, dans son état de
désespoir, elle n'en attend point quelque chose ? Elle
diffère de mourir. Tant qu'Énée n'aura pas quitté le
port, elle ne commettra pas l'acte irrémédiable.
Toute la nuit, elle songe, réfléchit, pleure, s'irrite.
L'idée de suivre les Troyens traverse son esprit. Mais
qui recevrait dans leurs vaisseaux superbes une
femme odieuse? Enfin, l'aurore se lève, et la flotte
s'éloigne à pleines voiles. Alors ce sont les dernières
imprécations, que le poète renouvelle par leur caractère prophétique, et le coup suprême. Sa sœur
accourt, l'embrasse, étanche avec sa robe le sang de
sa blessure. « Trois fois elle se souleva en s'accou-
dant sur son lit ; trois fois elle retomba et, de ses
yeux égarés cherchant la lumière au ciel, gémit de
l'avoir trouvée. » Quand plus tard Anchise montre à
son fils les âmes impatientes de remonter au jour :
« O mon père, dit Énée, d'où vient à ces malheu-
reuses le désir insensé de la lumière? » Ce mot, un
des plus amers qui soient tombés d'une bouche humaine, il aurait pu le recueillir sur les lèvres déco-
lorées de sa Didon.

Je ne connais de supérieur à ce dénouement que
l'épilogue qui se passe aux Enfers. Énée parvient
aux Champs des Pleurs et y rencontre la reine de
Carthage :

Une plaine s'étend immense et monotone,
Les tristes Champs des Pleurs : c'est le nom qu'on leur donne.
Ceux dont le dur amour empoisonna le cœur
Y trouvent à l'écart des sentiers solitaires
Et sous le myrte ombreux égarent leur langueur,
Car leurs cruels soucis les suivent sous la terre.
Eryphile saignant du crime de son fils,
Phèdre ardente étaient là, Procris qui fut trahie,
Près d'Evadné, Pasiphaé, Laodamie,
Et cette femme qui fut jeune homme, Cénis,
Et qui morte reprit sa douce forme ancienne.
Et Didon parmi ces ombres, la Phénicienne,
Sa blessure encor fraîche errait dans ces grands bois.
Le héros s'arrêta dès qu'il l'eut reconnue,
Obscure, pâle, comme aux premiers jours du mois
On voit ou l'on croit voir la lune entre les nues.
Il se prit à pleurer et lui dit d'une voix
D'amour : « C'était donc vrai que tu fus entraînée
A cette extrémité sanglante, infortunée !
Et que je suis, moi seul, la cause de ta mort ?
J'en jure par les dieux, les astres, tous les gages,
S'il en est aux serments sur ces funèbres bords,
Reine, c'est malgré moi que j'ai quitté Carthage,
Ceux qui m'ont fait descendre ici, poussant mes pas
Par ces abjects taillis sous une ombre abhorrée,
Les dieux ont tout voulu ; mais je ne pensais pas
Que ton âme en dût être aussi désespérée...
Arrête. Tu ne sais qui tu fuis. Je te vois
Et te parle aujourd'hui pour la dernière fois. »
Mais rien n'adoucissait cette âme de colère
Ni de ses yeux ardents rien ne tirait des pleurs.
Elle se détournait en regardant la terre,
Et les mots hésitants glissaient sur sa pâleur
Comme sur le Paros ou sur la dure pierre.
Enfin d'un geste brusque, hostile, elle s'enfuit
Vers le bois sombre où son premier époux Sychée
Lui donne la douceur d'une amour partagée ;
Et longuement, les yeux en pleurs, le héros suit
Ce tragique destin qui s'en va dans la nuit [1].

---

1. Nec procul hinc partem fusi monstrantur in omnem
    Lugentes campi ; sic illos nomine dicunt.
    Hic, quos durus amor crudeli tabe peredit,

L'art de Virgile n'est pas monté plus haut ; son âme n'a pas rendu de plus beaux sons ; et sa psychologie n'a jamais été plus vraie. Je n'insiste pas sur le décor, sur ces bocages où l'on voit errer des victimes de l'Amour, dont les noms, choisis pour leurs sonorités, émeuvent déjà si étrangement notre imagination et font à nos oreilles un bruit plein de mystère. Didon s'est arrêtée à la voix de son amant. Elle l'écoute ; elle ne peut pas ne pas l'écouter : pour

> Secreti celant calles, et myrtea circum
> Silva tegit ; curæ non ipsa in morte relinquunt.
> His Phædram Procrimque locis, mæstamque Eriphylen,
> Crudelis nati monstrantem vulnera, cernit,
> Evadnenque et Pasiphaen ; his Laodamia
> It comes, et, juvenis quondam, nunc femina, Cæneus,
> Rursus et in veterem fato revoluta figuram.
>   Inter quas Phœnissa, recens a vulnere, Dido
> Errabat silva in magna ; quam Troius heros
> Ut primum juxta stetit agnovitque per umbras
> Obscuram, qualem primo qui surgere mense
> Aut videt aut vidisse putat per nubila lunam,
> Demisit lacrimas, dulcique affatus amore est :
> « Infelix Dido, verus mihi nuntius ergo
> Venerat exstinctam, ferroque extrema secutam ?
> Funeris, heu ! tibi causa fui ! Per sidera juro,
> Per superos et si qua fides tellure sub ima est,
> Invitus, regina, tuo de litore cessi.
> Sed me jussa deum, quæ nunc has ire per umbras,
> Per loca senta situ cogunt noctemque profundam,
> Imperiis egere suis ; nec credere quivi
> Hunc tantum tibi me discessu ferre dolorem.
> Siste gradum, teque aspectu ne subtrahe nostro.
> Quem fugis ? extremum fato quod te alloquor hoc est. »
> Talibus Æneas ardentem et torva tuentem
> Lenibat dictis animum, lacrimasque ciebat.
> Illa solo fixos oculos aversa tenebat,
> Nec magis incepto vultum sermone movetur,
> Quam si dura silex aut stet Marpesia cautes.
> Tandem corripuit sese, atque inimica refugit
> In nemus umbriferum, conjux ubi pristinus illi
> Respondet curis æquatque Sychæus amorem.
> Nec minus Æneas, casu concussus iniquo,
> Prosequitur lacrimis longe, et miseratur euntem.
>
> *Énéide*, **VI**, 439-475.

la première fois il lui parle un langage qu'elle comprend. Rappelez-vous ses cris : *A-t-il gémi de ma douleur?* Il en gémit. *Lui ai-je arraché une larme?* Il pleure. *A-t-il eu pitié de son amante?* Il a pitié d'elle et l'appelle infortunée. Trop tard ! Cependant elle l'écoute. Mais à ces mots tristement sincères :

> ... Je ne pensais pas
> Que ton âme en dût être aussi désespérée.

elle se ressaisit et s'indigne. « Arrête ! » Non, elle n'écoutera pas plus longtemps ce misérable qui a méconnu la force et la profondeur de son amour. C'est là son crime impardonnable. Mais, puisqu'elle va retrouver Sychée, qu'elle aime et qui l'aime, cette consolation ne devrait-elle pas atténuer l'ancienne douleur ? Pourquoi Virgile n'a-t-il pas supprimé Sychée ou ne l'a-t-il pas renvoyé sur la terre ? Ceux-là même qui condamnent Énée ne voudraient pas que Didon fût revenue à Sychée. Sychée les gêne. Ils craignent qu'aux Enfers la victime du Troyen ne soit pas assez malheureuse. La sensibilité romanesque est impitoyable. Oubliez un instant que nous sommes chez les morts. Sychée a pardonné. Didon se repose dans la paix et la douceur de son amour. Et voici qu'elle rencontre au tournant d'une rue, sous l'allée d'un jardin public, celui qu'elle a passionnément aimé, qui l'a délaissée, pour qui elle a voulu mourir. Elle porte la trace visible de sa blessure. Il la reconnaît, il s'approche, il lui parle avec des larmes dans la voix, il essaie de se justifier. Vaincue par l'ancien charme, elle l'écoute. Et il lui dit : « Voyez-vous, je ne croyais pas que vous souffririez tant ! » A ces mots, tout son ressentiment, toute son indignation l'arrachent de l'endroit où, farouche et silencieuse, elle semblait clouée. Ah !

comme elle le hait! Mais il est le seul être au monde capable de faire encore saigner son cœur...

IV

Il est difficile d'imaginer pour un grand poète une mort plus triste que celle de Virgile. L'*Énéide* lui avait déjà coûté onze ans de travail, d'un travail « tout empreint du parfum des saintes solitudes ». Son plan fortement établi et sans doute développé en prose, il l'avait écrite au gré de son inspiration et ne s'était pas astreint à l'ordre des livres. Elle était achevée, mais non mise au point. Son troisième livre surtout, les voyages d'Énée, n'avait pas l'éclat et la solidité que donne seulement au poète qui les peint la familiarité ou la vision directe des choses. Il résolut de visiter la Grèce et l'Asie Mineure. Il eût dit volontiers comme Chateaubriand partant pour Jérusalem : « La plupart des livres de mon « épopée » étaient ébauchés : je ne crus pas devoir y mettre la dernière main avant d'avoir vu les pays où ma scène était placée. » Comme lui, Virgile allait « recueillir des images, chercher des couleurs ». Depuis long-temps, il projetait ce voyage. Quelques années plus tôt, il avait même dû s'embarquer, puisque l'ode où Horace supplie « les frères d'Hélène » de veiller sur son vaisseau était composée en l'an 24 et que son départ n'eut lieu qu'en l'an 19.

Il tomba malade à Mégare par suite d'une insola-tion, et il arriva péniblement à Athènes. Auguste était en Grèce depuis deux ans. Il avait parcouru les provinces orientales de l'Empire afin d'en régler le gouvernement d'une manière définitive. Le vœu que naguère Virgile avait exprimé dans les *Géorgiques* de lui élever un temple sur les bords du Mincio, les Asiatiques le réalisaient. A Pergame, à Ephèse, à Nicomédie, à Mytilène, un peu partout, se dressaient des temples consacrés à la déesse Rome et au dieu Auguste. Tout l'Orient invoquait César comme le « Sauveur commun de l'espèce humaine, » comme le « fils des dieux » de la quatrième Bucolique, celui qui voyait refleurir l'âge d'or. L'Arménie, menacée d'une expédition militaire, détrônait son roi et acceptait la domination romaine. Les Parthes intraitables s'humiliaient et consentaient enfin à rendre les prisonniers faits sur Crassus et les aigles légionnaires. Virgile eut la vision de cette apothéose et de l'accomplissement prodigieux des destins promis à la race d'Énée. Auguste se disposait à retourner en Italie, quand le poète arriva. Il le jugea incapable de poursuivre son voyage et le persuada de revenir avec lui. La traversée fut dure. A peine débarqué à Brindes, Virgile se sentit perdu.

Alors se joua le grand drame. Il demanda à ses amis de brûler son manuscrit de l'*Énéide*. Il leur avait déjà demandé de le faire au cas où il ne reviendrait pas de son voyage, ce qui indique chez lui des pressentiments de sa fin prochaine. Et maintenant l'heure avait sonné d'accomplir le sacrifice. Cette œuvre où il avait mis toute son âme d'homme et de Romain, l'artiste impitoyable exigeait qu'elle fût réduite en cendres comme lui. Il n'épargnait même pas les livres qu'il avait lus devant Auguste et qui avaient ému et ravi ses auditeurs. Mais son *Énéide* était si loin de son rêve! Que de vers inachevés! Que de négligences! Que de passages provisoires! Tous ces défauts grossissent, s'amplifient dans son imagination fiévreuse. Imaginez son angoisse. Il lui souvient brusquement qu'Énée a parlé d'un oracle d'Anchise qu'Anchise n'a jamais prononcé : c'est la prédiction de Céléno... ce n'est pas celle d'Anchise... Et tous ces guerriers étrusques, ligures, latins, dont il nous a décrit la marche, le costume, les armes, le caractère? On ne les revoit plus dans l'action... Et son Énée... Le mourant supplie qu'on lui apporte son manuscrit : il le brûlera lui-même. Ses amis secouèrent la tête. Alors il se tut. Peut-être était-il déjà entré dans ce doux et sombre vestibule où nous nous dépouillons de toutes nos fiertés, de toutes nos vanités, de tous nos amours, de tous nos désirs, où rien ne nous est plus rien, pas même nos vers...

Virgile mourut le 21 septembre de l'an 19 avant Jésus-Christ.

CHAPITRE IX

VIRGILE APRÈS SA MORT

I. La popularité de Virgile. — Les grammairiens. — Macrobe et ses *Saturnales*. — Les interprétations allégoriques. — Les chrétiens et Virgile. — Le prophète. — II. La vie légendaire de Virgile. — Le magicien de Naples. — Ses aventures. —. III. Le Virgile de Dante. — IV. Virgile depuis la Renaissance.

I

Virgile, dans la pleine lucidité de son esprit, avait ordonné qu'on brûlât l'*Énéide*. Ses amis, Varius et Tucca, ne tinrent aucun compte de la volonté du mourant ; et Auguste exigea seulement que le poème fût publié sans retouche, avec ses vers incomplets. Nous louons Auguste de sa déférence envers le poète, et nous rendons grâce à ces amis infidèles de n'avoir point agi comme si leur acte devait servir de règle à l'univers. Mais on respecta son désir de reposer dans la terre de Naples. Ses cendres furent inhumées à deux milles de la ville, sur le chemin de Pouzzoles ; et l'on inscrivit cette épitaphe que, dit-on, il avait lui-même composée :

*Mantua me genuit ; Calabri rapuere ; tenet nunc
Parthenope : cecini pascua, rura, duces.*

(Mantoue m'a donné le jour ; la Calabre me l'a enlevé ; Parthénope me possède aujourd'hui : j'ai chanté les pâturages, les champs, les héros). « Le caractère insignifiant de cette inscription, dit M. Plessis, incline justement à croire qu'elle est bien de lui. Quel autre que Virgile en sa modestie eût osé écrire sur Virgile, ne fût-ce qu'un distique, sans un mot d'hommage au génie? »

Et maintenant le voici qui commence un voyage autrement long que celui de son Énée, le voyage interminable des morts illustres à travers les cités vivantes. Voyage glorieux, si jamais il en fut ! Mais, par une étrange destinée, cet homme si réservé, dont l'existence avait été si discrète, devait, après sa mort, courir les aventures et subir des métamorphoses aussi surprenantes que celle du roi Picus en pivert et des vaisseaux troyens en Nymphes. Un érudit italien, Domenico Comparetti, a consacré deux gros volumes à cette histoire dont il est bon de ne retenir que l'essentiel [1].

La publication de l'*Énéide*, qui avait suivi de très près la mort du poète, n'avait point déçu l'espérance du peuple romain. Il en avait compris la beauté que je voudrais pouvoir nommer du nom d'*indigète* réservé aux divinités du pays ; et il la contemplait comme Énée son bouclier ciselé par un dieu, mais avec la pleine conscience de sa signification historique et morale. La légende de ses origines troyennes, qui lui était si familière et si précieuse, mais qui restait flottante dans son imagination, recevait de Virgile une forme définitive, une splendeur aux

1. Domenico Comparetti, *Virgilio Nel Medio Evo* (Livorno, 1872).

vives arêtes. Si le poème n'était pas plus grand que l'*Iliade*, il était tout autre. Les imitations d'Homère, les souvenirs et les réminiscences des œuvres grecques y entraient dans la mesure où l'hellénisme avait façonné la pensée romaine sans en altérer le fond original. Et il créait un art nouveau. Ce n'est plus l'épopée homérique que les poètes prendront pour modèle, c'est l'épopée virgilienne. Homère est trop loin, trop haut, trop en dehors de toutes les écoles : on pourra le pasticher agréablement comme Quintus de Smyrne ; mais Virgile plus artiste, plus réfléchi, se laisse plus courtoisement approcher. Sa complexité, moins décourageante que la simplicité homérique, offre aux imitateurs quelques éléments qu'ils ne jugeront point impossible de s'approprier ; et, par ses défauts même, par les artifices qu'il a empruntés à ses devanciers et qui ont pris chez lui une solidité brillante, il leur fournira des cadres séduisants et commodes. Le poète de la *Thébaïde*, Stace, et le poète des *Guerres Puniques*, Silius Italicus, le vénéreront comme un dieu. Ils le suivront de loin et adoreront ses traces.

L'admiration fut presque unanime. Nous savons qu'il y eut peu de voix discordantes, et elles ne sont pas venues jusqu'à nous. L'*Énéide* était le livre que tout le monde avait lu ou devait lire. Ovide, qui, entraîné par son sujet, et cédant à la mode ou à je ne sais quelle impertinente coquetterie, ne craignait pas, dans ses *Métamorphoses* et dans ses *Fastes*, d'en retraiter, sur un ton léger, des épisodes célèbres, en recommandait la lecture aux jeunes femmes dont il se faisait le galant éducateur. Et plus tard, du fond de son exil où il s'évertuait à obtenir son pardon d'Auguste, il invoquait, pour justifier ses poésies érotiques, l'exemple de Virgile. « L'heureux auteur de *ton Énéide* a bien couché le héros et ses armes (*arma virumque*) sur le lit de la Tyrienne, et aucune partie de toute son œuvre n'est plus avidement lue que le récit de cet amour pourtant illégitime. » Martial nous parle des petites éditions de luxe qu'on mettait en vente ornées du portrait du poète. Ses vers continuaient d'être récités au théâtre. Ils l'étaient encore, dans des lectures publiques, au vi° siècle, sur le forum de Trajan. On en tirait des spectacles, des tableaux vivants, des pantomimes. Suétone raconte que, sur la fin de sa vie, Néron fit vœu, s'il gardait l'Empire, de figurer dans les Jeux célébrés pour sa victoire : il y jouerait de l'orgue hydraulique, de la flûte, de la cornemuse, et il y mimerait le *Turnus* de Virgile. Les inscriptions de Pompéi attestent la popularité du poème. Les murs en conservent des vers tracés à la pointe ; et le premier *Arma virumque cano Trojæ...* l'a été par un homme peu lettré sans doute et qui écrivait comme il prononçait selon l'accent osque : *Alma vilumque cano Tlo...* Les seules légendes italiques qui aient inspiré les peintres d'Herculanum et de Pompéi viennent de l'*Énéide*. A Pompéi on voit Vénus guérissant la blessure d'Énée. A Herculanum on le voit s'enfuir tenant son fils par la main et son père sur son épaule. Si Scarron avait connu cette dernière image, elle lui aurait servi de frontispice à son *Énéide travestie :* les trois personnages ont des têtes et des queues de chien ; le petit Iule est impayable, et Anchise, qui porte dans sa main la boîte aux Pénates, **avance** un museau de vieux caniche soucieux tout à fait réussi.

Dans les Écoles, Virgile triomphe ; et c'est même parce que les grammairiens l'ont adopté que sa popularité s'étend si vite à presque **toutes** les classes de la société. On n'a pas besoin d'insister sur le rôle prépondérant des grammairiens à Rome. Il n'est rien de tel pour la gloire d'un auteur que de devenir classique. Virgile l'est devenu dès le lendemain de sa mort. Aussitôt que les enfants savaient lire et écrire, on les mettait à l'étude de Virgile. Ils emportaient leur Virgile en passant des mains du *Grammaticus* à celles du *Rhetor*. Le poète qui leur avait appris leur langue leur apprenait à s'en servir éloquemment ; et sa place dans l'enseignement de la rhétorique n'était pas moins considérable que dans celle de la grammaire. Nul auteur de l'antiquité n'a été plus cité, plus commenté ; et nous ne cessons de puiser dans l'œuvre de ses commentateurs, de Servius surtout qui ne rend pas moins de services aux historiens et aux archéologues qu'aux grammairiens. De tous ces commentaires se dégageait l'idée que Virgile avait été un homme universel.

En voulez-vous une preuve ? Ouvrez Macrobe. Nous sommes à la fin du ive ou au début du ve siècle chez un grand personnage, Prœtextatus, préfet de Rome, ancien proconsul d'Achaïe, et qui joint à son amour des lettres une connaissance approfondie des rites et des mystères. Il a réuni plusieurs de ses amis en l'honneur de la fête des Saturnales qui, chaque année, le 17 décembre, mettait pendant trois jours toute la ville en liesse. Ses amis comptent parmi les plus distingués des nobles romains ; ce sont de hauts fonctionnaires, des lettrés, des philosophes, et un jeune docteur aussi remarquable par sa science que par sa modestie, précisément Servius. Ce milieu ne répond guère au tableau qu'on nous fait d'ordinaire d'une Rome gorgée de luxe et d'orgueilleuse ignorance, où les patriciens, sous leurs éventails et leurs robes de soie, ressembleraient à des satrapes abâtardis, et où les bibliothèques de ces somptueux fainéants seraient aussi hermétiquement fermées que des tombes. Les personnages de Macrobe s'entretiennent en moins beau langage que ceux de Cicéron, mais avec la même urbanité et autant de curiosité intellectuelle.

Prœtextatus soutient et développe l'idée que tous les dieux ne sont que les attributs divinisés du Soleil ; mais, comme il a cité le témoignage de Virgile, un certain Évangélus, homme peu agréable et très âpre, qui a suivi un cours de droit pontifical, lui objecte que Virgile n'est pas un philosophe, qu'il est simplement un poète et un poète qui n'échappe pas à la critique. On l'admire quand on est enfant, parce que ni les maîtres ni l'enfance ne permettent d'apercevoir ses défauts ; mais il en a et il le savait. « Aurait-il légué en mourant son ouvrage aux flammes, s'il n'avait voulu soustraire sa mémoire aux affronts de la postérité ? Ce n'est pas sans raison qu'il rougissait des jugements de l'avenir... Que de choses honteuses à relever dans ses expressions grecques ou barbares et dans la disposition de son poème ! » A ces mots le petit cercle frémit d'horreur ; et l'on décide qu'on vengera le poète des injures de son détracteur, le lendemain et le surlendemain. Prœtextatus se chargera de prouver que Virgile a aussi savamment observé les règles du droit pontifical que s'il l'avait professé ; Eusébius, qu'il embrasse tous les genres de l'éloquence, alors que Cicéron n'excelle que dans un seul. Eusthate montrera avec quel art et quel discernement il a imité Homère et les Grecs, et que, s'il n'a pas toujours égalé le poète de l'*Iliade*, c'est qu'il n'est pas toujours donné aux forces humaines d'atteindre à cette divinité. Furius Albinus justifiera ses emprunts aux anciens poètes latins, qu'il a sauvés

de l'oubli et qui peuvent lui être reconnaissants du
sort qu'il a fait à tout ce qu'il leur a pris. Flavien
devait dire de quel éclat brillait en lui la science
augurale. Mais nous avons perdu la partie des *Saturnales* où Flavien tenait sa promesse.

Cet ouvrage n'est pas seulement d'une lecture
aimable : il est très instructif. Évidemment les objec-
tions et les sorties du hargneux Évangélus n'ont
d'autre but que d'amener l'apologie de Virgile. Mais,
quoi qu'on en ait dit, Virgile n'est pas loué aveuglé-
ment. On ne l'exalte pas aux dépens d'Homère qui
garde sa supériorité ou plutôt sa divinité. On signale
ses imperfections. Si on remarque très justement
que, dans ses heureuses imitations de la poésie
homérique, il ajoute souvent la couleur qui manquait à Homère et qu'il sait « colorer les gestes », on
n'en reconnaît pas moins que plusieurs de ses
tableaux ne sont que des ébauches. Tout ce qui a
trait à sa rhétorique se ressent trop de la critique
formelle de l'époque ; et les citations ne sont pas
toujours probantes, et les commentaires ont quelquefois une bizarrerie pédantesque et presque carica-
turale. Je recommande celui du vers où Didon
accuse Énée d'avoir sucé le lait des tigresses d'Hyrcanie : « En effet le caractère de la nourrice et la
nature du lait concourent à former le tempérament.
Le lait se mêle au sang que l'enfant, si tendre encore,
a reçu de ses parents, et ces deux substances exercent
une grande influence sur ses mœurs, etc., etc. ».
D'ailleurs il ne serait pas difficile de trouver chez les
scoliastes d'aujourd'hui, — je pense aux Allemands,
— des commentaires d'un aussi bon comique. Mais
les idées les plus intéressantes et les plus fécondes,
celles qui ont le plus contribué à la conception que
le Moyen Age allait se faire de Virgile, sont d'abord

que le poète possédait une intelligence profonde des choses religieuses, une science admirable des doctrines sacrées, étrangères ou romaines, et, en second lieu, que ses vers disaient beaucoup plus qu'ils ne le paraissaient et que la plupart de ses intentions demeuraient cachées au commun des lecteurs. Ces deux idées devaient exercer un singulier attrait dans un monde où la question religieuse s'était emparée de l'activité des esprits et où, l'appauvrissement du génie littéraire les ramenant toujours à l'étude des mêmes œuvres, ils rivalisaient de subtilité et renchérissaient les uns sur les autres.

On ne se contente pas d'expliquer Virgile, on l'allégorise. Les *Bucoliques* y prêtaient, puisque le poète, sans aucun doute, y avait déguisé quelques-uns de ses sentiments et des événements de sa vie. Mais on y chercha bientôt, ainsi que dans les *Géorgiques* et dans l'*Énéide*, une signification plus haute et plus philosophique. Les Anciens avaient depuis longtemps employé l'allégorie ; et, à défaut de code religieux, leurs interprétations allégoriques des poèmes d'Homère avaient conféré au vieux poète une autorité sainte. Les stoïciens en avaient fait aussi un grand usage pour arriver à mettre d'accord leurs spéculations et la mythologie. Les deux siècles qui suivirent la mort de Virgile avaient admiré en lui le poète et l'orateur et même le philosophe. Peu à peu sa renommée de philosophe, et de philosophe mystique, grandissait ; et, à mesure qu'elle grandissait, il était naturel qu'on fût de plus en plus porté à déchiffrer le sens qu'un homme aussi exceptionnel, et aussi versé dans toutes les doctrines, avait dû dissimuler sous les apparences de ses fables. « Tout Virgile, nous annoncera Servius au commencement de ses commentaires sur le Sixième Livre, est plein de science, et particulièrement dans ce livre dont la plus grande partie est tirée d'Homère : quelques-unes des choses y sont dites simplement ; beaucoup d'autres viennent de l'histoire ; beaucoup d'autres, de la profonde science des philosophes et des prêtres égyptiens, si bien que sur chacune de ces matières on a écrit des traités entiers. » Cette croyance au symbolisme virgilien était encouragée par une espèce de jeu qui commença très tôt et qui finit très tard : le centon. On savait si imperturbablement par cœur tout son Virgile qu'on fabriquait des poëmes, voire des tragédies, en cousant de ses vers et des fragments de ses vers. On lui faisait dire ainsi tout ce qu'on voulait ; et il semblait qu'à lui seul il fût toute la voix du monde.

Les Chrétiens avaient appris Virgile comme les Païens. Saint Jérôme se plaignait au ive siècle que les prêtres en eussent l'esprit possédé ; mais lui-même, à la nouvelle du sac de Rome par Alaric, il traduisit son émotion en récitant les vers de Virgile sur la prise de Troie. A Bethléem, il ouvrait une école gratuite de grammaire où accouraient tous les enfants de la ville. Et que leur enseignait-il ? Les poètes lyriques, les poètes comiques, les orateurs, les historiens, Cicéron, Homère, Platon et Virgile. Et, comme on le lui reprochait âprement : « Cette sagesse antique, répondait-il, dont la parole est si charmante et le corps si beau, je la rends esclave et servante et j'en fais une israélite. » Saint Augustin se rappelait, pour les regretter, les larmes qu'il avait versées sur Didon ; mais il trouvait dans certains vers de Virgile l'expression la plus haute de la morale humaine. Bien avant eux d'obscurs chrétiens avaient inscrit aux murs des Catacombes des vers de Virgile à côté de la Croix. Les disciples de Jésus avaient tout de suite senti que ce poète était un ami, peut-être un allié. Eux aussi, comme les Païens, ils composèrent des centons. Virgile chanta Pâques et prêta le rythme de ses vers aux belles histoires de l'Ancien Testament. Et ils s'empressèrent de suivre les Païens sur le chemin des allégories. Leurs prophètes et leurs paraboles les avaient rompus à cet exercice; et leurs adversaires les accusaient même d'en voir partout. Dans l'impossibilité où ils étaient de réduire au silence les grands poètes et les grands écrivains du paganisme, ces maîtres incomparables de leur langue, ils s'efforçaient de découvrir chez eux des pressentiments de leur foi, des confirmations anticipées du christianisme. C'est d'ailleurs à ce point de vue que le Moyen Age et la première Renaissance étudieront l'antiquité latine et grecque. « On s'efforcera de faire prononcer à Homère et à Platon des paroles qui eussent été agréables à Moïse[1]. » Virgile y gagna plus qu'aucun autre. Sa Quatrième Bucolique l'éleva au rang des prophètes.

En 315, Constantin le Grand dans un discours adressé aux fidèles, — que l'historien Eusèbe nous rapporte et que sans doute il a refait, — après avoir invoqué les prédictions des prophètes, alléguait le témoignage des oracles païens. Il citait l'acrostiche de la Sibylle d'Erythrée qui, dit-on, reproduisait en grec les mots *Jésus-Christ-Fils de Dieu-Sauveur-Croix*, et il arrivait à l'analyse et au commentaire de la Bucolique mystérieuse. La traduction grecque que nous en donne Eusèbe est moins une traduction qu'une interprétation. Virgile ne dit plus : *Haussons un peu la voix, ô Muses de Sicile !* Il dit : *O Muses,*

---

1. Walter PATER, *La Renaissance, Étude sur Pic de la Mirandole.*

célébrons la grande prophétie! Selon Constantin, la Vierge était Marie. La nouvelle race envoyée du ciel, *nova progenies*, Jésus. « Quelle est cette Vierge, s'écriait-il, si ce n'est celle qui conçut de l'Esprit-Saint ? Nous croyons que ces paroles, sous le voile de l'allégorie, ont tout ensemble leur clarté et leur obscurité. Je pense que le poète connut le mystère bienheureux de Notre Sauveur; mais, pour éviter la cruauté des hommes, il a tourné les esprits vers les idées qui leur étaient familières en les exhortant à dresser des autels au nouveau-né. » On ne pouvait être plus catégorique. C'était le baptême administré à Virgile par une dextre impériale, un peu lourde. Mais le grand coup avait été frappé sur les imaginations. Les idées, justes ou fausses, ont besoin pour s'imposer d'une forme à la fois excessive et simple. Les interprétations bien plus fines de saint Augustin et de Lactance, qui ne voyaient chez Virgile que le passage d'une inspiration divine et comme une obscure prescience de l'avenir, n'auraient jamais eu le même succès. Quatre-vingts ans plus tard, saint Jérôme avait beau protester contre une exégèse qui prétendait faire de Virgile un chrétien sans le Christ : le rôle de Prophète attribué au poète fut d'autant mieux accepté que les Païens vantaient son omniscience et la profondeur de ses connaissances mystiques. Désormais le chantre d'Énée sera, comme son héros, le compagnon de la Sibylle. Le peuple ne s'étonnera pas qu'il figure près de David, d'Isaac et des autres Prophètes dans les représentations sacrées et sur le mur des églises. L'expression *nova progenies* le désignera ou désignera la Sibylle de Cumes, car ce sont eux qui ont annoncé le nouvel Homme. Dans le Mystère de Noël à Rouen, Virgile se présente à la suite des Prophètes : « Maro, Maro, prophète des Gentils, apporte ton témoignage au Christ ! » Et Virgile, en beaux habits de fête, dans l'éclat de la jeunesse, répond : *Ecce polo demissa solo nova progenies est.* (Voici que le nouvel Homme est descendu du ciel sur la terre.)

De la Quatrième Bucolique l'interprétation allégorique gagna les autres œuvres et surtout l'*Énéide*. Et c'est là qu'on voit bien ses rapports avec les centons. Il était facile de mettre dans la bouche de l'Éternel le vers que Vénus adressait à son fils Cupidon : « Mon fils, tu es seul ma force et ma grande puissance. »

Nate, meæ vires, mea magna potentia, solus.

On pouvait dire du Sauveur parlant du haut de la croix ce que Virgile dit d'Anchise refusant de suivre Énée : « Il continuait à parler ainsi et il restait immobile. »

Talia perstabat memorans fixusque manebat.

Nous avons perdu presque tous les monuments de cette littérature. Il ne nous en reste guère qu'un seul qui nous rend la perte assez légère. Au vi⁰ siècle, un chrétien, Planciade Fulgence, publia un livre intitulé : *De Continentià Virgilanià* (*Du contenu* ou plutôt *Du sens caché* de Virgile). Il nous avertit qu'il n'étudiera que l'*Énéide*, car les *Bucoliques* et les *Géorgiques* renferment des symboles insondables. Virgile, un Virgile dur, ténébreux, plein d'orgueil, tel que Fulgence et ses contemporains se représentaient le Savant, lui est apparu et lui a expliqué que son poème n'est que l'image de la vie humaine. Le naufrage d'Énée signifie la naissance de l'homme, toujours accompagnée de larmes. Junon, qui déchaîne la tempête, est la déesse de l'enfantement ; Éole, le dieu de la perdition. Achate, le fidèle compagnon d'Énée, c'est la douleur de l'enfance, car son nom, dérivé du grec, veut dire tristesse. La sagesse triomphe, dans la personne du héros, des passions (Didon), de l'impiété (Mézence), des violences et de la colère (Turnus), de la haine (Messape). Fulgence approuve, admire et il est si convaincu de la toute-puissance miraculeuse d'un si grand génie que, lorsque Virgile commet une hérésie, il s'en étonne et se demande comment l'homme qui a pu écrire la *Quatrième Bucolique* peut se tromper ainsi; et Virgile est obligé de lui rappeler, non sans quelque tristesse, qu'il n'a pas été chrétien.

Nous sommes parvenus au point extrême où les Chrétiens ont rejoint, pour ne pas dire dépassé, les Païens dans leur vénération de Virgile. Chez les uns il est le poète inspiré qui connaît les beaux secrets; chez les autres, un annonciateur de la vérité, un prophète. « Justinien inscrit son nom sur le plus solide monument de la sagesse pratique des Romains à côté de celui d'Homère qu'il nomme « le père de toute vertu[1] ». Des moines enthousiastes voudraient le canoniser. On lui attribue des conversions. Et depuis longtemps déjà, on a pris l'habitude d'interroger le sort en ouvrant au hasard ses livres. Ce sont les *sortes virgilianæ*. Il rend des oracles comme Homère, comme les Livres Sibyllins, comme la Bible.

II

Il était impossible qu'on ne s'intéressât pas à la vie d'un homme qui occupait ainsi la pensée et l'ima-

----

1. COMPARETTI, *ouvrage cité.*

gination. Dès le iie siècle, dans sa compilation sur
les Hommes illustres, que nous ne connaissons
aujourd'hui que par fragments, Suétone avait raconté
la vie de Virgile selon sa méthode de biographe plus
soucieux de transmettre ce qu'il a recueilli et entendu
que d'en faire la critique, et assez enclin à croire aux
songes, aux présages, à tous les prodiges. Ses successeurs le pillèrent ou le copièrent, particulièrement
un grammairien du ive siècle, Œlius Donatus. La
figure du poète s'ombrageait de ces aimables légendes
qui croissent autour du berceau des grands hommes,
comme des lauriers. Chemin faisant, les biographies
se grossirent d'anecdotes dont la tendance correspon-
dait à l'évolution des commentaires philosophiques.
La science merveilleuse qu'on accordait au poète
avait dû se manifester dans la vie quotidienne par
une perspicacité singulière, une étonnante adresse à
résoudre de petits problèmes. Ces anecdotes se ratta-
chaient encore au souvenir de ses œuvres. Ainsi le
poète des *Géorgiques* n'avait pas son pareil pour
connaître les chevaux et les différentes races de
chiens. Ses consultations lui valurent les premières
faveurs d'Auguste qui l'en récompensa par d'extraordinaires rations de pain. Mais déjà il donnait des
signes d'une divination qui n'avait plus aucun rapport avec son génie poétique. Auguste l'appelle et
n'hésite pas à lui soumettre un doute dont il a l'esprit tourmenté : « Est-il, lui, Auguste, oui ou non,
le fils de son père Octavius? » Notre Virgile lui
répond : « Les mathématiciens et les philosophes
peuvent reconnaître chez tous les animaux les qualités de leurs parents, mais non chez l'homme. Cependant, je crois que je puis, par des conjectures vrai-
semblables, te dire quel était le métier de ton père. »
Auguste est tout oreilles, et Virgile reprend : « Au-

tant qu'il m'est permis de le savoir, tu es le fils d'un boulanger. » Stupéfaction de l'empereur : « En effet, continue Virgile, chaque fois que je t'ai prédit des choses qui ne pouvaient l'être que par des érudits et des hommes supérieurs, tu m'as fait donner des pains. » — « Cette fois, dit César en riant, tu emporteras un don royal! » Il s'en faut de peu que le magicien ne perce ici sous ce frère aîné de Zadig. En tout cas, c'était à l'astrologue, au savant un peu sorcier, qu'Auguste s'adressait.

Le mage, nous le trouverons dans les traditions orales du peuple napolitain. Mantoue gardera religieusement le souvenir de son glorieux fils. On y chantait dans les églises une prose qui supposait une visite de saint Paul à son tombeau. « Conduit à la tombe de Virgile, il versa sur lui une rosée de larmes pieuses. « Quel homme j'aurais fait de toi, si je t'avais connu vivant, ô le plus grand des poètes! » Mais ni à Mantoue, ni à Rome, la fantaisie populaire ne travailla sur l'histoire de Virgile. Il n'en fut pas de même à Naples où il avait beaucoup vécu et où sa tombe était comme un lieu de pèlerinage. Dans l'imagination du peuple, le poète perd sa qualité de poète et prend celle de bienfaiteur du pays. Ne pouvant être un saint, il devient un mage. Le nom de sa mère, Magia, ne fut peut-être pas étranger à cette métamorphose. Protecteur de Naples, il possède l'art de fabriquer des talismans. La ville était infestée par les mouches : il plaça sur la fenêtre du château une mouche de bronze ou d'or qui mit en fuite toutes les autres. Le Vésuve inquiétait Naples : il imagina une statue qui représentait un archer, l'arc tendu et la flèche dirigée sur le volcan; et le Vésuve se tint bien tranquille jusqu'au jour où un paysan, prenant en pitié le pauvre archer, fit partir la flèche. Elle alla frapper le bord du cratère ; mais, de ce jour, le monstre recommença à vomir ses flammes et sa fumée. Une épidémie décimait la race chevaline. Sur les indications de Virgile, on fondit un cheval de bronze, et tous les chevaux qui en faisaient trois fois le tour étaient guéris. Virgile avait sculpté au-dessus de la porte qui regardait la Campanie deux têtes de marbre, l'une riante, l'autre pleurante. Ceux qui, sans réfléchir, entraient sous la tête riante voyaient tout leur réussir, ceux qui entraient sous la tête pleurante échouaient en tout. Virgile avait desséché les marais ; il avait rendu la mer plus poissonneuse ; il avait donné aux eaux de Pouzzoles la vertu de guérir les maladies les plus diverses, à la grande colère des médecins ; il avait enfermé les serpents qui pullulaient dans les cryptes et les caves derrière une solide porte de fer. Et ces choses se passaient du temps que Marcellus était gouverneur de Naples et Virgile son premier ministre. Elle est très touchante, cette forme naïve de la reconnaissance des Napolitains pour le poète qui fut leur hôte. Son ombre eût été sans doute émue qu'on associât à son nom le nom de Marcellus et qu'on le gratifiât d'un pouvoir magique uniquement employé au bien des hommes.

Ces légendes demeuraient strictement locales. Comparetti remarque que le peuple italien est le grand peuple de l'Europe le plus pauvre en productions fantastiques et, par conséquent, celui dont l'esprit critique est resté le plus constamment éveillé. (Il en est aussi le moins romanesque, et, s'il n'avait eu le Tasse, on pourrait dire qu'il n'a jamais pris au sérieux le romantisme de la chevalerie.) Il fallut, pour que ce roman de Virgile se propageât, que des étrangers vinssent le cueillir à son lieu d'origine. Il ne commença de voyager en Europe que dans les dernières années du XII° siècle. Un des premiers ou le premier qui le mit en circulation fut le chancelier de l'empereur Henri VI le Cruel, un Prussien, Conrad de Querfurt, évêque de Hildesheim. Henri l'avait envoyé démanteler la ville de Naples. Tout en démolissant avec une ponctualité joyeuse des murs qu'il croyait avoir été bâtis par Virgile, ce Conrad ramassait les traditions qui couraient sur le poète ou, pour mieux dire, sur le magicien. Et il les écrivait à un vieil ami d'Allemagne qu'il entretenait aussi des spectacles dont il jouissait doublement, car il en jouissait « sans sortir du territoire de l'Empire ». Dieu sait ce que cet évêque allemand vit dans l'Italie du Sud! Il y vit le Parnasse, l'Olympe, l'Hippocrène. Puis il passa en Sicile où il eut la chance de relâcher à Scyros, patrie d'Achille, et de visiter à Taormine le Labyrinthe du Minotaure! Le plus vraisemblable de tous ses récits, c'était encore ce qu'il racontait de Virgile.

La fantastique histoire du poète arriva en France à un moment où le *Roman de Troie* et le *Roman d'Énée* étaient en grande faveur dans le public et près des familles princières. Benoît de Saint-More avait transformé les héros de Virgile en chevaliers et en abbés, en évêques et en barons. Cette société antique, peinte sous les couleurs de la société féodale, fit le meilleur accueil au mage Virgile, ministre du gouverneur Marcellus et qui un jour devait obtenir en fief de l'empereur Auguste la ville de Naples et la province de Calabre. Désormais et jusqu'à la fin du Moyen Age il y aura deux Virgiles, l'un, l'enchanteur, le sorcier, le coureur d'aventures; l'autre, le poète, le prophète, la belle et noble figure au sourire mystérieux, qui chemine le doigt levé comme le saint Jean-Baptiste du Vinci. Ils iront chacun leur chemin. Rarement ils se rencontreront ; et l'esprit du Moyen Age est ainsi fait qu'il se trouvera beaucoup de gens qui passeront de l'un à l'autre sans en éprouver la moindre surprise.

Le premier, l'enchanteur, conserve encore quelques traits de l'autre dans l'ouvrage d'un trouvère du XIIIᵉ siècle, Herbers, le *Roman de Dolopathos* : Dolopathos est un roi de Sicile du temps d'Auguste. Il a envoyé son fils Lucien à Rome, près de Virgile qui lui enseigne l'astrologie. Dolopathos, devenu veuf, se remarie et rappelle son fils ; mais les astres révèlent à Virgile que son disciple courra un danger terrible et n'évitera la pire mort qu'en feignant d'être muet. Je ne raconterai pas comment son mutisme et Virgile sauvèrent ce nouvel Hippolyte des accusations d'une nouvelle Phèdre. Dans ce roman bizarre qui se termine par la venue du Christ, la prédication en Sicile d'un disciple de Jésus, la conversion et la sainte mort de Lucien, la seule figure qui nous intéresse est celle de Virgile, maître de toute science, homme de mœurs exemplaires et puissant philosophe. Il n'a qu'un seul défaut : son paganisme ; mais on ne pouvait pas être moins païen que lui avant l'arrivée du Sauveur. Né en Sicile, à Mantoue, il tient une école à Rome. On le voit assis dans sa chaire avec une riche cape fourrée sans manche, le capuchon rejeté en arrière et la tête coiffée d'une barrette de fourrure précieuse. Les enfants de maint haut baron sont assis par terre devant lui, leur livre à la main. Il enseigne la grammaire et lit dans les astres parce que Dieu l'a permis.

Mais ce n'est pas impunément qu'on donne, même au plus sage des grammairiens, le pouvoir discrétionnaire de la magie. Hors de Naples, le mage Virgile s'émancipe et se surpasse. Il fait encore de bonnes choses. Par exemple, à Rome, il construit un splendide palais où des statues représentent les divers pays soumis au peuple romain, chacune d'elles une clochette entre les doigts. Quand un de ces pays médite une rébellion, la clochette sonne, et les Romains envoient des troupes. Louable invention qui assure la paix du monde, comme la politique d'Auguste! Seulement l'enchanteur va subir à son tour l'enchantement des femmes; et du XIIIe au XVIe siècle, des romans français, lus, traduits ou imités à l'étranger, l'*Image du Monde, le Roman des Sept Sages, Cléomadès*, et, le dernier en date, *les Faits merveilleux de Virgile*, populariseront dans toute l'Europe les folles aventures du plus galant des mages [1]. Il aime la fille de l'Empereur (ou, selon d'autres, la fille d'un des plus hauts barons romains); elle lui promet de l'introduire chez elle en le hissant dans un panier; il s'y installe, et la coquine l'y laisse suspendu jusqu'à l'aurore. Virgile furieux éteint tous les feux et toutes les lumières de Rome. *Et le siècle craignit une nuit éternelle!* L'Empereur le supplie de les rallumer. Virgile y consent, mais à une condition; et je ne vous dirai pas laquelle. Sachez seulement que la demoiselle servit, pendant quelques jours et quelques nuits, de foyer « où les riches boutaient leurs torches et les pauvres leurs chandelles », car ce feu ne se communiquait point, et l'on n'en pouvait avoir qu'en allant le chercher où le mage l'avait voulu. A Babylone, Virgile enlève la fille du Soudan. En Espagne, le Roi ordonne qu'on l'arrête pour avoir fait violence à une demoiselle nommée dona Isabelle.

---

1. On trouvera dans le livre de Comparetti, qui abonde en documents autant qu'en curieux aperçus, les textes italiens, français, latins et allemands. J'y ai largement puisé.

C'est dans la petite romance espagnole que je le préfère. Sa sorcellerie l'a complètement abandonné. Il n'est plus qu'un jeune homme qui s'appelle Virgile parce qu'il faut bien avoir un nom. Le Roi a donc ordonné qu'on l'arrêtât ; et le Roi l'a oublié pendant sept ans. Un jour, à la messe (il y a des textes qui portent *à table*, mais *à la messe* est plus joli) le souvenir du prisonnier lui revint. « Mes chevaliers, qu'a-t-on fait de Virgile ? » Un chevalier répondit : « Votre Altesse le tient dans ses prisons. — Allons dîner, dit le Roi, et après nous irons voir Virgile. » Alors la reine dit : « Je ne mangerai pas sans lui ! » (Ne trouvez-vous pas que cette reine est adorable ?) On va à la prison. Virgile se plaint doucement d'y être depuis sept ans. A quoi le Roi lui répond : « Tais-toi, car il en manque trois pour en faire dix. — Seigneur, si Votre Altesse l'ordonne, je resterai ici toute ma vie. — Virgile, en récompense de ta soumission, tu vas venir dîner avec moi », dit le roi. « Cela plut aux chevaliers et aux demoiselles pareillement. Mais bien davantage encore à une dame nommée doña Isabelle. On appela un archevêque et on la maria avec lui. Il la prit par la main et la mena dans un verger. » C'est exquis, et c'est la seule production vraiment poétique où figure le Virgile populaire et romanesque. Mais elles prouvent toutes l'immense réputation du poète. Les conteurs qui les ont imaginées, même ceux qui le suspendirent dans l'air en si piteuse posture, n'entendaient pas l'amoindrir ni le ridiculiser : ils nous montraient seulement par son exemple que l'amour est plus fort que la magie et le génie. C'était encore une sorte d'hommage qu'ils lui rendaient.

III

L'autre Virgile, le seul vrai, le tendre et mystérieux Virgile du Moyen Age, n'eut qu'une aventure,
mais la plus belle de toutes. Il rencontra Dante au
pied d'une colline, le vendredi saint de l'année 1300,
le 25 mars, dans la saison où le monde avait été
créé. « Le soleil montait au milieu des mêmes étoiles
qui furent autour de lui quand l'Amour divin mit
en mouvement pour la première fois ces choses
belles. » Peut-être lui souvint-il de ses vers des *Géorgiques : Ver illud erat ; ver magnus agebat — Orbis...*
(C'était le printemps et l'univers vivait le printemps...)
Le poète florentin terrifié voyait venir à lui la figure
d'un lion et la figure d'une louve, et, dès qu'il
aperçut l'inconnu, il s'écria : « Aie pitié de moi, qui
que tu sois, ombre ou homme réel ! » Et Virgile se
nomma : « Je naquis sous Jules encore qu'il se fît
tard, et je vins à Rome sous le bon Auguste, au
temps des dieux faux et menteurs. » Et Dante rougis-
sant d'émotion s'écria : « Or es-tu ce Virgile et cette
source qui répand un si large fleuve d'éloquence ? »
Virgile lui promet d'être son guide, car une Dame,
dont les yeux sont plus brillants que l'étoile, l'en a
prié. Il l'accompagnera à travers l'Enfer et le Purgatoire, jusqu'au séjour des Bienheureux où une autre
âme plus digne le fera entrer [1].

---

1. Pour *l'Enfer* de DANTE, je recommande l'excellente traduction
de madame L. Espinasse-Mongenet. (*Nouvelle Librairie Nationale*, 1913.)

Le Virgile de Dante est avec le Socrate de Platon la plus belle création de ce genre que nous connaissions dans l'art. Le mot de création n'est pas tout à fait juste. Pas plus que Platon, Dante ne crée son personnage. Mais il l'a tant étudié, tant pratiqué, tant aimé, que littéralement il le ressuscite et lui donne une vie nouvelle qui est comme le prolongement désormais inséparable de sa première vie. Supprimez la *Divine Comédie* : Virgile n'aura pas accompli tout son temps parmi nous. Le Virgile que nous connaissions se ranime dans la poésie dantesque : il parle, il agit, il sent comme le veulent sa nature et son génie. Ne cherchez pas à savoir ce qu'il symbolise. Il ne symbolise rien de plus que ce que son génie a signifié : l'amour de l'Italie d'abord, « de l'humble Italie pour laquelle, dit-il, la vierge Camille, Euryale et Turnus et Nisus moururent de leurs blessures », puis la grandeur de Rome, de la ville éternelle, du peuple romain dont la noble semence sortit par la brèche des remparts de Troie ; enfin tout ce que la raison humaine, sans le secours de la Grâce, peut atteindre ou pressentir de vérité divine. Virgile n'est pas chrétien ; il ne le sera jamais ; il ne peut plus l'être. La mort a seulement dessillé ses yeux. Il est désabusé des erreurs dont il ne fut jamais enivré. Il connaît maintenant la splendeur du vrai Dieu « substance en trois personnes », et il sait aussi qu'il ne sera point admis à la contempler. Il ne s'en plaint pas. Connaître, c'est ici accepter et accepter d'un cœur rempli d'amour. « Pour aucune autre faute je n'ai perdu le ciel, sinon pour n'avoir pas eu la foi. »

D'autres cependant ne l'ont pas eue, qui semblent mieux traités ; mais ils s'élevèrent à un plus haut degré de perfection ; et Virgile lui-même s'en est porté garant. Rhipée, un des compagnons d'Énée dans la nuit désastreuse de Troie, celui dont il a dit qu'il était « le plus juste d'entre tous les Troyens, le plus rigide observateur de l'équité[1] », Rhipée est au Paradis; et Caton, qu'il a montré sur le bouclier d'Énée « donnant des lois aux Justes », surveille l'entrée du Purgatoire. Virgile est le premier à s'incliner devant la vertu parfaite du grand citoyen. Dès qu'ils sont en sa présence, il fait signe à Dante de plier le genou et de baisser les paupières. Caton méritait mieux que lui la purification suprême, car le poète des *Bucoliques* a encore des faiblesses. Il s'attarderait à écouter l'ombre de Casella, le meilleur musicien de Florence, qui chante une canzone d'amour, comme Énée s'attardait à regarder les bas-reliefs du temple d'Apollon, si Caton ne le réprimandait comme la Sibylle réprimanda le Troyen. Et, dans le cercle infernal des rufians et des séducteurs, il ne peut s'empêcher d'admirer Jason, le conquérant de la Toison d'or, « ce grand qui s'avance et semble, malgré sa douleur, ne point répandre de larmes. Quel aspect royal il conserve encore ! » On ne pouvait mieux indiquer les nuances de paganisme qui subsistent dans l'âme de Virgile, son goût de la rêverie amoureuse et son admiration de la force magnifique ; et cette inégalité de traitement entre Caton et lui nous rend plus sensible l'idée, si marquée dans toute son œuvre, que la grandeur morale est supérieure au génie de l'artiste.

Mais sous ces légères ombres sa douceur brille d'une vive lumière. Comme il est vivant ! Il a des gestes si affectueux, si tendres ! Rappelez-vous ses

---

1.   Cadit et Rhipeus, justissimus unus
Qui fuit in Teucris et servantissimus æqui ;
Énéide, II, 426-427.

pères et ses jeunes gens : « Il posa sa main sur la mienne », dit Dante. Et plus loin : « Il m'entoura le cou de ses bras et me baisa au visage : « Ame altière, fit-il, que bénie soit celle qui t'enfanta ! » Il sait prononcer les mots qui touchent le cœur et qui le réconfortent. Au moment où ils traversent des flammes et où, pour se refraîchir, Dante se fut jeté dans du verre bouillant, le doux Père, *lo dolce Padre*, lui parle de Béatrice et lui dit : « Il me semble déjà voir ses yeux. » C'est le sublime virgilien, encore épuré. Nous sentons à chaque instant l'homme dans cette ombre. Dante nous a même donné l'impression de sa mâle rusticité. Lorsque Cerbère montre ses crocs aux deux voyageurs, le Mantouan prend de la terre et, à pleines poignées, la jette dans ses gueules avides. Ce mouvement de campagnard nous reporte à son enfance, aux fermes de son pays natal. Il ne l'a pas oublié ; il en garde pieusement l'amour. Égaré sur la montagne du Purgatoire, il interroge une ombre qui, au lieu de lui répondre, lui demande quel est son pays. « Mon doux guide commença : « Mantoue », lui dit-il. Et l'ombre, jusque-là toute recueillie en elle-même, se leva du lieu où elle se tenait et vint à lui, disant: « O Mantouan, je suis Sordello, de ta terre. » Et l'un et l'autre s'embrassaient. » A la vue de ces deux ombres qui se fêtent ainsi pour avoir entendu le nom de leur pays, Dante pousse sa plainte immortelle : « O Italie esclave, hôtellerie de douleur !... Et maintenant chez toi les vivants ne peuvent se tenir sans se faire la guerre ; ils se dévorent les uns les autres, ceux qu'enferment un même mur et un même fossé ! » Cette plainte, Virgile l'avait jetée, lui aussi, dans ses *Bucoliques* et dans ses *Géorgiques*; et, dans son *Énéide*, il avait plongé au plus profond du Tartare les frères qui haïssent leurs frères et les citoyens qui font des guerres impies.

Il a également gardé le noble amour de la gloire, car « ceux qui usent leur vie sans elle ne laissent pas d'eux-mêmes sur la terre plus de traces que la fumée dans l'air ou l'écume sur l'eau ». Mais il est toujours aussi modeste que du temps où les Napolitains le nommaient « la jeune fille ». Homère, Horace, Ovide, Lucain se sont avancés à sa rencontre et saluent en lui l'*Altissime Poète;* et Virgile, qui sourit de tant d'accueil, dit à Dante : « Ce nom de poète, ils le partagent avec moi, et ils l'honorent, et en cela ils font bien. » Il est resté pitoyable aux souffrances, et son compagnon prend quelquefois pour une expression de crainte ce qui n'est qu'une expression de pitié. Quelquefois aussi la mélancolie paraît sur son visage. « Il penche le front et demeure comme troublé. » Et tout ce qui est vulgaire et vil lui inspire de l'aversion. Lorsque Dante écoute l'ignoble querelle de Sinon qui a trompé le vieux Priam et de Maître Adam, le faux monnayeur, Virgile le gourmande de prêter l'oreille à leurs injures. « Vouloir ouïr de telles choses est une basse envie. » Nous comprenons que le poète Stace, « dont l'*Énéide* fut la mère et la nourrice en poésie » et que, selon la légende adoptée par Dante, les vers de la *Quatrième Bucolique* auraient converti à la foi chrétienne, en voyant tout à coup Virgile devant lui, s'incline, pour embrasser ses pieds : « Frère, lui dit Virgile, ne fais pas ainsi, car tu es une ombre et tu vois une ombre. » Et Stace en se relevant: « Tu peux comprendre maintenant la grandeur de l'amour qui pour toi m'enflamme, puisque j'oublie notre vanité en traitant une ombre comme un corps solide. » Nous aussi! Cette ombre de Virgile a toute la réalité d'un corps vivant, toute la réalité du Virgile que nous aimons et dont le Moyen Age va transmettre l'image à la Renaissance et aux temps modernes. Elle ne conserve rien des déformations que lui avaient fait subir l'admiration naïve et la fantaisie romanesque ; et le mysticisme qui l'avait enveloppée se résout en cette simple formule, si juste et si belle, que Dante met sur les lèvres de Stace : « Le premier après Dieu c'est toi qui m'éclairas. *Tu fis comme un homme qui marche la nuit, portant derrière lui une lumière : il n'en profite point, mais il éclaire ceux qui le suivent.* »

IV

L'humanisme déchristianisa Virgile ; mais, en le débarrassant des scolies allégoriques et des arguties, que le Moyen Age avait amassées autour de ses vers, il renouvela le lustre et la fraîcheur de sa poésie. Il y aurait à faire toute l'histoire, que Sainte-Beuve a esquissée, de son influence depuis le seizième siècle jusqu'à nos jours. Elle a été une des plus grandes et des plus constantes, peut-être la plus grande et la plus constante qu'ait possédée un poète de l'antiquité. On la trouve à l'origine de la pastorale moderne en Italie. Elle domine toute la poésie épique et tous les essais d'épopée en prose, de la *Jérusalem délivrée* et de la *Franciade* aux *Martyrs*, en passant par *le Paradis perdu*. Elle préside à la renaissance de la poésie des champs au xviiie siècle, en Angleterre comme en France. Elle règne surtout en France où elle contribue à former le goût clas-

sique. On ne dira jamais trop ce que doivent à
Virgile nos Racine et nos La Fontaine et, d'une
façon générale, notre génie littéraire. Le romantisme
ne l'a souvent vu qu'à travers ses traducteurs qu'il
n'aimait guère, et n'a pas soupçonné jusqu'à quel
point il pouvait le tirer à lui. Cependant il l'a honoré.
Le mot de Sainte-Beuve est admirable : « Ceux
même qui n'étaient point de sa famille ont d'abord
relevé de lui, se sont crus ses fils et l'ont appelé
leur père. » Hugo, — car c'est à Hugo qu'il pensait —
dont les sentiments ont tant varié et qui, dans la
seconde partie de sa vie, s'est montré injuste et
ingrat à son égard[1], n'en est pas moins, avec Racine,
le grand poète qui nous a donné le plus de vers
virgiliens, et celui à qui l'amour de Virgile a inspiré
les plus beaux vers, après ceux de Dante :

> *O Virgile, ô poète, ô mon maître divin !*

Ses souvenirs dantesques et son imagination
tournée vers le mystère l'ont même ramené à l'idée
chrétienne du Moyen Age, qu'il a exprimée avec une
justesse et une discrétion dignes de Dante et de
Virgile. Il se demande d'où tombe cette lueur étrange
que parfois les vers du poète latin portent à leur
cime, et il répond :

> *C'est qu'à son insu même il est une des âmes*
> *Que l'Orient lointain teignait de vagues flammes ;*
> *C'est qu'il est un des cœurs que déjà sous les cieux*
> *Dorait le jour naissant du Christ mystérieux.*
> *Dieu voulait qu'avant tout, rayon du Fils de l'homme,*
> *L'aube de Bethléem blanchît le front de Rome.*

Les fluctuations de la gloire de Virgile sont venues
de la comparaison qui s'établit de très bonne heure,

---

1. Amédée GUIARD, *ouvrage cité.*

chez nous comme chez les Latins, entre Homère et lui. La manie des parallèles a souvent empoisonné la critique littéraire et faussé l'admiration. Le XVIIe et le XVIIIe siècle ont nettement préféré Virgile : c'était leur droit; mais leur préférence, qu'ils tenaient à fonder en raison, se fondait sur une méconnaissance d'Homère. Le XIXe siècle au contraire a remis Homère à la première place et lui a rendu cette « divinité » que tous les Anciens, et même les Romains les plus fiers de Virgile, et même Macrobe, lui reconnaissaient. Rien n'eût été plus juste, si l'Allemagne ne s'en était mêlée et n'avait, comme toujours, introduit dans la question son esprit d'erreur et son idolâtrie des formules obscures. Depuis un siècle, — sauf quelques honorables exceptions, — cette vieille ennemie du génie latin a essayé de rabaisser Virgile qui en est le parfait représentant et dont elle est incapable de goûter la force unie à tant de mesure. Au nom de l'hypothèse insoutenable et par elle érigée en système, que les poèmes d'Homère sont l'œuvre d'un peuple et non d'un homme, et, comme elle le dira dans son charabia pédantesque, une production « organique » et une production « dynamique », elle s'est efforcée de jeter le discrédit sur l'*Énéide*, œuvre d'imitation, faite de pièces de rapport, démarquage ingénieux qui ne prouve que la pauvreté de l'invention romaine. Niebhur reprend, au commencement du XIXe siècle, la thèse du hargneux Évangélus de Macrobe qu'il n'hésite pas à démarquer. Pourquoi Virgile voulut-il qu'on brûlât son épopée ? « C'est qu'une mort prochaine l'affranchissait des considérations sociales et qu'il souhaitait d'anéantir ce que, dans ces moments solennels, il devait regarder douloureusement comme l'objet d'une réputation usurpée... Il comprenait que tous les ornements étrangers dont il parait son ouvrage seraient la richesse du poème et non la sienne, et il avait la désolante conviction qu'un jour la postérité le reconnaîtrait... Voilà ce qui le fait digne d'estime et ce qui doit nous rendre indulgents à toutes les défectuosités de son poème... » Ainsi Niebhur estime Virgile non parce qu'il a écrit l'*Énéide*, mais parce qu'il a voulu la brûler. Il accorde cependant qu'il fut aimable et généreux dans l'idylle et qu'il composa même une charmante épigramme sur la maison de son maître, le philosophe Siron[1]. Niebhur donna le ton à la critique allemande.

Le culte de l'Inconscient, autour duquel l'âme germanique aime à faire des incantations, se traduisit par un mépris haineux de tout ce qui atteste dans l'art la volonté patiente et la pleine conscience de l'artiste. Les Allemands, qui oubliaient que leurs *Niebelungen* n'étaient qu'une imitation de nos Chansons de Geste et qu'ils ne sont qu'un peuple d'imitateurs, poursuivaient à travers leurs théories sur la grandeur de la littérature inconsciente l'apologie de leur propre nature soi-disant vierge de tout alliage et la détraction de notre génie classique où tout est ordre et lumière. Ces billevesées emphatiques de leurs savants, le simple petit livre, le livre délicieux de Bréal, *Pour mieux connaître Homère*, suffit à les dégonfler. On n'en parlerait même pas ; mais nous avons failli en être gâtés. Ce n'est pas faute d'avoir été mis en garde contre ces malfaisantes chimères qui exercent sur les imaginations faibles un attrait de sorcellerie. Sainte-Beuve, dont l'*Étude sur Virgile* est un ouvrage exquis, souhaitait que le poète de Mantoue et de l'antique Latium ne perdît rien et que

---

1. Nous ne sommes pas du tout sûrs que cette épigramme soit de Virgile.

« l'on continuât à l'aimer et à le goûter comme du temps de nos pères ». Mais ailleurs, dans une lettre particulière, il appelait la poésie de Virgile « une Poésie de secondes noces ». Était-il donc bien sûr que l'*Iliade* et l'*Odysée* eussent été les premières noces de la Muse? On n'est jamais sûr de ces choses-là. Et il est probable que, si nous connaissions les âges préhomériques, les emprunts que Virgile fit à Homère nous paraîtraient presque insignifiants à côté de ceux qu'Homère fit à ses devanciers. L'art du vieux poète grec n'est pas le même que celui du poète romain mais c'est un art, un grand art, autrement dit le résultat d'une volonté intelligente mise au service d'une noble et puissante inspiration.

Dans la guerre sournoise que les historiens, les philosophes, les philologues allemands ont menée si longtemps contre nous, et qui a précédé la ruée barbare, la cause de Virgile a été la nôtre. Il nous en serait plus cher encore, si quelque chose pouvait augmenter notre tendresse et notre gratitude. Ne craignons point de lui préférer Homère, les jours où, las de nos raffinements, nous éprouvons le besoin de revenir à plus de simplicité et de sentir tressaillir en nous le fond naturel de l'homme civilisé. Ne craignons point de le préférer à Homère les jours où il nous plaît d'entendre une merveilleuse voix antique qui ressemble davantage à la nôtre. Sous le fardeau des richesses que les siècles ont accumulées, apprenons de lui à nous en servir pour les accroître encore. Et répétons avec sincérité le mot de Sénèque : que Virgile, comme Homère, a bien mérité du genre humain.

APPENDICE

LA VILLE DE LAURENTE ET L'ÉNÉIDE.

Au moment où mon livre paraissait, M. Carcopino soutenait en Sorbonne une thèse très remarquable : Virgile et les Origines d'Ostie *(E. de Broccard, édi-teur). Si j'en avais eu connaissance, en écrivant mon* Virgile, *le nom de Laurente ne s'y trouverait pas. Je l'y laisse, pour ne pas avoir à remanier une quinzaine de pages; mais cet article, que j'ai publié dans la* Revue Universelle *du 15 juin 1920, aver-tira les lecteurs que la ville de Laurente n'existe plus et qu'elle n'a même jamais existé.*

En 1804, un Suisse, M. de Bonstetten, publia son *Voyage sur la scène des six derniers livres de l'Énéide.* L'ouvrage fut très lu, et je ne serais pas étonné que Chateaubriand l'eût présent à l'es-prit quand, deux ans plus tard, sous les murs de Jérusalem, il parcourait, le poème du Tasse à la main, le théâtre des combats de Clorinde et de Tancrède, et quand il se flattait « d'avoir pu rendre le premier à un poète immortel le même honneur que d'autres avant lui avaient rendu à Homère et à *Virgile*. » Quatre-vingts ans après Bonstetten, Gaston Boissier recommençait cette promenade archéologique. Des savants italiens et allemands l'y avaient d'ailleurs précédé et d'autres l'y suivirent. Les créations des grands poètes font concurrence à l'histoire. On n'a pas examiné avec plus de science et de curiosité les vrais champs de bataille où s'est décidé le sort des nations que les quelques lieues carrées où l'imagination de Virgile a poussé les troupes d'Enée contre celles de Turnus. Mais nous sentons Virgile si soucieux de vraisemblance, il a tant aimé sa terre italienne, il en a étudié les antiquités avec une telle conscience que nous demandons tour à tour à son poème de nous révéler le passé endormi dans cette nature et à cette nature de nous découvrir les intentions cachées dans son poème. M. Jérôme Carcopino vient de refaire le pèlerinage des Boissier et des Bonstetten. Son livre intitulé *Virgile et les origines d'Ostie* est certainement une des œuvres les plus ingénieuses et, sur certains points, les plus fortes de l'érudition française contemporaine. Je n'entreprendrai pas d'analyser ce travail considérable qui ne comprend pas moins de huit cents grandes pages. Je n'en veux retenir que la partie qui rectifie une erreur commise depuis bientôt dix-neuf cents ans par tous ceux qui ont lu et commenté Virgile. Ce n'est pas un mince honneur d'apporter quelque chose de nouveau en une pareille matière !

La tradition, sur laquelle le génie de Virgile s'est exercé, nous raconte qu'Enée, en arrivant en Italie où le conduisait la volonté des dieux, après avoir battu les Latins et les Rutules, épousa Lavinia, fille du roi Latinus, et fonda la ville de Lavinium. Lavinium resta la ville sainte où se trouvaient les mystérieux Pénates du peuple romain, où les prêtres conservaient leurs anciens costumes, où les généraux, avant d'entrer en campagne, allaient consulter les dieux et prendre les augures. Cette ville, dont l'*Enéide* annonçait la fondation, n'y jouait aucun rôle puisque le poème s'arrête au moment où Enée triomphe de Turnus. Le héros de Virgile, aussitôt débarqué, avait envoyé des ambassadeurs au roi Latinus dans sa ville de Laurente; et, lorsque Latinus, poussé par sa femme Amata et par son peuple, déclarait la guerre au Troyen, c'était contre Laurente que marchait Enée; c'était sous les murs de Laurente qu'avait lieu le combat singulier et décisif entre Enée et Turnus.

Mais où étaient situées ces villes de Lavinium et de Laurente dont les noms mêmes ont disparu des cartes? Pour Lavinium, voyageurs et savants se mirent d'accord. C'est Prattica di Mare. Elle s'étendait sur deux collines inégales. Sur la plus petite, au nord, s'élèvent aujourd'hui le village de Prattica et le château Borghèse; sur l'autre, au sud, parmi les vignes, une chapelle dite « del Rosario » ou « la Madonella. » Quant à Laurente, depuis la Renaissance, on en a cherché les vestiges et on l'a trouvée au moins en cinq endroits différents. Boissier la plaçait à mi-chemin d'Ostie à Prattica. « Le lieu, disait-il, convient tout à fait aux descriptions de l'*Enéide* et il semble que Virgile nous y conduise par la main. » Mais, quel que fût l'endroit, l'explorateur avait toujours l'impression que Virgile l'y conduisait par la main. « Douce illusion! répond M. Carcopino. Virgile ne pouvait vous y conduire pour l'excellente raison qu'il n'a jamais connu de ville du nom de Laurente, que l'antique Laurente est un produit de votre imagination et non de la sienne, et qu'elle s'appelait en réalité Lavinium. — Quoi, Laurente n'existerait pas, cette Laurente dont tous les commentateurs ont parlé, cette Laurente que connaissent tous les bacheliers, j'entends ceux qui sont dignes de l'être? — Ils la connaissent : c'est possible et c'est même vrai. Mais Virgile l'ignorait. » Et ici commence une argumentation de plus de deux cents pages et qui pourtant ne nous paraît pas trop longue, tant elle est variée, souple, allègre et tant s'y mêlent agréablement la philologie, l'archéologie, les souvenirs de voyage et le sens poétique. On pensera peut-être que le sujet est bien petit; mais, lorsque les plus belles qualités de l'esprit sont en jeu, il n'y a pas de petit sujet; et je me fie à M. Carcopino pour l'élargir au moment venu.

Il se plaît d'abord à entre-choquer les opinions des érudits qui ont tiré des mêmes vers de Virgile les partis les plus opposés. L'un voit Laurente sur une hauteur, l'autre dans la plaine, mais adossée à une montagne, un autre dans un bas-fond. « Elle n'était pas près de la mer, » affirme celui-ci. « Elle n'en était pas loin, » affirme celui-là. Mais pas plus dans le voisinage de la mer qu'au sein des terres, pas plus dans la plaine que sur la montagne, personne n'en a exhumé le moindre vestige. Les inscriptions sont muettes, sauf une qui, à Tor Paterno, date de 1845 et commémore une visite du pape Grégoire XVI. Aucune autre ne porte le nom de Laurente. En revanche, celles de Prattica surtout nous parlent des Laurentes, du peuple des Laurentes, et une inscription de Pompéi, qui désigne les Pénates abrités à Lavinium, mentionne *les symboles sacrés du peuple romain gardés chez les Laurentes.* Les témoignages épigraphiques prouvent donc que Lavinium était la ville des Laurentes. Ajoutons que Laurente n'existe ni pour Tite-Live, ni pour Ovide, ni pour Juvénal, ni pour Valère Maxime ou Macrobe ou Aulu-Gelle. Il n'existe pour eux qu'un territoire laurentin, un rivage laurentin, des lois laurentines, un peuple des Laurentes. Cependant, un géographe, Pomponius Méla, Plutarque et Pline l'Ancien citent une ville de Laurente. Mais de leurs textes soumis à la critique, il ressort que cette ville de Laurente était simplement Lavinium.

Virgile n'en était pas moins libre d'imaginer une ville de Laurente. Il nous y a bien décrit un palais qui ressemble à ceux du Palatin d'Auguste ! Seulement, nous n'avons pas la preuve que Virgile l'ait imaginée, puisqu'il ne l'a jamais nommée. Deux vers, dans toute l'*Enéide*, ont pu faire croire le contraire aux commentateurs, aux traducteurs et aux érudits. Il y est question de la citadelle de Laurente et de la terre de Laurente. Mais il est plus conforme à la grammaire d'expliquer le mot *laurenti* comme un adjectif et de traduire : *la citadelle laurentine* et *la terre laurentine*[1]. Dans tous les autres vers où le mot *laurens* apparaît, il signifie forcément *laurentin* et, au pluriel, *le peuple des Laurentes*. Et la mystérieuse ville n'est appelée que la ville de Latinus ou la Ville Latine ou simplement la Ville. Voilà qui est incontestable.

Mais alors, si Laurente est Lavinium, et si Lavinium existait avant l'arrivée d'Enée, comment Enée aurait

---

1. Les deux vers sont :

    Ut belli signum Laurenti Turnus ab arce
    Extulit...   (Livre VIII. 1.)

et

    Exspectate solo Laurenti arvisque Latinis.
               (Livre VIII. 38.)

il pu la fonder? A la fin du douzième livre, lorsqu'il
expose ses intentions en cas de victoire, le héros virgilien dit : « Les Troyens me bâtiront une ville et Lavinia
lui donnera son nom. » M. Carcopino se tire de cette
difficulté en nous rappelant que, chez les anciens,
la fondation d'une ville pouvait très souvent consis-
ter en une seconde occupation ; qu'elle n'était pas,
comme chez nous, inséparable d'une œuvre maté-
rielle, et qu'il suffisait que son nouveau possesseur
la consacrât à ses dieux selon ses rites pour qu'il en
fût dit le fondateur. Rien de plus juste ; et pourtant,
je ne suis pas absolument convaincu, parce que, dans
tous les autres passages où le nom de Lavinium est
prononcé, le sens peut être un sens futur. Ainsi
quand, au début du poème, Virgile nous annonce
qu'il chantera le héros qui vint en Italie, aux rivages
de Lavinium, cela veut aussi bien dire les rivages
où s'élèvera Lavinium que les rivages où Lavinium
s'élevait.

L'hypothèse de M. Carcopino n'en est pas moins
recevable, et ce qui la suit entraîne la conviction.
C'est Prattica-Lavinium que le poète a peinte en
peignant Laurente. Aucune des particularités topo-
graphiques que nous relevons dans ses vers n'a
cessé d'être vraie. « Il semble, dit M. Carcopino,
que le paysage, par son aspect même, va ressusciter l'heureuse escalade du héros troyen. La poésie
de Virgile lui a communiqué son éternité. » Et les
pauvres érudits qu'il avait d'abord malmenés finis-
sent tous par avoir un peu raison. Laurente était-
elle près ou loin de la mer? A la fois loin et près.
« Des fenêtres du château Borghèse on aperçoit les
flots qui ourlent la bande assombrie des terres basses.
Le site, au milieu des terres, participe à la vie de la
mer. Les oliviers qui y croissent sont les premiers

arbres que les matelots débarqués rencontrent devant eux. » Enfin, l'identification de Laurente et de Lavinium nous rend plus claires la stratégie d'Enée et la succession des faits qui remplissent les derniers livres de l'*Enéide*. Un exemple entre beaucoup d'autres : si la femme de Latinus, cette célébrante de mystères frénétiques, dont le caractère sacerdotal est nettement accusé, se nomme Amata, c'était le nom que la tradition des pontifes attribuait à la première en date des vestales, par conséquent à la plus ancienne prêtresse de Lavinium. Le costume que lui donne le poète est celui des vestales de marbre sorties des fouilles du forum romain. Le serpent, que la furie Allecto détache de sa chevelure infernale et lui jette autour du cou, rappelait peut-être le serpent d'or que devaient porter les prêtresses de Lavinium, car, nous le savons, elles nourrissaient un serpent sacré. On sera reconnaissant à M. Carcopino d'avoir contribué plus que personne, par ses investigations et ses intuitions, à nous montrer quelle riche substance la poésie de Virgile avait tirée des réalités nationales.

Mais enfin, si Enée n'a pas fondé Lavinium au sens où nous prenons ce mot, quelle ville a-t-il donc fondée ? Les oracles ne barguignaient pas. Il fallait qu'il donnât « des lois et des murs aux Troyens. » Et M. Carcopino tient à ce qu'il obéisse aux oracles, non plus mystiquement, mais cette fois avec des pierres et du mortier, comme chez nous. La ville qu'Enée a fondée s'appelait Troie, la nouvelle Troie, à l'embouchure du Tibre, sur l'emplacement de la future Ostie. Le camp troyen que nous dépeint Virgile est une ville véritable avec ses murs à créneaux, ses meurtrières, son chemin de ronde, ses portes, ses tours, ses ponts, ses ouvrages avancés. Le poète s'écarte de la tradition, mais la tradition n'avait rien d'un dogme, et il pouvait en user à sa guise. Enée sera le fondateur de la pré-Ostie, — qui a réellement existé, — parce qu'Auguste s'intéresse à Ostie, qu'Ostie a été rebâtie sous son règne et qu'il avait conçu le projet d'un port auquel César avait déjà songé[1]. Ces raisons politiques se doublaient de raisons morales et religieuses, s'il est vrai que les Latins possédèrent à l'embouchure du Tibre un sanctuaire qui fut, avant la fondation de Rome, le siège de leur confédération ; que le dieu de ce sanctuaire était Vulcain, le plus ancien dieu du panthéon romain, et que le Vulcain d'Ostie n'était autre que le dieu du Tibre. Nous sommes toujours ramenés à l'idée que Virgile, admirateur et collaborateur d'Auguste, saisit toutes les occasions de rattacher religieusement et politiquement le présent au passé et qu'il n'y a pas eu de grand poète plus patriote, plus religieux et plus savant.

Mais pourquoi, en ce qui concerne Lavinium, et Ostie, n'a-t-il pas été plus net ? Pourquoi ses intentions s'enveloppent-elles d'obscurité ? M. Carcopino allègue que « dans une œuvre conçue pour seconder les projets d'Auguste et promouvoir une restauration religieuse, il devait affermir et non ébranler. » En prenant trop franchement parti pour une tradition contre une autre, il eût risqué de soulever des polémiques. Mais puisque les traditions n'étaient pas des articles de foi, quelles polémiques eût-il soulevées ? — Comptez, dit encore M. Carco-

1. C'est pour le même motif que Virgile décrit au IV° Livre la fondation d'une Carthage « plus riche et plus décorative » que la Carthage des origines puniques : « Carthage était en ce moment même, dit M. Audollent cité par M. Carcopino, l'objet de la sollicitude d'Auguste qui conviait ses sujets à la tirer de son abaissement, à lui rendre son éclat d'autrefois. »

pino, qu'il était très timide, qu'on le surnommait « la jeune fille. » « Au moment de proclamer sa croyance, par un pudique respect des convictions d'autrui... il rougit, baisse la voix, insinue au lieu d'imposer. » J'ai peine à croire que de prononcer le mot de Lavinium l'eût fait rougir. — Enfin Virgile était subtil. Je crains que M. Carcopino ne le fasse trop subtil, encore plus ingénieux que lui, ce qui n'est pas peu dire. A plusieurs reprises, il m'a semblé qu'il voyait Virgile avec les yeux d'un théologien ou d'un poète du Moyen Age, nourri des méthodes modernes, mais délicieusement épris d'allégorie et de symbolisme. Et j'ai dans l'idée qu'il serait bien fâché que Virgile fût trop clair. Cependant, il ne faudrait pas avoir l'air d'oublier que nous ne possédons pas l'*Enéide* telle que le poète eût voulu nous la laisser. Ce n'est pas sans quelque raison qu'il désirait qu'on la brûlât. La mort ne lui permit point d'en effacer les contradictions, d'en dissiper les équivoques. Là où nous serions tentés de soupçonner une intention qui n'a pas osé se formuler, il n'y a sans doute que l'hésitation d'un texte provisoire ou un défaut de raccord...

N'empêche que M. Carcopino est joliment fort et que désormais nous ferons bien d'appeler Laurente la ville de Latinus ou la ville des Laurentes.

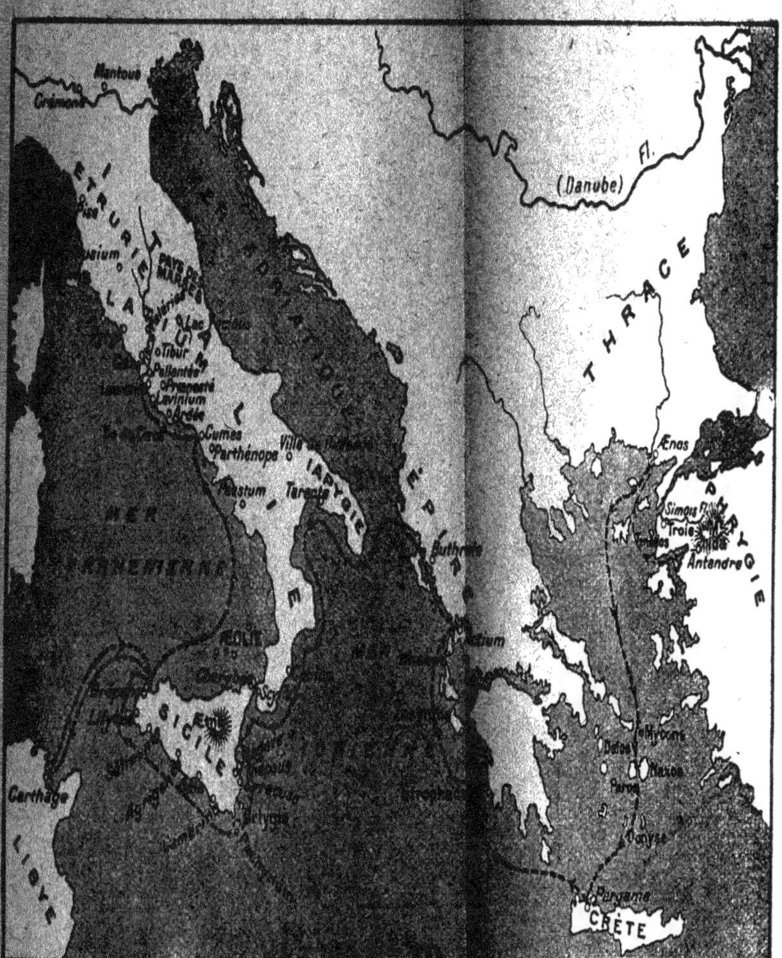

ITINÉRAIRE DU VOYAGE D'ÉNÉE.

TABLE DES MATIÈRES

CHAPITRE VIII

L'art et l'âme de Virgile.

CHAPITRE IX

Virgile après sa mort.

APPENDICE

E. GREVIN — IMPRIMERIE DE LAGNY — 1930